21世纪高等职业教育通用技术规划教材(经济类专业)

上海市高职高专经济类专业教学指导委员会组编

国际贸易实务

主　编　姚大伟　马朝阳

副主编　张琦生

上海交通大学出版社

内 容 提 要

本书为"21世纪高等职业教育通用技术规划教材(经济类专业)"之一。

本书结合当前对外贸易的特点,从外贸企业的角度,依据通行的国际贸易惯例,以国际贸易合同为主线,对一笔完整的进出口业务操作进行了详细的介绍。内容包括:绪论、国际贸易术语、国际贸易合同的各项条款(品名品质、数量、包装、价格、运输、保险、支付、商品检验检疫、索赔、仲裁、不可抗力)、国际贸易合同的商订和履行。

本书力求从外贸实际业务的角度进行讲解,结构新颖、实用性强、通俗易懂,与当前外贸实务同步,加进了《2010年国际贸易术语解释通则》的内容。为了加强实训环节,每章配有综合测试题,并附有参考答案。

本书可作为高等职业教育国际商务类专业教材,也可作为外贸相关考试培训教材,还可作为外贸企业人员的培训教材。

图书在版编目(CIP)数据

国际贸易实务/姚大伟,马朝阳主编. —上海:上海交通大学出版社,2011(2021重印)

21世纪高等职业教育通用技术规划教材(经济类专业)

ISBN 978-7-313-07577-2

Ⅰ.国... Ⅱ.①姚... ②马... Ⅲ.国际贸易—贸易实务—高等职业教育—教材 Ⅳ.F740.4

中国版本图书馆 CIP 数据核字(2011)第 173511 号

国际贸易实务

姚大伟 马朝阳 主编

上海交通大学出版社出版发行

(上海市番禺路 951 号 邮政编码 200030)

电话:64071208

当纳利(上海)信息技术有限公司 印刷 全国新华书店经销

开本:787mm×960mm 1/16 印张:13.75 字数:257 千字

2011 年 8 月第 1 版 2021 年 1 月第 3 次印刷

ISBN 978-7-313-07577-2 定价:38.00 元

前　言

加入 WTO 以来，中国经济呈现出持续发展的良好势头，在 2008 年以来发生的世界性经济危机的冲击下，中国经济仍保持着稳步的发展，中国在世界上的经济地位愈加重要，中国对外贸易发展也是增速喜人。为满足社会对外经贸人才的需要，特别是对掌握国际贸易过程操作型人才的需要，特编写了《国际贸易实务》这本教材。

在国际贸易相关专业中，国际贸易实务是一门专业基础课，它主要讲述进出口业务的实际操作过程，其他课程，例如，国际贸易、国际金融、国际商法、外贸单证、外贸函电等都是围绕着国际贸易实务进行的，学好国际贸易实务课程就为学好其他课程奠定了良好的基础。进出口业务是围绕着国际货物买卖合同进行的，本书以国际货物买卖合同为主线，主要介绍了国际货物买卖合同的各项条款、国际货物买卖合同的磋商与订立、国际货物买卖合同的履行等内容。通过对这门课的学习，可以使学生了解外贸业务的全过程。

本书根据一笔实际的外贸业务背景，附有一份国际货物买卖合同、一份信用证和一套信用证项下要求提交的全套结汇单据实例，供教师讲解，可以使学生学到的知识更贴近实际业务；在每章的开头部分，都有导入案例，可以使学生在学习本章内容之前，先对本章的知识有个初步的了解，为学生学习本章内容打下基础；为了帮助高职高专的学生进一步掌握所学的国际贸易实务知识、考取相关的职业资格证书，每章后均附有大量的综合测试题，并附有参考答案，供学生练习；鉴于 2010 年国际商会对《国际贸易术语解释通则》做了修订，本书特别根据《2010 年国际贸易术语解释通则》的内容对贸易术语部分做了详细介绍，使学生在学习国际贸易实务课程时，可以学习到最新的相关的国际贸易惯例。

本书由中国国际贸易学会常务理事、上海思博职业技术学院副校长姚大伟、全国国际商务单证考试专家委员会委员、河南对外贸易职工大学（河南省外贸学校）马朝阳主编，河南经贸职业学院张琦生任副主编，参加编写的还有郑州轻工业学院张梅、河南对外贸易职工大学（河南省外贸学校）李留山、马燕敏、柴丽芳、许欣然、赵静、梁艳、张一，最后由姚大伟、马朝阳统稿总纂。

本书的顺利出版，要感谢上海交通大学出版社编辑的大力支持和帮助。在纂写过程中参考了有关的书籍和文献，书中未一一列出，在此一并向有关作者表示衷心的感谢！

　　由于编者水平和能力有限，书中不妥之处敬请读者指正，并提出宝贵意见。

编　者

2011 年 8 月

21世纪高等职业教育通用技术规划教材编委会

（经济类专业）

主　任　姚大伟（上海思博职业技术学院）

成　员　（以下按姓氏笔画为序）

于北方（沙洲职业工学院）　　　　　马朝阳（河南外贸职工大学）

牛淑珍（上海杉达学院）　　　　　　王　芬（上海新侨职业技术学院）

王　峰（上海医疗器械高等专科学校）　韦素华（武汉商业服务学院）

付　昱（上海海洋大学高职院）　　　冯江华（上海电子信息职业技术学院）

刘　健（上海托普信息技术职业学院）　刘建民（上海商学院）

刘淑萍（上海交通职业技术学院）　　汤　云（武汉商业服务学院）

许文新（上海金融学院）　　　　　　严玉康（上海东海职业技术学院）

吴惠荣（镇江高等专科学校）　　　　张炳达（上海中侨职业技术学院）

李荷华（上海第二工业大学）　　　　杨　露（温州科技职业技术学院）

杨思远（上海欧华职业技术学院）　　杨丽霞（上海工商外国语学院）

汪雪兴（上海立信会计学院）　　　　沈家秋（上海工会管理职业学院）

陈福明（苏州经贸职业技术学院）　　陈霜华（上海金融学院）

周英芬（上海建桥学院）　　　　　　罗　明（杭州万向职业技术学院）

罗　钥（浙江长征职业技术学院）　　贺　妍（上海立信会计学院）

徐鼎亚（上海大学社科学院）　　　　耿　兵（四川国际标榜职业技术学院）

贾巧萍（上海杉达学院）　　　　　　顾　滨（上海中华职业技术学院）

顾文钧（上海中华职业技术学院）　　顾晓滨（黑龙江旅游商贸学院）

符海菁（上海思博职业技术学院）　　黄疆新（上海立信会计学院）

童宏祥（上海立达职业技术学院）　　谢富敏（上海商学院赤峰路校区）

目　　录

1 绪 论

关键词

国际贸易　　　　　　　　　　　国际贸易特点
国际贸易惯例　　　　　　　　　国际货物买卖合同

知识目标

- 掌握国际贸易的特点、国际贸易适用的法律和惯例、国际贸易的业务程序、国际贸易合同的重要内容等；
- 了解本课程的主要内容、学习本课程的方法等。

技能目标

◆ 能熟练掌握国际贸易的业务程序。

导入案例

2009 年 1 月 2 日，营业地点均设在香港的两家公司，在中国大陆签订买卖 2 万公吨锰矿石的合同。在履约过程中产生分歧，就法律适用问题，向中国国际经济贸易仲裁委员会提请仲裁。卖方认为，本案不适用《联合国国际货物销售合同公约》，而买方主张优先适用该公约，最后裁定适用中国法律。

因为按照有关《联合国国际货物销售合同公约》适用的规定，中国在核准加入时做出保留，即中国只同意公约适用于营业地处在不同缔约国的当事人订立的合同。由于本案当事人的营业地都在中国香港地区，故不适用该公约，根据最密切联系原则，应适用中国法律。

1.1　国际贸易的含义和特点

国际贸易实务是一门研究国家(或地区)之间货物买卖的有关理论和实际业务

操作的学科，是一门实用性很强的课程。国际贸易又称进出口贸易，是指国家(或地区)之间输出或输入商品、服务或技术的贸易活动。它包括进口(输入)和出口(输出)两个方面。按传统或狭义的定义，进出口贸易仅指货物的进出口。1986 年的关贸总协定乌拉圭回合谈判，根据当时实际状况和未来国际经济来往趋势，将对外贸易的定义扩展为货物贸易、技术贸易和服务贸易三项内容。本书主要介绍狭义的国际贸易，即货物贸易。与国内贸易相比，国际贸易有下述一些特点：

(1) 语言不同：国际贸易中最通行的商业语言是英语，而英语的使用对非英语系国家，还会存在较大的语言障碍。

(2) 法律、风俗习惯不同带来贸易困难多：各贸易国家商业法律、宗教信仰、风俗习惯、民族文化差别很大，这些都会影响国家间的经济贸易。

(3) 各国货币与度量衡差别很大，使国际贸易更复杂：由于各国使用不同的货币，度量衡也不统一，就需要进行相应的货币兑换和度量衡换算。

(4) 国际贸易风险较多：国际贸易中存在有多种风险，如信用风险、商业风险、汇兑风险、运输风险、价格风险、政治风险等等。虽然国内贸易也存在一定风险，但在国际贸易中表现更为突出。

此外，国际贸易中，还会受到交易洽谈不便、海关制度不同、货物运输路途遥远等因素影响，带来较多的贸易困难。

1.2 国际贸易适用的法律和惯例

1.2.1 国内法

国内法是由国家制定或认可的，并在本国主权管辖范围内生效的法律。每个国家都有自己一整套的法律体系和制度。国际货物买卖合同双方当事人都要分别遵循各自所在国国内的有关法律。若同一问题双方当事人所在国的法律规定不同，可按国际私法中法律冲突规范的原则来解决。例如，《中华人民共和国合同法》第 126 条规定："涉外合同的当事人可以选择处理合同争议所适用的法律，但法律另有规定的除外。涉外合同的当事人没有选择的，适用与该合同有最密切联系的国家的法律。"

1.2.2 国际条约

国际条约简单地说就是国家之间的明示协议。根据参加国家的多少可分为双边条约和多边条约。一般来说，条约对缔约国有约束力，而对非缔约国无约束力。由于各国国内法规定差异很大，加之各国贸易利害关系不同，在国际贸易中，单靠某一国内法是不能解决各国的利害冲突的。为此，各国政府和一些国际组织相继缔结和订立了一些双边和多边国际条约或公约，其中有些已为大多数国家所接受。其中，1988 年 1 月 1 日起正式生效的《联合国国际货物销售合同公约》是国际贸易方面最重要的一项国际公约。

《联合国国际货物销售合同公约》是联合国国际贸易法委员会于 1980 年 4 月 11 日在维也纳召开的外交会议上通过的，于 1988 年 1 月 1 日生效。截止到 2010 年 6 月，批准加入和认可该公约的国家有 74 个。1981 年 9 月 30 日中国签署该公约，1986 年 12 月 11 日交存核准书，成为正式会员。我国在核准加入时，对该公约的适用范围和合同形式提出了两点保留：一是关于合同双方营业地的保留，即在我国，该公约的适用范围仅限于营业地点分处于不同的缔约国的当事人之间订立的货物买卖合同；二是合同形式的保留，即我国认为，国际货物买卖合同必须采用书面形式，不采用书面形式的国际货物买卖合同是无效的。后来，我国新的《合同法》做出修改，规定合同可采用非书面形式。因此，第二项保留现在已经没有意义了。

1.2.3　国际贸易惯例

国际贸易惯例是国际贸易法的主要渊源之一，它通常是由国际组织或商业团体根据国际贸易长期实践中逐渐形成的一般贸易习惯做法而制定成文的国际贸易规则。惯例本身不是法律，也不具有法律的强制性，但当事人可以在合同中规定加以采用，基于合同的法律约束力，使惯例被强制遵守。当然，对此当事人可自愿选择是否采用。

在国际贸易方面影响较大、适用范围广泛的国际贸易惯例主要有：国际商会于 2007 年 7 月 1 日生效的《跟单信用证统一惯例》(UCP600)，1996 年 1 月 1 日生效的《托收统一规则》(URC522)，2011 年 1 月 1 日生效的《2010 年国际贸易术语解释通则》(INCOTERMS 2010)等。

1.3　国际贸易合同的主要内容

国际贸易合同又称"国际货物买卖合同"，它是不同国家和地区之间的买卖双方就货物交易所达成的协议。通过签订书面合同使买卖双方当事人的权利和义务确定下来，成为履行权利和义务的依据。并且，在发生争议时又是判定双方是否违约和承担责任的依据。因此，订立国际贸易合同对当事人双方十分重要。

一项有效的国际贸易合同，必须具备必要的内容。如果约定不明，对当事人应承担的责任无法判定，出现争议时就很难解决，甚至因缺少有些内容就会导致合同无效。一般来说，国际贸易合同应具备以下内容：

1) 合同的标的：主要包括品名、品质、数量和包装。

2) 合同的价格：通常包括单价和总价或确定价格的方法。

3) 货物的运输：包括装运时间、装运港和目的港、分批装运和转运等。

4) 货物的保险：包括由哪一方投保，及保险金额和保险险别等。

5) 卖方和买方的义务：包括货物和单据的交接、货款的支付等。

6) 争议的预防及处理：主要包括商品检验、索赔、仲裁、不可抗力等。

1.4　国际贸易实务的基本内容和学习方法

国际贸易实务的基本内容包括：国际货物买卖合同条款、国际贸易术语、国际货物买卖合同的商订与履行。

对于国际贸易实务的学习，需要掌握的方法如下：

1) 坚持理论联系实际的原则。国际贸易实务课程的学习要在理论性课程，如"中国对外贸易"、"国际贸易"之后，在基础理论和基本政策的指导下，学习国际贸易实务，才能做到理解深刻、掌握牢固、运用灵活。

2) 贯彻"学以致用"的思想。由于国际贸易实务的应用性很强，在教与学的过程中，要重视案例分析和操作练习，有条件地进行实际参观和实习，这样才能真正做到"学以致用"。

3) 注重与法律的关系。国际贸易的整个操作过程都会涉及相关的法律规定，本课程的内容都与相关法律课的知识相联系。学习这门课程必须从实际和法律两个方面来研究。注意在国际贸易中各国国内法、国际公约和国际惯例的规定和适用。

综合测试

问答题：

1) 什么是国际贸易？其特点如何？

2) 国际贸易中可选择适用的法律有哪些？

3) 国际贸易合同应具备的基本内容有哪些？

2 国际贸易术语

✈ 关键词

贸易术语《INCOTERMS 2010》   FOB CFR CIF
FCA CPT CIP

★ 知识目标

- 了解贸易术语的含义及其作用；
- 熟悉《INCOTERMS 2010》对 11 种贸易术语的解释；
- 掌握《INCOTERMS 2010》对 6 种主要贸易术语的解释。

↻ 技能目标

◆ 能够识别各种贸易术语的国际代码、中英文名称及各种贸易术语的基本含义；
◆ 会区别不同惯例对同一种贸易术语的不同解释和不同用法；
◆ 做到熟练掌握《INCOTERMS 2010》对 6 种主要贸易术语的解释和运用；
◆ 掌握对各种贸易术语的自由运用。

📖 导入案例

我某外贸公司按 CIF 贸易术语向国外出口一批货物，合同规定的装运期为"2009 年 10 月"。10 月 20 日，我外贸公司在天津港将货物装上运往目的港的船上，取得船公司 10 月 20 日签发的海运提单，于 10 月 25 日将海运提单和其他货运单据通过银行交给国外客户，客户审核单据无误，付款给我公司。10 月 30 日，国外客户来电称：货物在海上全部灭失，要求我公司退回全部货款，并要求我公司向保险公司索赔。在国际贸易中，卖方的基本义务是提交符合合同规定的货物，提交相关的货运单据，转移货物的所有权；买方的基本义务是接受货物和支付货款。在货物交接过程中，有关手续、费用和风险的责任划分是通过贸易术语来完成的。

问：在这种情况下，我方是否应该退款并承担向保险公司索赔的责任？为什么？

2.1 贸易术语的概念

国际贸易中买卖双方由于分别处于不同的国家和地区，相隔较远，在货物交接过程中会涉及一些实际问题，比如，卖方在何时、何地以何种方式交货？由谁办理运输、保险、报关等手续？双方的风险和费用是如何划分的？买卖双方需要交接哪些货运单证？这些问题就需要通过贸易术语来解决。

2.1.1 贸易术语的含义

贸易术语(trade terms)是用三个外文缩写的字母或一个简短的概念表示价格的构成以及买卖双方在货物交接过程中有关手续、费用和风险责任划分的专门性术语。

2.1.2 贸易术语的作用

贸易术语是国际贸易长期发展的产物。它对于简化买卖双方磋商交易的过程、缩短交易磋商的时间、明确买卖双方在货物交接过程中的手续、费用和风险的责任划分、方便贸易纠纷的解决起到了重要的作用，从而促进了国际贸易的发展。

2.1.3 关于贸易术语方面的国际贸易惯例

国际贸易惯例是在长期的经济贸易往来过程中逐渐形成的一些被人们广泛接受和使用的一般的、习惯的做法。从性质上讲，它不是法律，对当事人没有强制性，当事人可以选择是否按照惯例来做。在使用时，当事人还可以根据实际业务的需要对惯例加以改变。但在国际贸易中，国际贸易惯例的指导性很强，大多数企业是愿意按照惯例来做的，个别的企业在做个别业务时可能不按惯例来做，或根据业务的需要对惯例加以改变。如果双方当事人在履约过程中发生了争议纠纷，通过友好协商解决不了，将争议提交给了法院或仲裁机构，法院和仲裁机构解决问题的依据往往还是有关的国际贸易惯例。

2.1.3.1 《1932年华沙-牛津规则》

《1932年华沙-牛津规则》(Warsaw-Oxford Rules 1932)是由国际法协会制定

的。国际法协会于 1928 年在华沙举行会议，制定了关于 CIF 买卖合同的统一规则，即《1928 年华沙规则》，后又经过 1932 年牛津会议修订为《1932 年华沙-牛津规则》。该规则对于 CIF 的性质、买卖双方承担的风险、责任和费用的划分及货物所有权的转移等问题作了详细的解释。

2.1.3.2 《1990 年美国对外贸易定义修正本》

《1990 年美国对外贸易定义修正本》(Revised American Foreign Trade Definitions 1990)是由美国九大商业团体制定的。最早于 1919 年制定，称为《美国出口报价及缩写条例》，后经 1941 年修改为《1941 年美国对外贸易定义修正本》。1990 年对该惯例再次进行了修订，称为《1990 年美国对外贸易定义修正本》。该修正本对下述 6 种贸易术语做了解释：

EXW(Ex Works)	工厂交货
FOB(Free On Board)	运输工具上交货
FAS(Free Along Side)	运输工具旁边交货
C&F(Cost and Freight)	成本加运费
CIF(Cost, Insurance and Freight)	成本加保险费、运费
DEQ(Delivered Ex Quay)	目的港码头交货

《1990 年美国对外贸易定义修正本》对 FOB 和 FAS 术语的解释与《2010 年国际贸易术语解释通则》的解释不同，需加以注意。

2.1.3.3 《2010 年国际贸易术语解释通则》

《2010 年国际贸易术语解释通则》(International Rules for the Interpretation of Trade Terms 2010)又名《International Commercial Terms 2010》，简称《2010 年通则》(INCOTERMS 2010)。该惯例由国际商会制定。最早于 1936 年制定，后为了使其不断地适应国际贸易的发展，又先后于 1953 年、1967 年、1976 年、1980 年、1990 年、2000 年和 2010 年做了 7 次修改，《2010 年通则》于 2011 年 1 月 1 日生效。该通则对 11 种贸易术语做了详细的解释。

为了便于进出口商选用不同的贸易术语，国际商会将 11 种贸易术语按照适用的运输方式不同分为两类，如表 2.1 所示。

《2010 年通则》的主要特点：

1) 两个新增术语 DAT(运输终端交货)和 DAP(目的地交货)取代了《2000 年通则》中的 DAF(边境交货)、DES(目的港船上交货)、DEQ(目的港码头交货)和 DDU(未完税交货)。

2) 淡化了"船舷"作为 FOB、CFR、CIF 三种术语条件下买卖双方风险划分的界限，而以"船上"代之。

3) 《2010 年通则》副标题正式确认贸易术语对国际和国内货物买卖合同均可适用。

4) 在每个贸易术语前均有对该术语的使用说明，以帮助使用者在特定交易中准确、高效地选择合适的贸易术语。

5) 《2010 年通则》赋予电子讯息与纸质讯息同等效力。

6) 《2010 年通则》将与保险相关的信息义务纳入涉及运输合同和保险合同的 A3 和 B3 条款，这些规定已从《2000 年通则》的 A10 和 B10 泛泛条款中抽出。

7) 在 A2/B2 和 A10/B10 条款中，明确了买卖双方间完成或协助完成安检通关的义务，以满足人们对货物移动时安全的日益关注。

8) 明确了码头作业费(THC)的分摊，以避免买方为同一服务支付两次费用。

9) 规定了链式销售中销售链中端的卖方实际上不运送货物，而是以"取得"货物的方式，履行其对买方的义务。

10) 为了方便使用者，对"承运人"、"海关手续"、"交货"、"交货凭证"、"电子记录或程序"、"包装"等专用词在本通则中的特定含义做出指导性说明。

表 2.1　《2010 年通则》解释的 11 种贸易术语

	EXW (Ex Works)	工厂交货
《2010 年通则》对适用于任何运输方式或多种运输方式贸易术语的解释	FCA (Free Carrier)	货交承运人
	CPT (Carriage Paid to)	运费付至
	CIP (Carriage. Insurance Paid to)	运费、保险费付至
	DAT(Delivered At Terminal)	运输终端交货
	DAP(Delivered At Place)	目的地交货
	DDP (Delivered Duty Paid)	完税后交货
《2010 年通则》对适用于海运和内河水运贸易术语的解释	FAS (Free Alongside Ship)	船边交货
	FOB (Free On Board)	船上交货
	CFR (Cost and Freight)	成本加运费
	CIF (Cost, Insurance and Freight)	成本加保险费、运费

2.2　《2010 年通则》对六种主要贸易术语的解释

在国际贸易中应用较多的是六种属于象征性交货的贸易术语，即 FOB、CFR、CIF、FCA、CPT、CIP。象征性交货的术语具有"凭单交货、凭单付款"的特点，所以应用广泛。

2.2.1　FOB

FOB，即 Free on Board(insert named port of shipment)船上交货(插入指定装运港)，是指卖方以在指定装运港将货物装上买方指定的船舶或通过取得已交付至船上货物的方式交货。货物灭失或损坏的风险在货物交到船上时转移，同时买方承担自那时起的一切费用。

卖方应将货物在船上交付或者取得已在船上交付的货物。此处使用的"取得"一词适用于商品贸易中常见的交易链中的多层销售(链式销售)。

FOB 可能不适合于货物在上船前已经交给承运人的情况，例如用集装箱运输的货物通常是在集装箱码头交货。在此类情况下，应当使用 FCA 术语。

如适用时，FOB 要求卖方办理出口清关。但卖方无义务办理进口清关、支付任何进口税或办理任何进口海关手续。

该术语仅适用于海运或内河水运。

2.2.1.1　FOB 术语买卖双方的责任划分

卖方的主要义务有：

(1) 在指定的装运港按规定的日期，按港口惯常的方式将符合合同规定的货物装到买方指定的船上，并通知买方。

(2) 取得出口许可证或其他官方文件，办理出口报关手续。

(3) 承担货物在装运港装上船以前的费用和风险。

(4) 提交商业发票、运输单据或有同等作用的电子信息。

买方的主要义务有：

(1) 按照合同规定支付货款。

(2) 自负费用订立从指定装运港运输货物的合同，并通知卖方。

(3) 取得进口许可证或其他官方证件，办理进口报关手续。

(4) 承担货物在装运港装上船以后的费用和风险。

(5) 接受货物和单据。

2.2.1.2　采用 FOB 应注意的问题

1) 关于船货衔接。按 FOB 术语成交，是由卖方交货，买方办理运输手续，船、货不容易衔接好，一旦船、货衔接不好，会产生额外费用。如果卖方按时将货物准备好，买方没有按时派船接货产生的仓储费或空舱费应由买方负责；反之，由于卖方没有按时将货物准备好产生的空舱费应由卖方负责。

2) 关于发装船通知。在 FOB 术语条件下，卖方在装运港把货物装上船后，要及时给买方发装船通知，以便于买方在进口国办理货运保险的手续。如果卖方没有给买方发装船通知，致使买方未能投保，卖方就不能免除货物在运输途中灭失和损坏的责任。

3) 《2010 年通则》和《1990 年美国对外贸易定义修正本》对 FOB 的不同解释。《2010 年通则》和《1990 年美国对外贸易定义修正本》对 FOB 的不同解释主要表现在三个方面：

(1) 适用的运输方式不同：《2010 年通则》中 FOB 意为装运港船上交货，只能用于海运和内河运输，而《1990 年美国对外贸易定义修正本》中 FOB 意为运输工具上交货，可用于任何运输方式。如果按照《1990 年美国对外贸易定义修正本》的解释，用其船上交货的意思时，需在 FOB 后加上 "Vessel" 一词。

(2) 买卖双方风险划分的界限不同：《INCOTERMS 2000》及其以前版本 FOB 买卖双方的风险划分界限一直采用的是以装运港船舷为界，而《1990 年美国对外贸易定义修正本》中 FOB 术语买卖双方风险划分的界限是在船上。但《INCOTERMS 2010》对此已经做出修订，改为以装运港船上作为买卖双方风险与费用的划分界限。

(3) 办理出口手续的义务不同：《2010 年通则》中 FOB 规定办理出口手续是卖方的义务，而《1990 年美国对外贸易定义修正本》中 FOB 规定卖方根据买方的请求，在买方负担费用的情况下，协助买方取得出口所需的证件，并由买方支付出口税和其他出口税费。

4) FOB 术语的变形。按 FOB 术语进行大宗货物买卖，为解决装船费的负担问题，产生了 FOB 术语的变形，主要有：

(1) FOB 班轮条件(FOB liner terms)：指有关装船费按班轮条件办理，即装船费用由买方负担。

(2) FOB 吊钩下交货(FOB under tackle)：指关于装船费用卖方只负担到买方指定船只吊钩所及之处，即装船费用由买方负担。

(3) FOB 理舱费在内(FOB stowed，FOBS)：指卖方负责将货物装入船舱，并负担理舱费，理舱费是一种装船费用。

(4) FOB 平舱费在内(FOB trimmed，FOBT)：指卖方负责将货物装入船舱，并负担平舱费，平舱费是一种装船费用，多用于散装货。

(5) FOB 理舱费和平舱费在内(FOB stowed and trimmed，FOBST)：指卖方负责将货物装入船舱，并负担理舱费和平舱费。

上述 FOB 术语的变形只是为了说明装船费的负担问题，并不改变 FOB 的交货地点和风险划分的界限。

2.2.2　CFR

CFR，即 Cost and Freight(insert named port of destination)成本加运费(插入指定目的港)，是指卖方在船上交货或以取得已经这样交付的货物方式交货。货物灭失或损坏的风险在货物交到船上时转移。卖方必须签订合同，并支付必要的成本和运费，将货物运至指定的目的港。

当使用 CFR 术语时，卖方按照规定的方式将货物交付到船上时，即完成其交货义务，而不是货物到达目的港之时。

由于风险转移和费用转移的地点不同，该术语有两个关键点。虽然合同通常都会指定目的港，但不一定都会指定装运港，而这里是风险转移至买方的地方。如果装运港对买方具有特殊意义，特别建议双方在合同中尽可能准确地指定装运港。

由于卖方要承担将货物运至目的港具体地点的费用，特别建议双方应尽可能准确地在指定目的港内明确该点。建议卖方取得完全符合该选择的运输合同。如果卖方按照运输合同在目的港交付点发生了卸货费用，则除非双方事先另有约定，卖方无权向买方要求偿付。

卖方需要将货物在船上交付，或以取得已经这样交付运往目的港的货物的方式交货。此外，卖方还需签订一份运输合同，或者取得一份这样的合同。此处使用的"取得"一词适用于商品贸易中常见的交易链中的多层销售(链式销售)。

CFR 可能不适合于货物在上船前已经交给承运人的情况，例如用集装箱运输的货物通常是在集装箱码头交货。在此类情况下，应当使用 CPT 术语。

如适用时，CFR 要求卖方办理出口清关。但卖方无义务办理进口清关、支付任何进口税或办理任何进口海关手续。

该术语仅适用于海运或内河水运。

2.2.2.1　CFR 术语买卖双方的责任划分

卖方的主要义务有：

(1) 自负费用订立从指定装运港运输货物的合同。

(2) 在指定的装运港按规定的日期，按港口惯常的方式将符合合同规定的货物装上运往目的港的船上，并通知买方。

(3) 取得出口许可证或其他官方文件，办理出口报关手续。

(4) 承担货物在装运港装上船以前的费用和风险。

(5) 提交商业发票、运输单据或有同等作用的电子信息。

买方的主要义务有:

(1) 支付货款。

(2) 取得进口许可证或其他官方证件,办理进口报关手续。

(3) 承担货物在装运港装上船以后的费用(除去从装运港到目的港的正常运费)和风险。

(4) 接受货物和单据。

2.2.2.2 采用 CFR 应注意的问题

1) 关于发装船通知。在 CFR 术语条件下,卖方在装运港把货物装上船后,要及时给买方发装船通知,以便于买方在进口国办理货运保险的手续。如果卖方没有给买方发装船通知,致使买方未能投保,卖方就不能免除货物在运输途中灭失和损坏的责任。

2) 关于代办运输。按 CFR 术语成交,货物在装运港装上船后,风险转移给买方,支付运费虽然是卖方的义务,但买方通过付货款将运费部分又还给了卖方,即由买方承担运输途中的风险和费用,卖方办理运输的手续,所以是代办的性质。

3) CFR 术语的变形。按 CFR 术语进行大宗货物买卖,为解决卸货费的负担问题,产生了 CFR 术语的变形,主要有:

(1) CFR 班轮条件(CFR liner terms):指有关卸货费按班轮条件办理,即卸货费用由卖方负担。

(2) CFR 吊钩下交货(CFR ex tackle):指卖方负责将货物卸到船只吊钩所及之处(码头或驳船上),即卸货费用由卖方负担。

(3) CFR 卸到岸上(CFR landed):指卖方负责将货物卸到岸上,即卸货费用由卖方负担。

(4) CFR 舱底交货(CFR ex ship's hold):指关于卸货费卖方负担到舱底,即由买方负担卸货费。

CFR 的变形只是为了说明卸货费的负担问题,并不改变 CFR 的交货地点和风险划分的界限。

2.2.3 CIF

CIF,即 Cost,Insurance and Freight(insert named port of destination)成本加保险费、运费(插入指定目的港),是指卖方在船上交货或以取得已经这样交付的货物方式交货。货物灭失或损坏的风险在货物交到船上时转移。卖方必须签订合同,并支付必要的成本和运费,将货物运至指定的目的港。

卖方还要为买方在运输途中货物灭失或损坏的风险办理保险。买方应注意到，在 CIF 术语下卖方仅需投保最低险别。如买方需要更多保险保证的话，则需与卖方明确达成协议，或者自行做出额外的保险安排。

当使用 CIF 术语时，卖方按照规定的方式将货物交付到船上时，即完成其交货义务，而不是货物到达目的港之时。

由于风险转移和费用转移的地点不同，该术语有两个关键点。虽然合同通常都会指定目的港，但不一定都会指定装运港，而这里是风险转移至买方的地方。如果装运港对买方具有特殊意义，特别建议双方在合同中尽可能准确地指定装运港。

由于卖方需要承担将货物运至目的港具体地点的费用，特别建议双方应尽可能准确地在指定目的港内明确该点。建议卖方取得完全符合该选择的运输合同。如果卖方按照运输合同在目的港交付点发生了卸货费用，则除非双方事先另有约定，卖方无权向买方要求偿付。

卖方需要将货物在船上交付，或以取得已经这样交付运往目的港的货物的方式交货。此外，卖方还需签订一份运输合同，或者取得一份这样的合同。此处使用的"取得"一词适用于商品贸易中常见的交易链中的多层销售(链式销售)。

CIF 可能不适合于货物在上船前已经交给承运人的情况，例如用集装箱运输的货物通常是在集装箱码头交货。在此类情况下，应当使用 CIP 术语。

如适用时，CIF 要求卖方办理出口清关。但卖方无义务办理进口清关、支付任何进口税或办理任何进口海关手续。

该术语仅适用于海运或内河水运。

2.2.3.1 CIF 术语买卖双方的责任划分

卖方的主要义务有：

(1) 自负费用订立从指定装运港运输货物的合同。

(2) 自负费用订立从指定装运港将货物运往指定目的港的货运保险合同。

(3) 在指定的装运港按规定的日期，按港口惯常的方式将符合合同规定的货物装上运往目的港的船上，并通知买方。

(4) 取得出口许可证或其他官方文件，办理出口报关手续。

(5) 承担货物在装运港装上船以前的费用和风险。

(6) 提交商业发票、运输单据、保险单据或有同等作用的电子信息。

买方的主要义务有：

(1) 支付货款。

(2) 取得进口许可证或其他官方证件，办理进口报关手续。

(3) 承担货物在装运港装上船以后的费用(除去从装运港到目的港的正常运费和货运保险费)和风险。

(4) 接受货物和单据。

2.2.3.2　采用 CIF 应注意的问题

(1) 把 CIF 称为"到岸价"不妥。在 CIF 术语条件下，卖方在装运港交货，不是在目的港交货；买卖双方风险划分的界限是在装运港的船上，卖方承担的风险没有到目的港；虽然卖方将运输和保险的手续办到了目的港，但纯属代办的性质，责任还是买方的。因此，将 CIF 称为"到岸价"是不妥的。

(2) 关于代办运输和保险。按 CIF 术语成交，货物在装运港装上船后，风险转移给买方，付运费和保险费虽然是卖方的义务，但买方通过付货款将运费和保险费部分又还给了卖方，即由买方承担运输途中的风险和费用，卖方办理运输和保险的手续，所以是代办的性质。

(3) CIF 的显著特征是"凭单交货、凭单付款"。按 CIF 术语成交，卖方在指定的装运港将符合合同规定的货物装上船，还要把符合要求的单据交给买方或银行，凭交单履行交货义务；买方是凭符合合同和信用证要求的单据履行付款的义务。

(4) CIF 术语的变形。同 CFR 术语的变形。

以上三种传统的贸易术语在国际贸易中一直被人们广泛使用，但是，这三种术语只能适用于海运和内河运输，不能适应日益发展的以集装箱作为运输媒介的国际多式联运的需要，所以，在三种传统的贸易术语基础上产生了三种新的贸易术语，即 FCA、CPT 和 CIP。

2.2.4　FCA

FCA，即 Free Carrier(insert named place of delivery)货交承运人(插入指定交货地点)，是指卖方在卖方所在地或其他指定地点将货物交给买方指定的承运人或其他人。由于风险在交货地点转移至买方，特别建议双方尽可能清楚地写明指定交货地内的交付点。

如果双方希望在卖方所在地交货，则应当将卖方所在地址明确为指定交货地。如果双方希望在其他地点交货，则必须确定不同的特定交货地点。

如适用时，FCA 要求卖方办理货物出口清关手续。但卖方无义务办理进口清关，支付任何进口税或办理任何进口海关手续。

该术语可适用于任何运输方式，也可适用于多种运输方式。

2.2.5　CPT

CPT，即 Carriage Paid to(insert named place of destination)运费付至(插入指定目的地)，是指卖方将货物在双方约定地点(如果双方已经约定了地点)交给卖方指定的承运人或其他人。卖方必须签订运输合同并支付将货物运至指定目的地所需费用。

在使用 CPT 术语时，当卖方将货物交付给承运人时，而不是货物到达目的地时，即完成交货。

由于风险转移和费用转移的地点不同，该术语有两个关键点。特别建议双方尽可能确切地在合同中明确交货地点(风险在这里转移至买方)，以及指定的目的地(卖方必须签订运输合同运到该目的地)。如果运输到约定目的地涉及多个承运人，且双方不能就交货点达成一致时，可以推定：当卖方在某个完全由其选择，且买方不能控制的点将货物交付给第一承运人时，风险转移至买方。如双方希望风险晚些转移的话(例如在某海港或机场转移)，则需要在其买卖合同中订明。

由于卖方需要承担将货物运至目的地具体地点的费用，特别建议双方尽可能确切地在指定目的地内明确该点。建议卖方取得完全符合该选择的运输合同。如果卖方按照运输合同在指定目的地卸货发生了费用，除非双方另有约定，卖方无权向买方要求偿付。

如适用时，CPT 要求卖方办理货物出口清关手续。但卖方无义务办理进口清关，支付任何进口税或办理任何进口海关手续。

该术语可适用于任何运输方式，也可适用于多种运输方式。

2.2.6　CIP

CIP，即 Carriage, Insurance Paid to(insert named place of destination)运费、保险费付至(插入指定目的地)，是指卖方将货物在双方约定地点(如双方已经约定了地点)交给其指定的承运人或其他人。卖方必须签订运输合同并支付将货物运至指定目的地的所需费用。

卖方还必须为买方在运输途中货物的灭失或损坏风险签订保险合同。买方应注意到，CIP 只要求卖方投保最低险别。如果买方需要更多保险保证的话，则需要与卖方明确就此达成协议，或者自行做出额外的保险安排。

在使用 CIP 术语时，当卖方将货物交付给承运人时，而不是当货物到达目的地时，即完成交货。

由于风险转移和费用转移的地点不同，该术语有两个关键点。特别建议双方尽可能确切地在合同中明确交货地点(风险在这里转移至买方)，以及指定目的地(卖方必须签订运输合同运到该目的地)。如果运输到约定目的地涉及多个承运人，且双方不能就特定的交货点达成一致时，可以推定：当卖方在某个完全由其选择，且买方不能控制的点将货物交付给第一个承运人时，风险转移至买方。如双方希望风险晚些转移的话(例如在某海港或机场转移)，则需要在其买卖合同中订明。

由于卖方需承担将货物运至目的地具体地点的费用，特别建议双方尽可能确切地在指定目的地内明确该点。建议卖方取得完全符合该选择的运输合同。如果卖方按照运输合同在指定的目的地卸货发生了费用，除非双方另有约定，卖方无权向买方要求偿付。

如适用时，CIP 要求卖方办理货物的出口清关手续。但是卖方无义务办理进口清关，支付任何进口税或办理进口相关的任何海关手续。

该术语可适用于任何运输方式，也可适用于多种运输方式。

2.2.7 三种新的贸易术语与三种传统的贸易术语的比较

2.2.7.1 FCA、CPT、CIP 与 FOB、CFR、CIF 的不同点

1) 适用的运输方式不同。FCA、CPT、CIP 可以适用于任何运输方式；而 FOB、CFR、CIF 只能用于海运和内河运输。

2) 交货地点不同。FCA、CPT、CIP 在指定地点交货；而 FOB、CFR、CIF 在装运港交货。

3) 买卖双方风险划分的界限不同。FCA、CPT、CIP 买卖双方风险划分的界限在指定地点的承运人；而 FOB、CFR、CIF 买卖双方风险划分的界限在装运港的船上。

4) 使用的运输单据不同。FCA、CPT、CIP 使用的运输单据视具体使用的运输方式而定；而 FOB、CFR、CIF 使用的运输单据只能是海运提单。

5) 关于装卸费的负担规定不同。FCA、CPT、CIP 不需为解决装卸费的负担而产生贸易术语的变形；而 FOB、CFR、CIF 在租船运输的情况下，为解决装卸费的负担问题有贸易术语的变形。

2.2.7.2 FCA、CPT、CIP 与 FOB、CFR、CIF 的相同点

可以把 FCA 和 FOB、CPT 和 CFR、CIP 和 CIF 分别作为三对来了解其相同点。FCA 和 FOB 的相同点是从价格的构成上看都不含有运费和保险费，即运输

和保险的手续都是由买方办理的,运费和保险费都是由买方支付的。

CPT 和 CFR 的共同点是从价格的构成上看都含有运费,都不含有保险费,即运输手续是由卖方办的,运费是由卖方支付的,保险手续是由买方办的,保险费是由买方支付的。

CIP 和 CIF 的共同点是从价格的构成上看都含有运费和保险费,即运输和保险手续都是由卖方办理的,运费和保险费都是由卖方支付的。

综上所述,FCA、CPT、CIP 与 FOB、CFR、CIF 相比,只是使用的运输方式不同,具体的交货地点和买卖双方风险划分的界限不同,FCA 和 FOB、CPT 和 CFR、CIP 和 CIF 的大致的责任划分相同,即完全可以用 FCA 取代 FOB,用 CPT 取代 CFR,用 CIP 取代 CIF,FCA、CPT、CIP 甚至比 FOB、CFR、CIF 更好用,因为其应用的范围更广泛,不仅可以用于海运,还可以用于各种运输方式。

2.3 《2010 年通则》对其他贸易术语的解释

2.3.1 EXW

EXW,即 Ex Works(insert named place of delivery)工厂交货(插入指定交货地点),是指卖方在其所在地或其他指定地点(如工厂、车间或仓库等)将货物交由买方处置时,即完成交货。卖方不需将货物装上任何前来接收货物的运输工具,需要清关时,卖方也无需办理出口清关手续。

特别建议双方在指定交货地范围内尽可能明确具体交货地点,因为在货物到达交货地点之前的所有费用和风险都有卖方承担。买方则需承担自此指定交货地的约定地点(如有的话)收取货物所产生的全部费用和风险。

EXW 术语代表卖方最低义务。

该术语既可适用于任何运输方式,也可适用于多种运输方式。它适合国内贸易,而 FCA 一般更适合国际贸易。

2.3.2 FAS

FAS,即 Free Alongside Ship(insert named port of shipment)船边交货(插入指定装运港),是指当卖方在指定的装运港将货物交到买方指定的船边(如置于码头或驳船上)时,即为交货。货物灭失或损坏的风险在货物交到船边时发生转移,同时买方承担自那时起的一切费用。

由于卖方承担在特定地点交货前的风险和费用,而且这些费用和相关作业费可能因各港口惯例不同而变化,特别建议双方尽可能清楚地约定指定装运港内的装货点。

卖方应将货物运至船边或取得已经这样交运的货物。此处使用的"取得"一词,适用于商品贸易中常见的交易链中的多层销售(链式销售)。

当货物装在集装箱里时,卖方通常将货物在集装箱码头移交给承运人,而非交到船边。这时,FAS 术语不适合,而应当使用 FCA 术语。

如适用时,FAS 要求卖方办理出口清关手续。但卖方无义务办理进口清关、支付任何进口税或办理任何进口海关手续。

《1990 年美国对外贸易定义修正本》中 FAS 意为"运输工具旁边交货"。如果用其"船边交货"意思时,应在 FAS 后边加上"Vessel"一词。

2.3.3　DAT

DAT,即 Delivered at Terminal(insert named terminal at port or place of destination)运输终端交货(插入指定港口或目的地的运输终端),是指当卖方在指定港口或目的地的指定运输终端将货物从抵达的载货运输工具上卸下,交由买方处置时,即为交货。"运输终端"意味着任何地点,而不论该地点是否有遮盖,例如码头、仓库、集装箱堆场或公路、铁路、空运货站。卖方承担将货物送至指定港口或目的地的运输终端并将其卸下的一切风险。

由于卖方承担在特定地点交货前的风险,特别建议双方尽可能确切地约定运输终端,或如果可能的话,在约定港口或目的地的运输终端内的特定地点。建议卖方取得完全符合该选择的运输合同。

此外,如果双方希望由卖方承担由运输终端至另一地点间运送和受理货物的风险和费用,则应当使用 DAP 或 DDP 术语。

如适用时,DAT 要求卖方办理出口清关手续。但卖方无义务办理进口清关、支付任何进口税或办理任何海关手续。

该术语既可适用于任何运输方式,也可适用于多种运输方式。

2.3.4　DAP

DAP,即 Delivered at Place(insert named place of destination)目的地交货(插入指定目的地),是指当卖方在指定目的地将仍处于抵达的运输工具之上,且已做好卸载准备的货物交由买方处置时，即为交货。卖方承担将货物运送到指定地点的一切风险。

由于卖方承担在特定地点交货前的风险，特别建议双方尽可能清楚地约定指定目的地内的交货点。建议卖方取得完全符合该选择的运输合同。如果卖方按照运输合同在目的地发生了卸货费用，除非双方另有约定，卖方无权向买方要求偿付。

如适用时，DAP 要求卖方办理出口清关手续。但是卖方无义务办理进口清关、支付任何进口税或办理任何进口海关手续。如果双方希望卖方办理进口清关、支付所有进口关税，并办理所有进口海关手续，则应当使用 DDP 术语。

该术语既可适用于任何运输方式，也可适用于多种运输方式。

2.3.5 DDP

DDP，即 Delivered Duty Paid(insert named place of destination)完税后交货(插入指定目的地)，是指当卖方在指定目的地将仍处于抵达的运输工具上，但已完成进口清关，且已做好卸载准备的货物交由买方处置时，即为交货。卖方承担将货物运至目的地的一切风险和费用，并且有义务完成货物出口和进口清关，支付所有出口和进口的关税和办理所有海关手续。

由于卖方承担在特定地点交货前的风险和费用，特别建议双方尽可能清楚地约定在指定目的地内的交货点。建议卖方取得完全符合该选择的运输合同。如果按照运输合同卖方在目的地发生了卸货费用，除非双方另有约定，卖方无权向买方要求偿付。

如果卖方不能直接或间接地完成进口清关，则特别建议双方不使用 DDP 术语。

如果双方希望买方承担所有进口清关的风险和费用，则应使用 DAP 术语。

除非买卖合同中另行明确规定，任何增值税或其他应付的进口税款由卖方承担。

DDP 代表卖方最大的责任。

该术语既可适用于任何运输方式，也可适用于多种运输方式。

2.4 贸易术语的选用

在国际贸易中，按哪一种贸易术语成交，对买卖双方来说至关重要。因此，买卖双方在磋商交易时，应该从各自承担的风险、费用、责任等方面考虑，选择适合自己的贸易术语成交。表2.2列出了11种贸易术语的比较。

表2.2　11种贸易术语的比较

贸易术语	装货费	运费	保险费	出口清关	进口清关	卸货费
EXW	买方	买方	买方	买方	买方	买方
FCA	卖方/买方	买方	买方	卖方	买方	买方
FAS	买方	买方	买方	卖方	买方	买方
FOB	卖方	买方	买方	卖方	买方	买方
CFR	卖方	卖方	买方	卖方	买方	买方
CIF	卖方	卖方	卖方	卖方	买方	买方
CPT	卖方	卖方	买方	卖方	买方	买方
CIP	卖方	卖方	卖方	卖方	买方	买方
DAT	卖方	卖方	卖方	卖方	买方	买方
DAP	卖方	卖方	卖方	卖方	买方	买方
DDP	卖方	卖方	卖方	卖方	卖方	买方

　　一般情况下，出口业务中采用CIF、CIP术语比较好，这是因为：①可以方便船、货的衔接；②可以避免投保不及时；③在采用非信用证结算时，万一买方信誉不好，不付款，货物又在运输途中受损的话，卖方手中有保险单，可以凭保险单向保险公司索赔；④从宏观上可以支持我国运输业和保险业的发展。进口业务中采用FOB、FCA术语比较好，因为，采用FOB、FCA术语，可以防止卖方和船方相互勾结，交假货，出假提单，使买方蒙受损失的情况；也可以从宏观上支持我国运输业和保险业的发展。但在进出口业务实践中，还得根据具体情况，灵活选用贸易术语。比如，在运费、保险费不好核算的情况下，出口也可以采用FOB、FCA术语。

综合测试

　　1) 单项选择题(在下列每小题中，选择一个最适合的答案)：

　　(1) 以CFR成交，应由(　　)。

　　　　A. 买方办理租船订舱并保险

　　　　B. 卖方办理租船订舱并保险

　　　　C. 买方办理租船订舱，卖方办理保险

　　　　D. 卖方办理租船订舱，买方办理保险

　　(2) 按照《2010年通则》以CIF汉堡条件成交，卖方对货物风险应负责(　　)。

　　　　A. 船到汉堡港为止　　　　　　　　　B. 在汉堡港卸下货为止

　　　　C. 货在装运港越过船舷为止　　　　　D. 货在装运港装上船

　　(3) CPT术语中，交易双方划分风险的界限是(　　)。

　　　　A. 装运港船舷　　　　　　　　　　　B. 货交承运人

　　　　C. 目的港船上　　　　　　　　　　　D. 目的港码头

(4) 以 CIF 成交，货物所有权(　　)。

　　A. 随运输单据交给买方而转移给买方

　　B. 随货物风险转移至买方而转移给买方

　　C. 随货物交给买方而转移给买方

　　D. 随货物在装运港越过船舷而转移给买方

(5) 按 CIF LANDED (CIF 卸到岸上)贸易术语成交，买卖双方的风险划分界限为(　　)。

　　A. 货物交给承运人　　　　　　　　B. 货物在装运港装上船

　　C. 货物在目的港卸货　　　　　　　D. 货物交到目的港的码头

(6) 就卖方承担的风险而言，(　　)。

　　A. CIF 比 FOB 大　　　　　　　　B. FOB 比 CIF 大

　　C. CIF 与 FOB 相同　　　　　　　D. 有时 CIF 与 FOB 相同

(7) FOB、CFR、CIF 三术语的主要区别在于(　　)。

　　A. 交货地点不同　　　　　　　　　B. 风险划分界限不同

　　C. 交易双方承担的责任与费用不同　D. 适用的运输方式不同

(8) 根据《INCOTERMS 2010》，DAT 是(　　)。

　　A. 指定目的港交货　　　　　　　　B. 指定目的地交货

　　C. 目的地交货　　　　　　　　　　D. 运输终端交货

(9) 根据《INCOTERMS 2010》，DAP 是(　　)。

　　A. 目的地交货　　　　　　　　　　B. 运输终端交货

　　C. 指定目的港交货　　　　　　　　D. 指定目的地交货

(10) 根据《INCOTERMS 2010》，DAT 和 DAP 适用的运输方式(　　)。

　　A. 任何运输方式　　　　　　　　　B. 水上运输方式

　　C. 单一运输方式　　　　　　　　　D. 以上都对

2) 多项选择题(请准确选出全部正确答案):

(1) 以下对贸易术语变形说法正确的有(　　)。

　　A. 不改变费用的负担　　　　　　　B. 不改变交货地点

　　C. 不改变风险划分的界限　　　　　D. 不改变支付条件

　　E. 不改变贸易术语所运用的运输方式

(2) 在使用集装箱海运的出口贸易中，卖方采用 FCA 贸易术语比采用 FOB 贸易术语更为有利的具体表现有(　　)。

　　A. 可以提前转移风险

　　B. 可以提早取得运输单据

　　C. 可以提早交单结汇，提高资金的周转率

  D. 可以减少卖方的风险责任

  E. 可以减少买方的风险责任

 (3) 按 CFR 术语成交，卖方承担的义务有(　　)。

  A. 取得进口许可证或官方证件，办理进口报关手续

  B. 取得出口许可证或官方证件，办理出口报关手续

  C. 按通常条件订立运输合同，在规定日期和期限内，在装运港将符合合同规定的货物装上船，并通知买方

  D. 提交商业发票及买方可以在目的港提货或可以转让的运输单据，或相等的电子信息

  E. 支付保险费

 (4) FOB 与 FCA 相比较，其主要区别有(　　)。

  A. 适用的运输方式不同

  B. 买卖双方风险划分的界限不同

  C. 交货地点不同

  D. 出口清关手续及费用的负担不同

  E. 办理投保手续责任不同

 (5) 《2010 年通则》与《1990 年美国对外贸易定义修正本》在 FOB 贸易术语上的主要区别有(　　)。

  A. 风险划分点不同

  B. 适用的运输方式不同

  C. 表达方式多少不同，前者只有 1 种，后者有 6 种

  D. 投保手续不同

  E. 出口清关手续不同

 (6) 根据《2010 年通则》，以下在装运港完成交货的贸易术语有(　　)。

  A. FOB   B. DAT

  C. FAS   D. CFR

  E. DAP

 (7) 向承运人交货的贸易术语有(　　)。

  A. FCA   B. CIP

  C. CIF   D. CPT

  E. DDP

 (8) 下列属于 CIF 术语的特点有(　　)。

  A. 装运合同   B. 象征性交货

  C. 适用于任何运输方式 D. 到岸价

E. 风险划分界限为装运港船上

(9) 根据《2010 年通则》，以下适用于各种运输方式的术语有(　　)。

A. EXW   B. DAT

C. FAS   D. DDP

E. CPT

3) 判断题(判断下列各题是否正确，在题后括号内正确的打"√"，错误的打"×")：

(1) 以 CIF Ex ship's Hold New York 条件成交，卖方应负担从装运港到纽约为止的费用和风险。(　　)

(2) 我出口某大宗商品，如果使用 FOB LLINER TERMS 贸易术语，则意味着我方必须用班轮运输。(　　)

(3) CIF 与 CIF LANDED 的主要区别在于，除了要承担货物到达目的港的风险和正常的运费以外，CIF LANDED 条件下，卖方还要承担卸货费用。(　　)

(4) 以 FOB 吊钩下交货成交，卖方只需将货置于吊钩下，即完成交货义务，以后发生的风险概不负责。(　　)

(5) 以 FCA 条件成交，卖方将货物交给承运人后，即履行完交货义务，出口报关等手续由买方办理。(　　)

(6) FCA、CIP、CPT 三种贸易术语，就卖方要承担的风险而言 FCA 最小，CPT 其次，CIP 最大。(　　)

(7) 按 FOB、CFR、CIF 成交，货在装运港装上船后，风险均告转移。因此，货到目的港后买方如发现品质、数量、包装等与合同规定不符，卖方概不负责。(　　)

(8) 采用 CIF 贸易术语，卖方要办理保险、支付保险费，而采用 CFR 贸易术语，保险责任及保险费是由买方承担的，可见，对卖方而言，采用 CIF 贸易术语较采用 CFR 贸易术语，卖方承担的风险大。(　　)

(9) 《2010 年通则》中的 CPT 术语，属于象征性交货。(　　)

(10) 《INCOTERMS 2010》的 11 种贸易术语，买卖双方交接的单据，既可以是纸单据，也可以是电子单据。(　　)

4) 问答题：

(1) 为什么说将 CIF 称为"到岸价"是不对的？

(2) 贸易术语的作用是什么？

(3) FCA 术语和 FOB 术语相比有哪些优点？

(4) FCA、CPT、CIP 与 FOB、CFR、CIF 相比，有什么异同点？

5) 案例分析题：

(1) 我国某公司按 CIF 条件向国外一客户出口一批货物，合同中规定装运期为 2009 年 10 月，我方于 2009 年 10 月 20 日将货物装船，然后备齐全套单据向银行交单议付，并获得货款。10 月 25 日买方来电称：货物在海上全部灭失，要求我方公司退回货款，然后由我方公司向保险公司索赔。

请问：我方能否同意国外客户的说法？为什么？

(2) 某出口公司与国外一客户按 FOB 条件达成一笔交易，合同规定装运期为 2007 年 11 月。11 月 15 日，该出口公司派业务员小王将货物送到装运港，直到 11 月 23 日(星期五)货物顺利装上运往目的港的船上，并于当晚驶离装运港。忙碌了一个星期的小王感到疲惫不堪，周末好好休息了两天，11 月 26 日上午一上班，小王就给进口商补发了一份装船通知，半小时以后，小王收到一份传真，被告知载货船舶于 11 月 23 日晚在某海域发生海难，出口货物全部灭失。小王对此并不在意，认为货物已经装船并出了装运港，风险由买方承担；如果是保险范围内的损失，买方可以找保险公司索赔，因为，办理保险是买方的责任。

请问：小王的这种想法对吗？为什么？

(3) 某出口公司按 CIF London 向英商出售一批核桃仁，由于该商品季节性较强，双方在合同中规定：买方须于 9 月底前将信用证开到，卖方保证运货船只不得迟于 12 月 2 日驶抵目的港。如货轮迟于 12 月 2 日抵达目的港，买方有权取消合同。如货款已收，卖方须将货款退还买方。

请问：这一合同的性质是否还属于 CIF 合同？

3 品名、品质、数量和包装

关键词

凭样品买卖　　　　　　　　　复样
对等样品　　　　　　　　　　品质公差
以毛作净　　　　　　　　　　溢短装条款
运输标志　　　　　　　　　　中性包装

知识目标

- 了解品名、品质、数量和包装的含义;
- 熟悉表示品质的方法、常用的计量单位、计量方法、品质机动幅度和数量机动幅度的规定方法;
- 掌握品名、品质、数量和包装条款的订立及其应注意的问题。

技能目标

- ◆ 会正确拟定品名、品质、数量、包装条款;
- ◆ 能正确选用表示品质的方法和使用品质机动幅度和数量机动幅度;
- ◆ 熟悉标准运输标志的构成;
- ◆ 掌握订立品名、品质、数量、包装条款等技能。

导入案例

　　我国某公司向德国某商人出口大米一批, 合同规定: 大米含水分 15%(最高), 杂质 1%(最高), 破碎粒 7%(最高), 成交前我方公司曾向德国商人寄过样品, 订约后我方又电告对方成交货物品质与样品相似。货到德国后, 德商请德国商检机构对货物进行复验, 发现货物的质量比样品低 7%, 德商据此检验证明向我方公司提出索赔。

　　问: 我方公司是否可以该批业务并非凭样买卖而不予理会? 为什么?

3.1 品名、品质

3.1.1 品名

3.1.1.1 在合同中列明品名条款的意义

品名(name of commodity)是指商品的名称，是在合同开头部分所列明的买卖双方同意买卖的商品的名称。品名是买卖双方交易赖以进行的物质基础和前提条件。国际货物买卖，从签订合同到交付货物往往需要相隔一段较长的时间，加之交易双方在洽商交易和签订买卖合同时，很少见到具体商品，一般只是凭借对买卖商品的必要描述来确定交易的标的物。因此，面买卖双方在磋商和签订国际贸易合同时，一定要明确、具体地订明商品的品名，并尽可能使用国际上通用的名称，避免履约的麻烦。

3.1.1.2 合同中的品名条款及举例

买卖合同中的品名条款一般比较简单，通常是在"商品名称"或"品名"的标题下，列明双方同意买卖的商品的名称，但有时也可以不冠以标题，而直接写明交易双方约定买卖的商品的具体名称。

品名条款如：新疆红枣(Xinjiang Date)；中国蜂蜜(Chinese Honey)。

3.1.1.3 规定品名条款应注意的问题

1) 规定品名条款要明确具体。
2) 规定品名条款要简明扼要。
3) 使用国际上通行的名称。
4) 选择有利于降低关税和贸易从属费的品名。

3.1.2 品质

3.1.2.1 在合同中列明品质条款的意义

品质(quality)是指商品的内在素质(包括商品的物理性能、化学成分和生物的特征等自然属性，一般需要借助仪器分析测试才能获得)和外观形态(包括商品的外形、色泽、款式和透明度等，可以通过人们的感觉器官直接获得)的综合。

合同中的品质条款是构成商品说明的重要组成部分，是买卖双方交接货物的依据。《联合国国际货物销售合同公约》规定，卖方交付货物，必须符合约定的质量。如卖方交货不符约定的品质条件，买方有权要求损害赔偿，也可以要求修理或交付替代货物，甚至拒收货物和撤销合同。

商品品质的高低直接关系到贸易双方的利益，商品品质是交易双方进行交易磋商时首先要考虑的问题，当今国际市场是一个竞争十分激烈的买方市场，各国商人都把提高商品质量作为非价格竞争的一个重要手段。

3.1.2.2 表示品质的方法

1) 用实物表示商品品质。

(1) 看货买卖。看货买卖是指买卖双方根据成交商品的实际品质进行交易。通常是先由买方或其代理人在卖方所在地验看货物，达成交易后，卖方即应按验看过的商品交付货物。只要卖方交付的是验看的商品，买方就不得对品质提出异议。这种做法，多用于寄售、拍卖和展卖业务中。一般而言，看货买卖是在卖方掌握现货，并且货物数量不太大，买方能够亲临现场的条件下进行的。在国际贸易中，某些特种产品，既无法用文字概括其质量，也没有质量完全相同的样品可作为交易的质量依据，如珠宝、首饰、字画、特定工艺品等，对于这些具有独特性质的商品，买卖双方只能看货洽商，按货物的实际品质来进行交易。

(2) 凭样品买卖。样品(sample)是指从一批商品中随机抽取出来的，或是由生产部门设计、加工出来的可以代表整批货物品质的少量实物。凭样品买卖就是以样品表示商品品质并以此作为双方成交和日后卖方交货依据。在国际贸易中，该方法主要适用于表示服装、轻工业品、土特产品等一些难以用文字表明的商品的品质或在色、香、味和造型方面有特殊要求的商品的买卖。

按照样品的有效性，样品可分为标准样品和参考样品。标准样品(type sample)即为凭样品买卖中的样品。这种样品一经确认即成为交货的品质依据，卖方必须承担将来所交货物的品质与标准样品一致的责任。参考样品(sample for reference)是指买卖双方为了发展贸易关系而寄送的样品，它不作为交货的品质依据，而仅供对方了解商品。参考样品在寄送时一定要注明"仅供参考"(for reference only)字样。根据样品提供者不同，凭样品买卖可分为凭卖方样品买卖和凭买方样品买卖。

凭卖方样品买卖是指交易双方约定以卖方提供的样品作为成交和日后卖方交货的品质依据。凭卖方样品买卖应注意：提供的样品要有代表性，品质既不要偏高，也不要偏低；要应留存复样(duplicate sample)，以备日后交货或处理争议时核对；注明寄送样品的日期要和样品编号，以便日后查找样品方便；在合同中加列"品质与样品大致相同"(quality to be about equal to the sample)的条款，以利于卖方日后交货方便。

凭买方样品买卖就是交易双方约定以买方提供的样品为交货时的品质依据，习惯上称为"来样成交"。凭买方样品成交时，买卖合同应订明"品质以买方样品为准"(quality as per buyer's sample)，日后，卖方所交整批货物的品质，必须与买方样品相符；卖方还应争取在合同中注明由买方样品引起的任何第三者权利问题概由买方负责；凭买方样品买卖应成对等样品(counter sample)，即卖方根据买方提供的样品复制、加工出一个类似的样品交买方确认，也可称为"回样"。凭对等样品买卖就是卖方日后交货的品质以"对等样品"为准，也就是说，将交易的性质由凭买方样品买卖转变为凭卖方样品买卖。这样卖方可争取主动权，即不会由于担心做不到与买方样品一致，丧失出口机会；又可以避免日后因交货品质与买方样品不符而招致的风险。

2) 用文字说明表示商品品质。凡以文字、图表、相片等方式来说明商品的品质，均属凭说明(description)表示商品品质。 在国际贸易中，除部分货物的品质不易用说明描述而采用凭样品买卖外，大部分交易都是通过凭说明来表示商品的品质。凭说明表示商品品质的方法，具体包括下列几种：

(1) 凭规格买卖(sale by specification)。商品规格是指一些用以反映商品品质的主要指标，如化学成分、含量、纯度、性能、容量、长短、粗细等。

商品根据其特性或者不同用途，可以用不同的规格来表示。有的商品的规格表示按含量，如东北大豆；有的按其尺寸大小，如布匹；有的按长短，如猪鬃；有的按粗细，如圆钢等。

例：中国大米：水分 15％(最高)

                           碎粒 7％(最高)

                           杂质 1％(最高)

在国际贸易中，凡是以规格来确定成交商品品质，并以此作为买卖双方成交和交货依据的称为凭规格买卖。由于这种方法简单易行，明确具体，运用灵活，因而在国际贸易中广泛应用。

(2) 凭等级买卖(sale by grade)。商品等级是指同一类商品，按其规格上的差异，分为品质优劣各不相同的若干等级，通常是由制造商或出口商根据其长期生产和了解该项商品的经验，在掌握其品质规律的基础上制定出来的。例如我国出口的钨砂，按其规格中所含三氧化钨、锡等成分的不同分为特级、一级和二级。

凭等级买卖即用文字甲、乙、丙等或数码一、二、三等来说明商品品质的级别，并以此作为买卖双方成交和交货的依据。凭等级买卖时，为了便于履行合同和避免争议，在品质条款列明等级的同时，最好一并规定每一等级的具体规格。

(3) 凭标准买卖(sale by standard)。商品标准是指将商品的规格和等级予以标准化。它一般由标准化组织、政府机关、行业团体、工商组织及商品交易所等制定、公布，并在一定范围内实施，如国际标准化组织(ISO)标准，国际电工委员会(IE)制定的标准等。

凭标准买卖就是以标准来表示商品的品质并以此作为买卖双方成交和交货的依据。在合同援引某项标准时，应注明所采用标准的版本年份。

在国际贸易中，对于某些品质变化较大而难以规定统一标准的农副产品，有时还采用以下两种标准：

良好平均品质(fair average quality, FAQ)：是指某个产地某个年份某种农副土特产品的平均品质水平，即我们所说的"大路货"，是与"精选货"(selected)相对而言的；使用时除了在合同中标明 FAQ 之外，还应订有具体的规格，否则易引起品质纠纷。

如：花生仁　　　FAQ

水分　　　　13%(最高)

破碎粒　　　6%(最高)

杂质　　　　2%(最高)

含油量　　　44%(最低)

上好可销品质(good merchantable quality, GMQ)：指卖方必须保证其交付的货物品质良好，合乎销售条件，在成交时无须以其他方式证明产品的品质。但是，这种方法比较抽象笼统，在执行中容易引起争执，因此，应尽量少用。它主要适用于木材和冰冻鱼虾等产。

(4) 凭说明书和图样买卖(sale by descriptions and illustrations)。在国际贸易中，机器设备、电器和仪表等技术密集型产品，因其结构复杂，数据较多，很难用几个简单的指标来表明其品质的全貌，而且有些产品，即使其名称相同，但由于所使用的材料、设计和制造技术的某些差别，也可能导致功能上的差异。因此，对这类商品的品质，通常是以说明书并附以图样、照片、设计、图纸、分析表及各种数据来说明其具体性能和结构特点。按此方式进行交易，称为凭说明书和图样买卖。采用时，除列入说明书的具体内容外，往往要订立卖方品质保证条款和技术服务条款。

(5) 凭商标或品牌买卖(sale by trade mark or brand name)。凭商标或品牌买卖就是以品牌或商标来表示商品的品质，并以此作为买卖双方成交和交货的依据。一般只适用于某些质量稳定且在市场上有着良好声誉的产品。在进行这类交易时，必须确实把好质量关，保证产品的传统特色，把维护名牌产品的信誉放在首要地位。

商标(trade mark)是指生产者或商号用来识别其所生产或出售的商品的标志，它可由一个或几个具有特色的单词、字母、数字、图形或图片等组成。

品牌(brand name)是指工商企业给其制造或销售商品所冠的名称，以便与其他企业的同类产品区别开来。一个品牌既可用于一种产品，也可用于一个企业的所有产品。

(6) 凭产地名称买卖(sale by origin name)。在国际货物买卖中，有些产品，因产区的自然条件、传统加工工艺等因素的影响，在品质方面具有其他产区的产品所不具有的独特风格和特色，对于这类产品，一般也可用产地名称来表示其品质。例如四川涪陵榨菜、信阳毛尖等。

综上所述，在国际贸易中表示商品品质的方法多种多样，不同的商品应针对其特点以及交易的具体情况选择恰当的方法表示品质。上述各项表示品质的方法一般是单独使用，也可以根据商品的特点、市场或交易的习惯，将几种方式结合运用。

3.1.2.3 合同中的品质条款

1) 品质条款的基本内容及举例。合同中的品质条款通常应列明商品的名称、规格或等级、标准、品牌等。不同的商品应根据商品本身特性及市场特点选择表示商品品质的方法。在凭样品买卖时，还应列明样品的编号及寄送日期。在以图样和说明书表示商品品质时，还应在合同中列明图样和说明名称、份数等内容。在凭标准买卖时，一般应列明所采用的标准及标准版本的年份。

合同中的品质条款举例如下：

(1) 质量应严格符合卖方2010年5月10日提供的样品(Quality to be strictly as per Sample Submitted by Seller on 10th May, 2010)样品号：NT001长毛绒玩具羊尺码18英寸(Sample number: NT001 Plus Toy Sheep Size 18 inch)。

(2) 饲料玉米，水分 15%[最高]，杂质 2%[最高] (Feeding Corn, Moisture 15%[max], Admixture 2%[max])。

(3) "0871 中国红茶 特珍一级"(0871 China Black Tea Special Chunmee Grade 1)。

(4) "佳洁士牙膏"(CREST Dental Cream)。

(5) "中牟大蒜"(ZhongMou Fresh Garlic)。

(6) "海尔牌彩电 21FA18-AMM 详细规格如所附说明书图样"(Haier Brand Color TV Set Model 21FA18-AMM Detail Specifications as per attached descriptions and illustrations)。

2) 品质公差和品质机动幅度。在国际贸易中，卖方交付的货物必须与合同规定相符，这是卖方所做出的品质保证的一项基本内容。然而在实际业务中，有些商品受自身特性、生产加工和运输条件的限制以及气候的影响，卖方往往很难做到实际交货品质与合同规定完全相符。对于这一类商品，如果品质条款规定得过死或者把品质指标订得绝对化，必然会给卖方顺利交货带来困难。因此，在实际业务中，双方在订立合同的品质条款时，可以规定一个灵活范围，只要卖方交货品质在所规定的范围之内，就算符合合同品质条款的要求。其常见做法是规定品质公差和品质机动幅度。

(1) 品质公差(quality tolerance)。品质公差是指有些工业制成品，在生产过程中，由于受科技水平或生产水平所限，在品质上往往会有一些误差。这些误差有的是国际上所公认的，有的是经买卖双方确认所同意的。国际贸易中，卖方交货的品质只要在品质公差范围内，买方就无权就商品的品质问题提出异议，也不得要求调整商品的价格。比如手表走时的合理误差，棉纱支数的确定等。

(2) 品质机动幅度(quality latitude)。品质机动幅度是指允许卖方所交货物的品质指标在一定幅度内机动掌握，只要在允许的幅度内，买方无权拒收货物。这种方法一般适用于一些农、副、土、特等初级产品的交易。规定品质机动幅度的方法有以下三种：

规定范围：对某项商品的品质指标规定有一定的差异范围。例如纱管重量，每只33～39克。

规定极限：对某些商品的规格使用上下限，常用词有：① 最小、最低(minimum或min.)；② 最高，最大(maximum或max.)。例如大豆、含油量18%(最低)，水分14%(最高)；杂质2%(最高)。

规定上下差异：对某些商品的品质规定上下差异。例如东北大豆，含油量18%，水分14%，杂质2%，均可增减1%。

在品质机动幅度范围之内的商品，一般不另行计算增减价，即按照合同价格计收价款。但有时为了体现按质论价的原则，或者为了避免卖方恶意利用品质机动幅度影响货物品质，也可以在合同中加列品质增减价条款，即在品质机动幅度范围之内，根据交货品质情况来调整商品的价格。也就是说，对约定的机动幅度内的品质差异，可按照实际交货品质规定予以增价或减价。

3) 订立品质条款时应注意的问题。

(1) 根据具体交易商品特点，确定表示商品品质的方法。表示品质的方法很多，对于具体商品究竟采用何种方法，应视商品的特性而定。一般来讲，凡能用科学的指标说明其质量的商品，则适于凭规格、等级或标准买卖；有些难以规格化和标准化的商品，如工艺品等则适于凭样品买卖；某些质量好、并具有一定特色的名优产品，适于凭商标或品牌买卖；某些性能复杂的机器、电器和仪表，则适于凭说明书和图样买卖；凡具有一定地方特色的农副土特产品，则可凭产地名称买卖。

选择表示品质方法的原则是：一般情况下，能够采用一种方法表示清楚商品品质的，就用一种方法表示，采用的表示品质的方法越多，对于卖方来说将来交货品质受到的限制就越多，其所交货物就必需同时符合各项品质要求才行，这对于卖方来说是非常不利的；但有些商品，由其特点决定，用一种表示方法，表示不清楚商品品质的，需采用两种或以上的方法表示。

(2) 品质条款要有科学性和合理性。首先，要从产、销实际出发，防止品质条款规定偏高或偏低；其次，要合理规定影响品质的各项重要指标，对于一些与品质无关紧要的条件，不宜订入；再次，要准确具体地描述品质要求，既忌笼统含糊，如"大约"、"左右"、"合理误差"，又忌绝对化，如"棉布无疵点"、"山兔彻底放血"等。

(3) 重视品质机动幅度和品质公差在表示品质方面的作用。凡是能采用和应该采用品质机动幅度和品质公差的商品，一般都要订明具体的机动幅度或公差的允许值，以免日后产生争议。

(4) 品质条件应符合有关国家或相关国际组织的标准，以提高产品在国际市场上的竞争能力。

3.2　数量

商品的数量(quantity)是指以一定的计量单位表示的货物重量、个数、长度、面积、容积等。货物数量的多少既关系到一笔交易规模的大小，也会影响价格和市场需求的变化。

3.2.1　约定商品数量的意义

商品的数量是国际贸易中不可缺少的主要条件之一。正确掌握成交数量，对促进交易的达成和争取有利的价格具有重要的作用，数量是买卖双方交接货物的依据。《联合国国际货物销售合同公约》规定，按约定的数量交付货物是卖方的一项基本义务。如卖方交货数量大于约定的数量，买方可以拒收多交的部分，也可以收取多交部分中的一部分或全部，但应按合同价格付款；如卖方交货数量少于约定的数量，卖方应在规定的交货期届满前补交，但不得使买方遭受不合理的不便或承担不合理的开支，即使如此，买方也有保留要求损害赔偿的权利。

3.2.2　计量单位

3.2.2.1　重量单位

重量(weight)单位是目前国际贸易中使用最多的一种计量单位，常见的重量单位有：公吨(metric ton，M/T)、长吨(long ton)、短吨(short ton)、磅(pound，Lb)、盎司(ounce，Oz)、千克(kilogram，kg)、克(grime，g)等。许多农副产品、矿产品及工业制成品通常按重量单位计量。

3.2.2.2　数量单位

常用的数量(number)单位有：件或只(piece，PC)、套(set)、打(dozen，doz)、罗(gross)、令(ream，rm)、箱(case)、捆(bale)、听(tin)、卷(roll，Coil)等。个数计量通常适用于有一定规格、尺寸成形、成件的生活日用品、轻工业产品、机械产品及一部分土特产品。

3.2.2.3　长度单位

常用的长度(length)单位有米(meter，m)、英尺(foot，ft)、码(yard，yd)等。长度计量通常适用于如绳索、丝绸、布匹等商品的交易。

3.2.2.4　面积单位

常用的面积(area)单位有：平方米(square meter，sq. M)、平方英尺(square foot，Sq. ft)、平方码(square yard，Sq. yd)等。通常适用于按面积计算的商品有地毯、皮革、玻璃板等。

3.2.2.5　体积单位

常用的体积(cubic)单位有：立方米(cubic meter，Cu. M)，立方英尺(cubic foot，Cu.ft)、立方码(cubic yard，Cu.yd)、立方英寸(cubic inch)等。体积计量通常适用于木材及化学气体之类的交易。

3.2.2.6　容积单位

常用的容积(capacity)单位有：升(liter，L)，加仑(gallon，p1)，蒲式耳(bushel，bu)等。各类谷物及液体货物往往按容积计量。

由于世界各国采用的度量衡制度不同，造成同一计量单位所表示的数量不一样。在国际贸易中，通常采用的度量衡制度有公制(the metric system)、英制(the british system)、美制(the U.S. system)和国际单位制(the international system of units，SI)。为了促进国际科学技术交流和国际贸易的发展、解决各国度量衡制度不一带来的弊端，国际标准计量组织在各国广为通用的公制的基础上发展了国际单位制。国际单位制的实施和推广，标志着度量衡制度日趋国际化和标准化，现在已有越来越多的国家采用国际单位制。

根据《中华人民共和国计量法》规定："国家采取国际单位制。国际单位制计量单位和国家选定的其他计量单位，为国家法定计量单位。"我国从 1991 年 1 月起，除个别特殊领域外，不允许再使用非法定单位。在对外贸易中，出口货物除考虑到对方国家贸易的习惯在合同中规定需采用英制或美制计量单位外，也应采用法定计量单位。但一般不进口非法定计量单位的机器和设备，如有特殊需要，须经我国有关标准计量管理机构批准。

3.2.3　计量方法

按重量计量的商品，根据商品的特点不同，可采用以下几种方法来计算。

3.2.3.1　毛重

毛重(gross weight)是指商品本身的重量加上包装物的重量。这种计重方法一般适用于低值的商品。在买卖大宗的、价值低的、包装占的重量轻的商品(如烟胶片,卷筒新闻纸等)时,可以采用"以毛作净"(gross for net)的方法。如：中国东北大豆 1000 公吨，以毛作净。

3.2.3.2　净重

净重(net weight)是指商品本身的重量，即除去包装物后的商品自身的实际重量。净重是国际贸易中最常用的计量方法。《联合国国际货物销售合同公约》中规定：合同中未规定以毛重还是以净重计算商品重量时，一般按净重计算。

计算净重时首先要除去皮重(tare)，即包装物的重量，常见的皮重计算方法有以下四种：

(1) 按实际皮重(actual tare；real tare)计算。即按包装材料的实际重量计，是对包装物逐件实际衡量后所得的总和。

(2) 按平均皮重(average tare)计算。就是从整批货物中抽出一定的件数，称出其皮重，然后求出每件的平均皮重，再乘以总件数，即可求得整批货物的皮重。

按平均皮重计算通常适用于包装比较统一，重量相差不大的商品。近年来，随着包装技术的发展和包装材料及规格的标准化,用平均皮重计算的做法已日益普遍。

(3) 按习惯皮重(customary tare)计算。按商品包装习惯上公认的重量乘以总件数计算总皮重，而无需对包装逐件过秤。

(4) 按约定皮重(computed weight)计算。按买卖双方事先约定的包装物的重量作为计算皮重的基础。

国际贸易中，究竟采用哪一种方法计算皮重来求得净重，应根据商品的性质、所使用的包装的特点、合同数量的多少以及交易习惯，由双方当事人事先约定并在合同中做出规定，以免事后引起争议。

3.2.3.3 公量

公量(conditioned weight)是指在计算一些经济价值高、含水分不稳定的商品，如生丝、羊毛、棉纱等的重量时，用科学的方法将商品中的实际水分抽出，再加上国际公认的标准的含水分(回潮率)所得的重量。公量的计算公式如下：

$$公量＝实际重量(1＋标准回潮率)÷(1＋实际回潮率)$$

3.2.3.4 理论重量

对有固定规格的货物只要规格一致、尺寸相符、重量相同，可以从其件数推出重量，这就是所谓的理论重量(theoretical weight)。如马口铁、钢板等商品在计算重量时可采用此法。

3.2.3.5 法定重量

法定重量(legal weight)是商品加上直接接触商品的包装物料，如销售包装等的重量。按照一些国家海关的规定，在征收从量税时，商品的重量是以法定重量计算的。

3.2.4 合同中数量条款的基本内容及条款举例

3.2.4.1 数量条款的基本内容

合同中的数量条款是买卖双方交接货物和处理争议的根据，因此，买卖双方签订合同时，必须对数量条款做出明确合理的规定。在买卖合同的数量条款中，一般须订明数量和计量单位，以重量单位计量的，还须明确计量的办法，在不采用商品个数或包装单位计量时，还应适当规定数量的机动幅度。

合同中的数量条款举例：

(1) 300 Metric tons, gross weight, 5% more or less at seller's option(300 公吨，毛重，卖方可以选择多交或少交 5%)。

(2) 5 000 sets(5 000 台)。

3.2.4.2 数量机动幅度

合同规定的数量是买卖双方交接货物的数量依据，卖方必须严格按合同规定的数量交货。但是，在粮食、矿砂、化肥和食糖等大宗商品的交易中，由于受商品特性、货源变化、船舱容量、装载技术和包装等因素的影响，完全准确地按约定数量交货，存在一定的困难。为了使交货数量具有一定范围内的灵活性和便于履行合同，买卖双方可以在合同中合理规定数量机动幅度。只要卖方交货数量在约定的增减幅度范围内，就视为按合同数量交货，买方就不得以交货数量不符为由而拒收货物或提出索赔。

规定数量机动幅度有以下几种方法：

(1) "约"量。即在数量前加"约"，"大约"或"近似"(about、circa、approximate)等类似字样。由于"约"量的含义在国际上没有统一的标准，因而易引起纠纷。但采用信用证支付时，按《跟单信用证统一惯例》(《UCO600》)的解释，凡"约"或"大约"或类似意义的词语用于信用证金额或信用证所列的数量或单价时，应理解为对有关金额或数量或单价有不超过 10% 的增减幅度。

(2) 溢短装条款(more or less clause)。即在买卖合同中的数量条款中明确规定可以增减的百分比。即卖方交货时有权根据具体情况多交或少交一定数量的货物，但以不超过规定数量的百分比为限。例如：300 Metric tons, gross weight, 5% more or less at seller's option(300 公吨，毛重，卖方可以选择多交或少交 5%)，这里的"5% more or less at seller's option(卖方可以选择多交或少交 5%)"即典型的"溢短装条款"。

(3) 合同中未明确规定数量机动幅度。合同中未明确规定数量机动幅度，卖方一般应按合同规定交货，但采用信用证支付，且货物不是以包装或个数单位计量的，按《跟单信用证统一惯例》(《UCO600》)的规定，卖方交货的数量允许有 5% 的减幅度。例如：出口大米，100 公吨，采用信用证支付，即允许卖方交货的数量有 5% 的减幅。

3.2.5 订立数量条款应注意的问题

1) 正确掌握成交数量。在磋商交易时，应正确掌握进出口商品成交数量，防止心中无数，盲目成交。一方面，在商订具体数量时，应当考虑国外市场的供求情况、国内货源的供应情况、国际市场价格动态、国外客户的资信状况和经营能力等因素；另一方面，应考虑国内的实际需要、国内支付能力以及市场行情变化情况等因素。

2) 数量条款应当明确具体。为了便于履行合同和避免引起争议，国际贸易合同中的数量条款应当明确具体，一般不宜采用"大约"、"近似"、"左右"等不明确的字眼来表示。

3) 合理规定数量机动幅度。为了订好数量机动幅度条款，需要注意下列几点：

(1) 数量机动幅度的大小要适当。数量机动幅度的大小，通常都以百分比表示，如3％、5％等，究竟百分比多大合适，应视商品特性、行业或贸易习惯和运输方式等因素而定。

(2) 机动幅度选择权的规定要合理。在合同规定有机动幅度的条件下，应酌情确定由谁来行使这种机动幅度的选择权。如果采用海运，交货数量的机动幅度应由负责安排船舶运输的一方选择。也可规定由船长根据舱容和装载情况做出选择。此外，当成交某些价格波动剧烈的大宗商品时，为了防止卖方或买方利用数量机动幅度条款，为自己的利益故意增加或减少装货数量，也可以在机动幅度条款中加订"此项机动幅度，只是为了适应运输工具实际装载量的需要时才能适用"的条款内容。

(3) 溢短装数量的计价方法要公平合理。通常对机动幅度范围内超出或低于合同数量的多装或少装部分一般按合同价格结算。但是，数量上的溢短装在一定条件下直接关系到买卖双方的利益。如在合同价格采用固定价格的条件下，交货时如果市价下跌，多装对卖方有利；如果市价上涨，少装则对卖方有利。因此，为了防止有权选择多装或少装的一方当事人利用行市的变化有意多装或少装以获取额外的好处，最好在合同中明确规定：多装或少装的部分按装船时或货到时的市价计算，以体现公平合理的原则。如果在合同中没有明确规定溢短装部分的计价办法时，通常需按合同价格计算。

3.3 包装

3.3.1 包装的重要性和约定包装条款的意义

商品包装是商品生产环节的继续，通常也是商品进入流通领域的必备条件之一。适当的包装，有利于商品的运输、储存、保管、计数和销售。商品的包装还是一种重要的非价格竞争手段，有助于提高厂商的市场竞争能力、扩大销售、提高售价。因而，在国际贸易合同中，包装成为货物说明的重要组成部分，包装条款也成为合同中的主要条件。提供约定的商品包装是卖方的主要义务之一。根据《联合国国际货物销售合同公约》第 35 条的规定，卖方必须按合同规定的方式装箱或包装。如果卖方提供的货物包装与合同规定不符，就构成违约，买方可以拒收货物和拒付货款。

3.3.2 包装的种类

国际贸易中的包装按作用不同，可分为运输包装和销售包装两种。

3.3.2.1 运输包装

运输包装(shipping package)又称外包装、大包装，其主要作用在于保护商品，方便商品运输、装卸、存储和计数。为了适应商品在运输、装卸过程中的不同要求，运输包装又分为单件运输包装和集合运输包装两种.

(1) 单件运输包装：货物在运输过程中以一个单件包装作为一个计件单位的包装。常见的有箱(case)、桶(drum)、袋(bag)、包(bale)、篓(basket)等。

(2) 集合运输包装(成组化运输包装)：指在单件运输包装的基础上，为了适应运输、装卸工作现代化的要求，将若干件单件运输包装组合成一件大包装。国际贸易中常见的集合运输包装有托盘(Pallet)、集装袋或集装包(flexible container)和集装箱(container)等。

3.3.2.2 销售包装

销售包装(sale package)又称内包装、小包装，是指直接接触商品、随商品进入零售市场直接和消费者见面的包装。销售包装除了具备保护商品的作用外，更加强调的是宣传、美化商品、方便消费者识别、选购、携带和使用商品等促销的功能。

在销售包装上，一般都会有装潢画面和文字说明，因此，在设计和制作销售包装时，应做好包装的装潢画面、文字说明，以及条形码等工作。

商品包装上的条形码是由一组带有数字的黑白及粗细间隔不等的平行条纹所组成，它是利用光电扫描阅读设备为计算机输入数据的特殊的代码语言。通过条形码信息，可以确定品名、品种、数量、生产日期、制造厂商、产地等。采用条形码技术，还有利于提高国际间贸易传讯的准确性，并使交易双方能及时了解对方商品的有关资料和本国商品在对方的销售情况。

目前，许多国家的超级市场内都使用条形码技术进行自动扫描结算，如果商品包装上没有条形码，即使是名优商品，也不能进入超级市场，而只能当作低档商品进入廉价商品市场。为了适应进口国的要求，我国在 1991 年 4 月正式加入国际物品编码协会，该协会分给我国条形码标志的前三位是 690、691、692、693、694、695，凡是以 690、691、692、693、694、695 开头的条形码的商品，都是中国的产品。

3.3.3 运输包装的标志

3.3.3.1 运输标志

运输标志(shipping mark)俗称"唛头"，通常是由一个简单的几何图形和一些字母、数字及简单的文字组成，其作用是便于运输、装卸、存储部门的有关人员在作业时能够识别货物，防止错发错运。它通常由收发货人代号、目的地名称或代号和批件号等三部分组成。

按照国际标准化组织建议，标准的运输标志一般包括以下几部分内容：
(1) 发货人或收货人名称的缩写或代号；
(2) 参考号，如运单号、订单号或发票号；
(3) 目的地名称，不能用简称或缩写，如有重名，则须列明国别或地区名称；
(4) 批件号。该项内容既要列明该件货物的序号。

例：WTCL   收货人代号

2009-014   参考号

New York   目的地

NOS:1-100   件号

除上述四个部分外，有时还可以包括发货人名称缩写、合同号、每件毛重或净重标志以及制造国等。如果货物采用集装箱运输整箱货(FCL)运输时，运输标志还可以省去。

3.3.3.2 指示性标志

指示性标志(indicative mark)是指根据商品的性能和特点，用简单醒目的图形或文字对一些容易破碎、残损、变质的商品，提出某些在装卸搬运操作和存放保管条件方面的要求和注意事项。例如："小心轻放"(handle with care)、此端向上(this side up)、不得用吊钩(use no hook)。

3.3.3.3　警告性标志

警告性标志(warning mark)又称危险性标志，是指为了保障货物和操作人员的安全，在易燃、易爆、有毒等危险品的运输包装上标明危险性质的图形和文字说明以示警告。例如：有毒品(poison)、爆炸物(explosive)、腐蚀性物品(corrosives)等。

在实际业务中，我国出口危险品时要求应刷制我国和国际海运所规定的两套警告性标志，以防到国外目的港时，不准靠岸卸货。

3.3.3.4　尺码、重量标志

在运输包装上一般还需刷上包装的毛重和净重及其尺码(长×宽×高)。尺码、重量标志(measurement weight mark)一般与运输标志结合使用。

3.3.4　中性包装和定牌生产

3.3.4.1　中性包装

中性包装(neutral packing)是指既不标明生产国别、产地名城和厂家名称，也不标明商标或牌名的包装，分为无牌中性包装和定牌中性包装两种。

无牌中性包装是指在商品或包装上均不使用任何商标或品牌，也不注明生产国别和厂名。

定牌中性包装是指在商品或包装上使用买方指定的商标或品牌，但不注明生产国别和厂家名称。在使用定牌中性包装时，应注意在按照买方的要求注明有关商标、品牌时，还应注明以后因此而产生的侵权行为或知识产权纠纷，由买方承担一切责任和费用。

采用中性包装，主要是为了打破进口国家和地区实行的各种限制和政治歧视，是扩大商品出口的一种竞争手段。目前，某些出口商品使用中性包装已成为国际贸易中的一种习惯做法。使用中性包装，有利于打破某些国家和地区对我国商品实行高额关税和不合理的配额限制。但是，此种做法在国际贸易中常引起争议，应慎用。

3.3.4.2　定牌生产

定牌生产(origin entrusted manufacture，OEM)俗称"贴牌"，是指卖方在买方的要求下，在其出售的商品或包装上标明买方指定的商标或牌号，但需注明生产国别或产地。当前，世界许多国家的超级市场、大百货公司和专业商店都要求在其经营出售的商品或包装上标有本商店使用的商标或品牌，以扩大本店的知名度和显示该商品的身价。

在我国出口贸易中，如外商订货量较大，且需求比较稳定，在不违反国际贸易中配额限制和普惠制规定的原产地证明原则下，也可以酌情接受定牌生产。采用定牌生产时，除非另有约定，在我出口商品和/或外包装上均需注明"中国制造"字样。

3.3.5 合同中的包装条款

3.3.5.1 包装条款的内客及举例

国际贸易合同中的包装条款一般包括包装材料、包装方式、运输标志和包装费用四项内容。

合同中的包装条款举例：

(1) 每20件装1盒，10盒装一纸箱，共500纸箱(20 pieces in a box，10 boxes in a carton， total 500 cartons)。

(2) 木箱装,每箱50公斤净重(In wooden cases of 50 kilos net each)。

3.3.5.2 订立包装条款应注意的问题

1) 对包装的规定应明确具体。约定包装材料、方式要明确、具体，不宜笼统地规定，如："适合海运包装"(sea-worthy packing)、"习惯包装"(customary packing)之类的术语。这些术语不明确，易引起争议。

2) 明确包装由谁供应和包装费用由谁负担。关于包装由谁供应，通常有下列三种做法：

(1) 由卖方供应包装，包装连同商品一并交付买方。

(2) 由卖方供应包装，但交货后，卖方将原包装收回。

(3) 由买方供应包装或包装物料。采用这种做法时应明确规定买方提供包装或包装物料的时间。

包装费一般包括在货价之内，不另计价，但如买方提出需要特殊包装，额外的包装费用应由买方负担。如买方所提出的特殊包装要求，卖方一时不能办到，即使由买方承担费用，也不宜轻易接受。

3) 关于运输标志(唛头)的提供问题。运输标志一般由卖方决定，并无必要在合同中做出具体规定。如果是由买方规定运输标志，则应在合同中做出具体的规定，标明标志的式样和内容以及买方提供标志的时间。如果买方在约定时间内没有提供运输标志，卖方可自行规定，但应及时通知买方。

综合测试

1) 单项选择题(在下列每小题中，选择一个最适合的答案)：

(1) 在出口合同的品质条款中( )。

　A. 为了明确责任，应使用两种以上的方法表示品质

　B. 为了准确，应使用两种方法表示品质

　C. 为了防止被动，一般不宜同时使用两种或两种以上的方法表示品质

　D. 使用的表示品质的方法越多越好

(2) 卖方与买方凭规格达成交易，并将参考样品留给买方，货到目的港经检验，各项指标均与合同规定相符，但有一项不符合参考样品，买方( )。

　A. 有权提出索赔，品质应符合参考样品

　B. 无权提出索赔，卖方不受参考样品的约束

　C. 有权提出索赔，品质不但要符合合同规定，还应符合参考样品

　D. 有无索赔权利，视具体情况而定

(3) 按 F.A.Q.进行买卖的商品是( )。

　A. 机器设备　　　B. 农产品　　　C. 矿产品　　　D. 名牌产品

(4) 凭样品买卖时，样品( )

　A. 只能由卖方提出　　　　　　　B. 只能由买方提出

　C. 既可由卖方提出，也可由买方提出　　D. 也可由第三者提出样品

(5) 凡凭样买卖，如合同中无其他规定，则卖方所交的货物( )。

　A. 可以与样品大致相同　　　　　B. 允许有合理公差

　C. 必须与样品一致　　　　　　　D. 视情况而定

(6) 如果在合同中未明确规定用何种计算重量和价格的，按惯例应以( )计。

　A. 毛重　　　　B. 净重　　　　C. 理论重量　　　D. 公量

(7) 在国际贸易中，若卖方交货数量多于合同规定的数量，根据《联合国国际货物销售合同公约》的规定，买方可以( )。

　A. 只接受合同规定的数量，而拒绝超出部分

　B. 接受合同规定数量以及超出合同规定数量的一部分

　C. 拒收全部货物

　D. 接受全部货物

(8) 对溢短装部分货物的价格，如合同中无其他规定，一般按( )。

　A. 装船时国际市场上的价格计算　　　B. 原合同价格计算

C. 买方国家的市场价格计算　　　　D. 卸船时国际市场上的价格计算

(9) 在进出贸易中，所谓中性包装是指在商品和包装上（　　）。

A. 不能有卖方的商标/牌号

B. 标明生产国别但无卖方的商标/牌号

C. 有买方指定的商标/牌号但不标明生产国别

D. 既有商标/牌号又标明生产国别

(10) 凭样成交的出口商品的品质条款应争取规定（　　）。

A. Quality as per seller's sample　　　B. Quality as per buyer's ssample

C. Quality as per sample　　　　　　D. Quality as per reference sample

2) 判断题(判断下列各题是否正确，在题后括号内正确的打"√"，错误的打"×")：

(1) 为了争取国外客户，便于达成交易，应尽量选择质量好的样品请对方确认。（　　）

(2) 在出口贸易中表示商品品质的方法很多，为了明确责任，最好采用既凭规格买卖，又凭样品买卖的方法。（　　）

(3) 以毛作净的计量标准是净重。（　　）

(4) 在品质机动幅度和品质公差范围内，交货品质如有上下，一般不另行计算增减价。（　　）

(5) 卖方为了在交货时有一定的灵活性，签订合同时最好在数量前加上一个"约"字。（　　）

(6) 为了防止在市价波动时，享有溢短装权利的一方故意多装或少装货物，可以在合同中规定按装船时的市价计算溢短装部分的价格。（　　）

(7) 按照国际惯例，合同中如未对溢短装部分规定作价办法，溢装部分应按合同价格计算。（　　）

(8) 《UCP600》规定：除非信用证规定货物数量不得增减，只要支取的金额不超过信用证金额，任何货物都可有5%的增减。（　　）

(9) 运输包装上的标志又称运输标志，也就是通常所说的唛头。（　　）

(10) 在国际货物买卖合同中，"习惯包装"、"适合海运包装"等是常用的包装条款，也是一种比较好的规定方法。（　　）

3) 问答题：

(1) 规定品名条款应注意哪些问题？

(2) 表示商品品质的方法有哪些？

(3) 在合同中规定数量机动幅度应注意哪些问题？

(4) 溢短装条款包括哪些内容？合同中如何规定？举例说明。

4) 案例分析题:

(1) 我方某公司向东南亚某国出口红枣一批,合同中规定要求三级红枣。卖方交货时发现三级红枣无货,我方在未征得买方同意的情况下,用二级红枣代替了三级红枣并在发票上注明"二级红枣、价格照旧",货抵买方后,遭买方拒绝。

请问:在上述情况下,买方有无拒付的权利,为什么?

(2) 合同中数量条款规定"800 M/T 5% MORE OR LESS AT SELLER' S OPTION",卖方正待交货时,该货国际市场价格大幅度上涨,

请问:① 如果你是卖方,拟实际交货多少数量?为什么? ② 如果站在买方的立场上,磋商合同条款时,应注意什么?

(3) 某公司外售杏脯 1.5 公吨,合同规定纸箱装,每箱 15 公斤(内装 15 小盒,每小盒 1 公斤)。交货时,此种包装的无货了,于是便将小包装(每箱仍有 15 公斤,但内装 30 小盒,每小盒 0.5 公斤)货物发出。到货后,对方以包装不符为由拒收货。卖方则认为数量完全相符。要求买方付款。

请问:你认为责任在谁?应如何处理?

(4) 我国某公司向德国某商出口大米一批,合同规定:大米含水份 15%(最高),杂质 1%(最高),破碎粒 7%(最高),成交前我方公司曾向德国商人寄过样品,订约后我又电告对方成交货物品质与样品相似。货到德国后,德商请德国商检机构对货物进行复验,发现货物的质量比样品低 7%,德商据此检验证明向我方公司提出索赔。

请问:我是否可以该批业务并非凭样买卖而不予理会?为什么?

4　国际货物运输

关键词

海洋运输	集装箱运输
国际多式联运	FCL
LCL	海运提单

知识目标

- 了解国际货物运输的重要作用和特点及国际货物常用的运输方式；
- 熟悉海洋运输的特点及其营运方式；
- 掌握国际贸易合同中有关运输条款的内容、注意事项及海运提单的性质和种类。

技能目标

- 会核算运费；
- 能根据实际进出口业务需要，办理运输手续；
- 做到正确订立国际贸易合同中的运输条款；
- 实现在进出口贸易中，根据实际进出口业务需要，选择合适的运输方式。

导入案例

我国 A 公司向美国 B 公司出口一批货物，买卖双方在合同中约定使用 CIF 贸易术语成交，采用信用证方式结算，信用证规定不允许转船。我国 A 公司按照合同和信用证规定的装运期将货物装上了运往目的港的直达船上。船方在运输途中擅自将该批货物卸下，货物在此港口等了半月，又被装上另一船只运往目的港。结果该批货物比预计时间晚到半个月到达目的港，影响了 B 公司转售货物，于是，B 公司向 A 公司提出了损害赔偿的要求，理由是按 CIF 术语成交，运输是由 A 公司办理的，合同和信用证规定不允许转船，船公司进行的是转船运输，所以 A 公司对此损失应负责。

试问：我国 A 公司是否应负责赔偿？为什么？

4.1 国际货物运输概述

4.1.1 国际货物运输的作用和特点

国际货物运输是指在合同签订后，按合同规定的时间、地点、条件，将货物通过合理的运输系统由卖方运交买方的过程。没有国际货物运输也就无法实现贸易货物在空间上的移动和跨国交付，国际贸易活动也就不能最终实现。一般来说，运输费用占商品价格的 10%～40%。

在国际贸易中，对国际货物运输这一服务行业的需求是不可缺少的。国际货物贸易与国际运输服务是相辅相成、彼此带动的。国际货物贸易的发展带动了国际运输服务业的发展。如战后国际货物贸易的巨大发展刺激了对船舶、飞机、卡车、铁路、管道的需求。同时，国际运输服务业的发展，也促进了国际货物贸易。它不仅为进出口商提供优质、及时、周到的运输服务，满足贸易商的多种运输需求，而且运输的快速发展降低了运输成本和运输费用。

与国内运输相比，国际货物运输具有以下特点：第一，国际货物运输中间环节多、距离长，运输过程中往往需要多种运输工具结合完成；第二，国际货物运输涉及面广、情况复杂、可变性大，涉及的相关国际的法律法规、政治经济、自然条件有很大差异，这都会对国际货物运输产生较大的影响；第三，国际货物运输的时间性强，激烈竞争的国际市场客观上要求国际货物必须按时运抵目的地，否则会造成重大的经济损失；第四，国际货物运输的风险较大，由于中间环节多、距离长，加之时间性又强，因而风险也就相对较大，故应注意风险防范；第五，国际货物运输政策性强，在实际业务中，需要与国外发生广泛的联系，并会涉及国家间的政治、外交等方面。因此，国际货物运输不仅要考虑经济因素，进行利润分析，还要有国际政策观念。

4.1.2 国际货物运输与物流

"物流"源于美国，早在二战时期，美国军事部门为解决军需品的供应问题，运用当时新兴的运筹学方法与电子计算机技术对军需品供应、运输路线、库存量进行科学规划而形成这一系统管理科学。20 世纪 50 年代后，军事影响管理的概念和技术慢慢应用到民用工业中，流行于美国的实物分拨概念传入日本后，日本学者平原直先生将之翻译为"物的流通"，简称"物流"。我国自 20 世纪 80 年代引进"物流"概念和相关理论。

物流根据服务提供者的不同，可分第一、第二、第三方物流。2001 年 8 月，由中国物流与采购联合会起草并由国家质量技术监督局发布了《中华人民共和国国家标准物流术语》。将物流解释为："物品从供应地向接收地的实体流动过程，根据实际需要，将运输、储存、装卸、搬运、包装、流通加工、配送、信息处理等基本功能实施有机结合。"同时，该《国家标准物流术语》对运输解释为："用设备和工具，将物品从一地点向另一地点运送的物流活动。其中包括集货、分配、中转、装入、卸下、分散等一系列操作。"

由此可见，运输是物流系统中最重要和最基本的要素。没有运输环节，谈不上物流。在货物运输的基础上，运用现代管理科学的理念，对所需运输的货物及其运输路线，进行科学规划和信息管理，就形成了现代物流。

由于国际货物运输空间距离远、时间长、气候条件复杂、所需运输方式多，甚至经过多次转运才能完成。国际货物运输经营者能综合物流管理、系统化管理、总成本分析方法等思维理念来经营国际货物运输，具有特别重要的意义。

4.2　运输方式

4.2.1　海洋运输

4.2.1.1　班轮运输

1) 班轮运输(liner transport)的特点。班轮运输又称定期船运输，是指船舶在固定的航线上和固定港口间，按事先公布的船期表航行，并按事先公布的费率计收运费，从事客货运输的经营方式。班轮运输具有以下特点：

(1) "四固定"，即固定航线、固定来往港口、固定船期表和相对固定的运费。

(2) 船方负责货物装卸，装卸费含在运费中，货方不再另付，承运人一般在码头仓库交货或提货，承运人和托运人双方不计滞期费和速遣费。

(3) 船货双方的权利义务与责任豁免，以船方签发的提单条款为依据。

(4) 承运货物的品种、数量比较灵活，为货主提供较便利的条件。

在国际货物运输中，班轮运输占海运货运总量的 1/5 左右。由于它具有上述优点，深受零散货主的欢迎，成为国际海洋货物运输的主要运输方式。

2) 班轮运价。班轮运价是班轮公司运输货物向货主收取的费用，它以班轮运费率为基础进行计算。每一班轮公司都事先公布有班轮运价表，根据不同货物种类，设定有不同的运价。

班轮运价包括基本运费和附加费两部分。基本运费是指货物从装运港到卸货港所收取的基本费用；附加费是针对一些需要特殊处理的货物，而需另外加收的费用。

(1) 基本运费的计算。基本运费的计算有不同的计收标准，通常有下列几种：① 按货物的毛重计收运费，称重量吨，运价表内用"W"表示；② 按货物的体积或容积计收，称尺码吨，运价表内用"M"表示；③ 按商品价格计收，又称从价运费，运价表内用"A.V."或"Ad. Val."表示；④ 按商品毛重或体积计收，由船公司选择较高的收取，运价表内用"W／M"表示；⑤ 在前三者中选择最高的一种计收，运价表内用"W／M or A.V."表示；⑥ 按货物重量吨或尺码吨中选择较高者，再加上从价运费计算，运价表中用"W／M Plus A.V."表示；⑦ 按货物件数计收，如头(活牲畜)，辆(车辆)等。

(2) 附加费。班轮公司对需要特殊处理的货物或由于客观情况的变化使运输费用增加，为弥补损失而额外加收的费用。常见的附加费主要有：超重附加费、超长附加费、燃油附加费、装卸附加费、直航附加费、转船附加费、港口附加费、绕航附加费等。班轮运输运费的计算公式为：

班轮运费＝基本运费＋附加运费＝基本运价×(1＋附加费率)×运费吨

例：出口某商品 200 箱，每箱体积为 0.03 立方米，毛重为 35 千克，计收标准为 W/M，若每运费吨收费为 380 元，另加燃油附加费 20%，港口附加费 10%。请计算应付的运费。

解：

W＝35 千克/箱×200 箱＝7000 千克＝7 公吨；

M＝0.03 立方米/箱×200 箱＝6 立方米。

由于 $W>M$，所以采用 W 计算。

班轮运费＝基本运价×(1＋附加费率)×运费吨

＝380 元×(1＋20%＋10%)×35 千克/箱×200 箱＝3458 元。

答：该批商品的总运费为 3458 元。

4.2.1.2 租船运输

租船运输(shipping by chartering)又称不定期船运输，是指船舶所有人(船东)

按事先商定的条件，把船舶租给租船人用于运输货物，以赚取运费的运输方式。租船运输的特点与班轮运输正好相反，即航线、装卸港口、船期、运费都不固定，双方通过租船运输合同来约定相关事宜。租船运输多适用于大宗货物运输，如各种化工原料、工业产品等。

租船是通过租船市场进行的。在租船市场上，船舶所有人是船舶的供应方，承租人是船舶的需求方。双方通过协商，达成租船合同，对租船的方式、费用等有关事项进行明确约定。

租船运输的方式有定程租船(voyage charter)和定期租船(time charter)两大类。

1) 定程租船。定程租船又称程租船或航次租船，是以航程为基础的租船方式。它是指由船舶所有人负责提供船舶，在指定港口之间进行运输指定货物的租船业务。它是租船市场上最活跃，且对运费水平的波动最为敏感的一种租船方式。国际现货市场成交的绝大多数货物都是通过程租船的方式运输的。

定程租船的特点是：无固定航线、固定装卸港口、固定航行船期、固定运费，而是根据租船人的需要和船东的可能，经协商在租船合同中规定。通常情况下，船舶的营运调度由船舶所有人负责，船舶的燃料费、物料费、修理费、港口费等营运费用也由船舶所有人负担。船舶所有人还要负责配备船员，并负担船员工资、伙食费等。

定程租船又可分为单程航次、来回程航次、连续单程航次和连续来回程航次四种方式。

定程租船的"租期"取决于航次运输任务是否完成，由于定程租船并不规定完成一个航次或几个航次的时间，因此，船舶所有人对完成每一航次的时间都很关心。他特别希望缩短船舶的航行时间，包括船舶在港口停留的时间，这就涉及船舶的装卸速度问题。在签订定程租船合同时，船舶所有人和承租人需要约定船舶的装卸速度、装卸时间的计算办法及滞期费和速遣费的标准和计算办法。

2) 定期租船。定期租船又称期租船，是指船舶所有人将船舶出租给承租人，供其使用一定时期的租船运输。它的特点是：船长由船舶所有人任命，船员由船舶所有人配备，并负担他们的工资和给养，但船长应听从承租人指挥，否则承租人有权要求船舶所有人予以撤换；船舶的营运调度由承租人负责，并承担租期内的燃料费、港口费、货物装卸费和拖轮费等在内的一切营运费用，船舶所有人负责船舶的维修保养费、船用物料费、船舶保险费等船舶维持费；租金按租船的载重吨、租期长短及商定的租金率计算；租船合同还订有关于交船和还船及停租的规定。

定期租船一般只规定船舶航行的区域，不规定航线和装卸港口。按时间计算租金，船舶所有人对装卸速度也不需要关心，不规定装卸率、滞期速遣条款。

此外，租船还有光船租船的方式。光船租船不具有承揽运输的性质，它只相当于一种财产租赁。它是船舶所有人将一艘空船提供给承租人使用，一切船员配备、给养供应、运营管理等都由承租人负担。

4.2.2 铁路运输

4.2.2.1 国内铁路货物运输

对港铁路运输是由内地段运输和港段铁路运输两部分构成。具体做法是：首先，内地段运输是发货人从内陆发货地运至深圳北站，并以中国对外运输公司深圳分公司为收货人；其次，中国对外运输公司深圳分公司作为各外贸公司的代理人，负责在深圳与铁路局办理货物运输单据的交换，并向深圳铁路局租车；然后，向海关申报出口，经查验放行后，将货物运至九龙港。货车过轨后，深圳分公司在香港的代理人香港中国旅行社向香港铁路公司办理港段铁路运输的托运、报关等工作，货物到达九龙后，由香港中国旅行社将货物卸交香港的收货人。

对港铁路运输由于分两段，运输单据也分别有由内地铁路部门签发的内地铁路运单和香港九龙铁路当局签发的广九铁路运单两种。由于内地铁路运单不是全程运输单据，不能作为收汇凭证。所以，目前均由各发货地外运公司凭铁路运单以联运承运人的身份签发从起运地至香港的凭证，即承运货物收据(cargo receipt)，它是出口企业通过银行向进口人收取货款和香港收货人提货的凭据。外运公司要对该批货物的全程运输负责。

对港铁路货物运输的费用，按内地段铁路运输和港段铁路运输分别计算。内地段运费包括铁路运费、香港过轨租车费和深圳外运公司劳务费，以人民币计算；港段运费包括铁路运费、卸货费、港段调车费及劳务费，以港币计算。

到澳门的货物，由于目前尚未通铁路，货物先从内地用火车运至广州南站，再换轮船转运。收汇单据也是外运公司签发的承运货物收据。

4.2.2.2 国际铁路货物联运

国际铁路货物联运是指在两国或两国以上的铁路运送中使用一份统一的国际联运票据，并且由一国铁路向另一国铁路移交货物时不需要发货人和收货人参加，由铁路运输方负责全程运送，办理交接的一种运输方式。它具有以下特征及其优越性：

(1) 由铁路部门负责从接货到交货的整个运输过程，在一国铁路向另一国铁路移交时也无需发、收货人参与。

(2) 运输票据统一，在整个运输过程中使用一份统一的票据。

(3) 手续简便，节省时间，降低风险，加速资金周转，减少运输费用。

采用国际铁路货物联运，有关当事国事先必须有书面的约定。

1890年，欧洲各国在瑞士首都伯尔尼举行的各国铁路代表会议上制定的《国际铁路货物运送规则》，1938年修改时改称《国际铁路货物运送公约》，简称"国际货约"，又称《伯尔尼公约》。以后为适应国际形势的不断发展，又经多次修改。参加国共有24个，包括德国、奥地利、比利时、丹麦、西班牙、芬兰、法国、希腊、意大利、列支敦士登、卢森堡、挪威、荷兰、葡萄牙、英国、瑞典、瑞士、土耳其、南斯拉夫、保加利亚、匈牙利、罗马尼亚、波兰、捷克斯洛伐克。

1951年，我国与苏联签订了《中苏铁路联运协定》，决定自1951年起开办两国间的铁路联运。同年，苏联与东欧七国签订《国际铁路货物联运协定》，简称"国际货协"。我国于1954年1月起也参加了该协定，接着蒙古、朝鲜、越南也参加了这一协定。当时参加的国家除中、蒙、朝、越、苏联外，还有欧洲的罗马尼亚、保加利亚、匈牙利、民主德国、波兰、阿尔巴尼亚、原捷克斯洛伐克共12个国家。直到1990年10月，由于德国的统一，民主德国终止参加国际货协。后随着东欧形势的变化，匈牙利、捷克与斯洛伐克等也于1991年1月1日起终止了该协定。

采用国际铁路货物联运，对简化运输手续，节省运输时间，加速资金周转，减少运输费用都非常有利。目前，我国对朝鲜、俄罗斯的大部分进出口货物和东欧一些国家的进出口货物，都是采用国际铁路联运的方式运送。

联运货物的运输费用有如下规定：发送国铁路的运送费用，按发送国铁路的国内运价计算；到达国铁路的运送费用，按到达国铁路的国内运价计算；过境国铁路的运送费用，按国际铁路联运协定统一过境运价规定计算。

4.2.3 国际航空货物运输

国际航空货物具有运速快的特点，但运量有限、运费高，所以适合运输价高、急需、鲜活的商品。国际航空运输主要有以下几种方式。

1) 班机运输。班机运输指在固定航线上定期航班的运输，有固定时间、航线、始发站、经停站和目的站，此种方式运价较高。

2) 包机运输。包机运输指按事先约定的条件和费率，包租整架飞机或由几个发货人联合包租一架飞机运送货物，此种方式在航空运输方式中运价相对低一些。

3) 集中托运。集中托运指航空运输公司将若干单独发运的货物组成一整批货物，采用一份航空总运单发运到同一目的站，收货、报关后分拨给收货人的方式，运价比班机运输低，比包机运价高。

4) 航空急件传递。航空急件传递指由专业经营此项业务的机构,与航空公司密切合作,用最快速度在"货主—机场—收件人"之间传送,又称"桌到桌快递服务",是目前最快捷的一种运输方式,一般限于运一些量小的、急需的样品或零部件等。

4.2.4　集装箱运输

集装箱(container)又称货柜、货箱,是一种容器,由多种金属材料混合制成。按国际标准化组织第 104 技术委员会的规定,集装箱应具备下列条件:长期反复使用;途中转运,不动容器内的货物,可直接换装;能快速装卸,并能从一种运输工具上直接和方便地换装到另一种运输工具上;便于货物的装满和卸空;每个容器具有 1 立方米或以上的容积。

在国际货物运输中,使用较多的集装箱有两种规格,即 20 英尺和 40 英尺两种。20 英尺的集装箱是国际上计算集装箱的标准单位,英文称为"twenty feet equivalent unit",简称"TEU"。TEU 也是港口计算吞吐量和船舶大小的一个重要度量单位。它的规格为 8 英尺×8 英尺×20 英尺。一般装货为 17.5 公吨或 25 立方米。40 英尺的集装箱规格为 8 英尺×8 英尺×40 英尺,一般装货为 25 公吨或 55 立方米。

为适应运输各类货物的需要,按用途分,集装箱可分通用型集装箱和专用型集装箱。通用型集装箱(干货箱)一般用来装运普通成件有包装的货物。专用型集装箱有罐式集装箱、冷冻集装箱、框架集装箱、开盖集装箱、牲畜集装箱等,用来装运面粉、谷物、化学品、牲畜等货物

4.2.4.1　集装箱运输的特点

集装箱运输的特点是:

1) 集装箱装卸效率很高,提高了货运速度,加快了运输工具、货物及资金的周转。

2) 减少了运输过程中的货损、货差,提高了货运质量。

3) 节省了货运包装费用,减少货物运杂费支出。

4) 方便货物的转运,简化货运手续,可以做到"门到门"的连贯运输。

4.2.4.2　集装箱运输的交接

在实际业务中,集装箱运输根据货物装箱数量和方式可分为整箱和拼箱两种。整箱(full container load,FCL)是指货方自行将货物装满整箱以后,以箱为单位托

运的集装箱；拼箱(less than container load，LCL)是指承运人接受货主的托运货物数量不足一整箱，根据货物性质和目的地进行分类整理，把去同一目的地的货物，集中到一定数量后拼装入箱。拼箱即不同货主的货物拼装一起。

为满足不同装箱方式的要求，将集装箱基地称为集装箱堆场(container yard，CY)和集装箱货运站(container freight station，CFS)。一般来说，整箱货由货方在工厂或仓库进行装箱后，直接运往集装箱堆场等待运送。集装箱货运站又称中转站或拼箱货站，对不足一箱的出口货物进行组合拼装，对进口拼箱货物拆箱分交货主。

在集装箱运输方式下，承运人和货主就货物的交接有以下方式：

(1) 整箱交/整箱接(FCL/FCL)。这种交接方式下，具体的交接地点有以下四种情况：①door to door，即"门到门"；②CY to CY，即"场到场"；③door to CY，即"门到场"；④CY to door，既"场到门"。

(2) 拼箱交/拆箱收(LCL/LCL)。这种交接方式下，具体的交接地点是 CFS to CFS，即站到站。

(3) 整箱交/拆箱收(FCL/LCL)。这种交接方式下，具体的交接地点有以下两种情况：①door to CFS，即"门到站"；②CY to CFS，即"场到站"。

(4) 拼箱交/整箱收(LCL/FCL)。这种交接方式下，具体的交接地点有以下两种情况：①CFS to door，即"站到门"；②CFS to CY，即"站到场"。

在以上交接方式中，大多采用整箱交、整箱收的方式。

4.2.5　国际多式联运

国际多式联运(international multimodal transport)是在集装箱运输的基础上产生和发展起来的一种综合性连贯运输方式。它以集装箱为媒介，把海、陆、空各种传统的单一运输方式有机地结合起来，组成一种国际间的连贯运输。根据《联合国国际货物多式联运公约》的规定，国际多式联运必须具备以下条件：

1) 必须有一个多式联运合同。

2) 必须使用一份包括全程的多式联运单据。

3) 必须有两种或两种以上不同运输方式的连贯运输。

4) 必须是国际间的货物运输。

5) 必须有一个多式联运经营人对运输全程负总的责任。

6) 必须是全程单一的运费费率。

集装箱运输为国际多式联运提供了便利，使多种运输方式的连接更为方便。开展国际多式联运是实现"门到门"运输的有效途径。它简化了手续，减少了中间环节，加快了货运速度，降低了运输成本，且提高了货运质量。

多式联运合同是指多式联运经营人与托运人之间订立的凭此收取运费、负责完成或组织完成国际多式联运的书面文件，它明确规定了双方的权利和义务，以及责任豁免等内容。

多式联运经营人是指其本人或通过其代表订立多式运输合同，履行多式联运责任的人。它可以是实际承运人，也可以不是实际承运人，即无船承运人。无船承运人是将运输业务再委托别的承运人或分段委托给分承运人

4.2.6　其他运输方式

4.2.6.1　公路运输

公路运输(road transport)与铁路运输同为陆上运输的基本方式。在我国对外贸易的货物运输中，公路运输占有一定地位，我国边贸货运几乎都是采用公路运输的方式，对港澳特别行政区的部分货运也是以通过公路运输完成的。

公路机动灵活、速度快、简捷方便，可深入到有公路的各个角落，做到"门到门"服务。同时，它又是其他运输方式不可缺少的辅助运输手段。但是，公路运输载货量有限，运输成本高，风险大。而随着高速公路网的逐步形成，公路运输将担负更重要的作用。

4.2.6.2　邮政运输

邮政运输(parcel post transport)是一种简便的运输方式。托运人只需按邮局章程办理一次托运、一次付清足额邮资，取得邮政包裹收据即可。邮件在国际间的传递，由各国邮政部门负责，邮件到达目的地后，收件人凭邮局到件通知向邮局领取。国际上各国邮政部之间相互合作，传递邮件，需要事先签订有协议和公约。现在世界各国签有《万国邮政公约》，可以相互传递邮件包裹，从而形成国际邮件运输网。

邮政运输可分为邮件和包裹两大类。它手续简便，适用于重量轻、体积小的货物，以及文件资料等物品的传递。

我国与很多国家签订有邮政包裹协议和邮电协议，我国也参加了万国邮政联盟(简称"邮联")。按"邮联"的要求，为方便递送，各国邮政部门对包裹的重量和体积均有严格要求。我国邮政部门规定，每件重量不超过 20 千克，长度不超过 150 厘米，长度和长度以外最大横周合计不得超过 300 厘米。

近年来，随着民航快递服务和特快专递业务的迅速发展，许多国家都设有专递公司，传递范围遍及全球各地。

4.2.6.3　管道运输

管道运输(pipeline transport)是一种特殊的运输方式。它是货物在管道内借助高压气泵的压力将液体或气体货物输往目的地。这种方式不受地面条件影响，可连续作业，并且运量大、速度快、成本低、货损小。但管道建设固定投资大。

管道运输在美国、欧洲的许多国家以及石油输出国组织的石油运输方面起到了积极作用。我国管道运输起步较晚，因石油、天然气运输的需要也逐步发展起来。

此外，对美国贸易的货物运输还有一种 OCP 运输方式。OCP 是英文 over land common point 的缩写，意为"内陆公共点"。它是以美国落基山脉为界，界东的广大地区划为内陆地区，凡是运到美国西海岸港口再以陆路运往内陆地区的货物，如果提单上表明 OCP 条款，可享受比直达西海岸港口费率较低的优惠，陆运的运费也可降低 5%左右，相反方向的运输也相同。这种优惠只适用于货物的最终目的地在 OCP 地区，而且必须经美国西海岸港口中转的货物运输。

4.3　合同中的运输条款

在国际贸易中，存在着"交货"(delivery)和"装运"(shipment)两种不同的说法，因此，也就有了"交货时间"和"装运时间"两种不同的提法。交货是卖方自愿将其所有的货物转移给买方的行为，这是买卖关系中卖方最重要的义务；装运是指装船，即将货物交由船方运往目的地的行为。

在不同的贸易术语条件下，对这两个概念的使用是有区别的。在使用 FOB、CIF、CFR、FCA、CIP、CPT 等六种术语成交时，卖方在装运港或装运地将成交货物装到船上或交付给承运人就算完成了交货义务，在这种情况下，"交货"和"装运"是一样的。并且按照《跟单信用证统一惯例》的规定，通常使用"装运"一词。通过规定"装运时间"来确定卖方履行交货义务的时间。E 组和 D 组术语属于启运与到达合同，采用这些术语成交，"交货"和"装运"则是两个完全不同的概念，决不可混淆或代替使用。卖方要按合同规定的"交货时间"完成交货义务。

4.3.1　装运时间(交货时间)

4.3.1.1　明确具体地规定装运时间

此法由于明确、具体，不易产生争议，在国际贸易中使用最多。装运时间一般为一段时间，所以被称为"装运期"明确具体规定装运期的方法有：

(1) 某年某月装运。例如：

2011 年 7 月份装运

Shipment during July, 2011

(2) 跨月装运。例如：

2011 年 7/8 月装运

Shipment during July/August，2011

(3) 规定在某年某月月底或某日前装运。例如：

2011 年 6 月底或以前装运

Shipment at or before the end of June 2011

4.3.1.2　规定在收到信用证后若干天装运

对某些外汇管制较严格的国家(或地区)出口，或对买方资信情况不够了解，或专为买方特制的商品出口，为了防止买方不履行合同而造成损失，国际贸易合同中可采用在收到信用证后一定时间内装运的方法规定装运时间。例如：

收到信用证 60 天内装运

Shipment within 60 days after receipt of L/C

采用这种方法规定装运时间，必须同时规定有关信用证的开证期限。如：买方应不迟于某年某月某日前将信用证开到卖方，否则，卖方有权提出索赔。如不订明信用证的开证期限，买方拖延开证，卖方就陷于被动，不能及时安排生产、包装、装运等工作。

在规定装运时间时，应充分考虑货源、船期、商品的性质与季节、装运期和信用证开出日期衔接等情况。需指出的是，避免使用"立即装运"、"迅速装运"、"尽快装运"等含义模糊用语，以免引起纠纷。

4.3.2　装运港(地)和目的港(地)

装运港(地)是指货物开始装运的港口(地点)；目的港(地)是最终卸货的港口(地点)。装运港(地)通常是为便利装货由卖方提出，经买方同意后确定；目的港(地)一般由买方提出，经卖方同意后确定。

4.3.2.1　规定一个装运港和一个目的港

例如：

装运港青岛；目的港伦敦

Port of Shipment: Qingdao; Port of Destination: London

4.3.2.2　分别规定两个或两个以上的装运港和目的港

例如：

装运港：大连／天津／青岛；目的港：伦敦／汉堡

Port of Shipment: Dalian / Tianjin / Qingdao; Port of Destination: London / Humburg

4.3.2.3　规定某一航区的重要港口为装运港和目的港

例如：

装运港：中国主要港口；目的港：欧洲主要港口

Port of Shipment: Chinese Main Ports; Port of Destination: EMP

4.3.2.4　规定装运港和目的港时需要注意问题

(1) 港口有无直达班轮，有无冰封期等气候情况影响，装卸口港设施好坏，装卸效率高低及费用多少，甚至港口社会治安等因素，根据这些条件，做出合适的选择。

(2) 有无港口重名问题，如维多利亚(Victoria)港，世界竟有 12 个之多，澳大利亚和加拿大均有悉尼(Sydney)港，黎巴嫩和利比亚都有的黎波里(Tripoli)港等，为防止出错，在港口名后要加注所在国家或地区的名称。

(3) 对于国外港口作为装运港和目的港不宜采用笼统规定，如欧洲主要港口，因为各港口之间条件相差很大，费用相差很多。

4.3.3　分批装运和转运

4.3.3.1　分批装运

分批装运(partial shipment)是指一个合同项下的货物分若干批装运。买卖双方应根据成交数量、运输条件和市场需要等因素考虑，是否允许分批装运，在合同中订立明确。一般来说，允许分批转运，对卖方比较有利。

《UCP600》规定，除非信用证有相反的规定，可允许分批装运。

《UCP600》规定，对于同一船只、同一航次中多次装运的货物，即使提单表示不同的装船日及不同的装船港口，只要目的地相同，也不作为分批装运论。

4.3.3.2　转运

转运(transhipment)是指货物装运后，在运输途中换装其他船舶运至目的港。能否允许卖方装运货物途中转船，合同中买卖双方也要订立明确，如果到目的港没有直达船或无合适的船，卖方在订立合同时应要求加入"允许转船条款"。

根据《UCP600》的规定，除非信用证有相反的规定，可允许转运。

4.3.4　装运通知

装运通知(shipping advice)又称装船通知，是买卖双方为互相配合，共同搞好车、船、货的衔接和办理货运保险，双方要承担的相互通知义务。如派船通知，备货通知等。

卖方在货物装运完毕时，向买方发出装船通知，及时告知买方有关货物装运情况和预计到达时间，以便买方及时办理必要的保险手续和准备接货。装船通知内容一般包括：合同号、信用证号、货物明细、装运港、装运期、船名、航次、预计的开航日期和到达目的港日期等。

特别强调的是，按 FOB、CFR 或 FCA、CPT 术语成交时，卖方装运货物后，及时向买方发出装运通知，更为重要。若卖方不向买方发装船通知，视为风险没有转移。

4.3.5　滞期、速遣条款

在定程租船时，货物的装卸时间、装卸率会直接关系到船方的经营效益。为约束租船人，在租船合同中，对滞期和速遣问题要明确规定。

滞期是指在规定的装卸期限内，租船人未能完成作业，耽误了开船的时间。根据合同中滞期条款的规定，租船方要向船方支付罚款，即滞期费。

速遣是指租船人的实际装卸作业时间比合同约定的提前。对此，船方向租船方给予一定的奖励，即速遣费。每日的速遣费通常为滞期费的一半。

在签订租船合同时，租船方提出的装卸时间要合适。若装卸时间短，会有可能产生滞期费；反之，时间长，租船费则高，即使获得速遣费也得不偿失。装卸时间的规定，一般有两种方法，即按连续工作日或连续 24 小时的好天气工作日计算。

4.4 运输单据

4.4.1 海运提单

海运提单(bill of lading，简称 B／L)是证明海上运输合同，及货物由承运人接管或装船，以及承运人据以保证交付货物的凭证。

4.4.1.1 海运提单的性质和作用

1) 货物收据。海运提单是承运人或其代理人出具的货物收据，证明承运人已收到或接管提单上的所列的货物。

2) 物权凭证。海运提单是货物所有权的凭证，它在法律上具有物权证书的作用。在目的港，持单人可凭以向承运人提取货物。提单通过背书转让，货物所有权也随之转移。

3) 运输契约的证明。海运提单是承运人与托运人之间订立的运输契约的证明。提单条款明确规定了双方之间的权利和义务，责任与豁免，是处理承运人与托运人之间争议的法律依据。

4.4.1.2 海运提单的基本内容

世界各船公司都有自己印制的提单各式，形式不一，但内容大致相同。一般都是正面记载相关事项，背面印有运输条款。

1) 提单正面记载的内容。提单正面的记载事项，分别由托运人和承运人或其代理人填写，通常包括以下内容：

(1) 托运人(shipper)。

(2) 收货人(consignee)。

(3) 被通知人(notify party)。

(4) 装运港(port of loading)。

(5) 卸货港(port of discharge)。

(6) 船名及航次(vessel & voy. No.)。

(7) 唛头及代号(marks & Nos.)。

(8) 货名及件数(description and No. of packages)。

(9) 重量与体积(weight and measurement)。

(10) 运费预付或运费到付(freight collect)。

(11) 正本提单的份数(No. of original B(s)/L)。

(12) 船公司或其代理人的签章(signed for the shipping company or it's agent)。

(13) 签发提单的地点及日期(place and date of issue)。

2) 提单背面的条款。班轮提单背面通常印有运输条款，这些条款是明确承运人与托运人之间以及承运人与收货人及提单持有人之间的权利和义务的重要依据。这些条款最初由船方自行规定，后来由于船方加入越来越多的免责条款，使货方的利益失去保障，为了缓解船、货双方的矛盾，并照顾双方利益，国际上为统一提单背面条款的内容，曾先后签署了三个有关提单背面条款的国际公约，即1924年签署的《关于统一提单的若干法律规则的国际公约》，简称《海牙规则》；1968年在布鲁塞尔签署的《修改统一提单的若干法律规则的国际公约的协定书》，又称《布鲁塞尔议定书》，简称《维斯比规则》；1978年在汉堡签署的《联合国海上货物运输公约》，简称《汉堡规则》。这三个公约签署的时代背景不同，故其内容有别，参加的国家不一，不同国家的船运公司签发的提单背面条款内容也有差异。

4.4.1.3 海运提单的分类

1) 按货物是否装船，可分为已装船提单和备运提单。

(1) 已装船提单(on board B/L)，是指承运人已将货物装上指定船舶后所签发的提单。其特点是提单上必须有文字表明货物已装上(on board)某船字样，并有装载日期和船长或其代理人签字。根据《跟单信用证统一惯例》规定，银行一般接受已装船海运提单作为议付单据。

(2) 备运提单(received for shipment B/L)是指承运人已收到托运货物等待装运期间所签发的提单。在货物装船后，备运提单经签注即成为已装船提单。

2) 根据提单上对货物外部状况有无不良批注可分为清洁提单和不清洁提单。

(1) 清洁提单(clean B/L)是指货物在装船时"表面状况良好"，承运人在提单上没有标明货物或包装有缺陷状况的文字或批注的提单。清洁提单是提单转让的必备条件，银行一般只接受清洁提单。

(2) 不清洁提单(unclean B/L)是指承运人在签发的提单上带有明确宣称货物或包装有缺陷状况的条款或批注的提单。不清洁提单一般不被买方和银行接受。

3) 根据提单收货人抬头的不同，可分为记名提单、不记名提单和指示提单。

(1) 记名提单(straight B/L)是指提单上收货人栏内填写特定收货人名称，只能由该特定收货人提货。由于这种提单不能流通，即不能背书转让给第三方，故很少使用。

(2) 不记名提单(bearer B/L)是指提单收货人栏内没有指明任何收货人,只注明提单持有人(bearer)字样,承运人应将货物交给提单持有人。谁持有提单,谁就可以提货。承运人交货,只凭单,不凭人。不记名提单流通性很强,无须背书即可转让。采用这种提单风险大,故亦很少使用。

(3) 指示提单(order B/L)是指提单上收货人栏填写"凭指定"(to order)或"凭某人指定"(to order of…)字样。这种提单使用最广,它可经过背书转让流通,又可保证转让过程的安全性。

背书的方式又有"空白背书"和"记名背书"之分。空白背书是指提单转让人(背书人)在提单背面签字盖章,而不注明提单受让人(被背书人)名称;记名背书是指提单转让人除在背面签字盖章外,还写明提单受让人名称。记名背书的提单受让人如需转让,必须再加背书。目前,在实际业务中使用最多的是"凭指定"并经空白背书的提单,习惯上称其为"空白抬头,空白背书"提单。

4) 按运输方式分类,可分为直达提单、转船提单和联运提单。

(1) 直达提单(direct B/L)是指轮船中途不经过换船而直接驶往目的港所签发的提单。凡合同和信用证规定不准装船者,必须使用直达提单。

(2) 转船提单(transshipment B/L)是指从装运港装货的轮船,不直接驶往目的港,而需在中途换装另外船舶所签发的提单。在此种提单上要注明"转船"或"在×××转船"字样。

(3) 联运提单(through B/L)是指经过海运和其运输方式联合运输时,由第一承运人所签发的包括全程运输的提单。货物在中途转换运输工具和进行交接,由第一承运人向下一承运人办理。

此外,提单按营运方式的不同,可分为班轮提单和租船提单;按内容的繁简,可分为全式提单和略式提单;按使用效力,可分为正本提单和副本提单等。

4.4.2　海运单

海运单(sea waybill,ocean waybill)是证明海上货物运输合同和货物承运人接管或装船以及承运人保证据此将货物交付给单证所载明的收货人的一种不可流通的单证,因此又称"不可转让海运单"。

海运单不是物权凭证,故不可转让。收货人不是凭海运单提货,提货人在海运单上有明确记载。目前,欧洲、北美等一些地区越来越倾向于使用不可转让的海运单,主要是因为海运单能方便进口人及时提货,手续简化,节省费用,还可以在一定程度上减少以假单据进行诈骗的现象。

4.4.3　国际铁路货物联运运单

国际铁路联运运单包括运单正本和运单副本，它是发货人与参加联运的发送国铁路之间有关货物运输的手续，并起有运送合同的作用。它具体规定了参加联运的各国铁路和收、发货人的权利和义务。

联运运单由铁路方签发，运单所列各栏由发货人和铁路部门按要求分别填写清楚，记载有关货物和承运的有关内容。国际铁路联运运单一式五联，除运单正本和运单副本外，还有运行报单、货物交付单和货物到达通知单。运单正本随货同行，在到达站连同货物到达通知单及货物一并交给收货人，作为交接货物和结算费用的依据。运单副本交给发货人，作为向收货人证明货物已经发运并凭此结算货款的依据。货物交收货人时，收货人在货物交付单上签收，作为收妥货物的依据，退车站备查。运行报单则为铁路内部使用。

4.4.4　航空运单

航空运单(air waybill)是承运人与托运人之间签订的航空运输契约，也是承运人签发的已接受货物的收据。但航空运单不是代表货物所有权的凭证，也不能通过背书转让。收货人提货不是凭航空运单，而是凭航空公司的提货通知单。在航空运单的收货人栏内，必须详细填写收货人的全称和地址。

航空运单依签发人的不同可分为主运单和分运单。主运单由航空公司签发，是航空公司和托运人订立的运输合同；分运单在办理集中托运时使用，由集中托运人向单独托运人签发。

4.4.5　多式联运单据

多式联运单据(multimodal transport documents，MTD)是多式联运合同的证明，是多式联运经营人收到货物的收据和凭以交付货物的凭证。根据发货人的要求，它可以做成可转让的，也可以做成不可转让的。

根据《联合国货物多式联运公约》的规定，多式联运单据应载明：货物类别；识别货物所必需的主要标志；货物外表状况；多式联运经营人的名称和主要营业所；发货人名称；如指定收货人，收货人的名称；多式联运经营人接管货物的地点和日期；表示该单据可转让或不可转让的声明；多式联运单据的签发地点和日期；多式联运经营人或其授权人的签字；有关运费的说明；如签发多式联运单据，已确知其预期经过的路线，运输方式和转运地点。

综合测试

1) 单项选择题(在下列每小题中，选择一个最适合的答案)：

(1) 已装船提单的日期表示(　　)。

  A. 货物开始装运的日期 　　　　　　B. 货物全部装上船的日期

  C. 货物置于船公司保管下的日期 　　　D. 大部分货物装船的日期

(2) 必须经过背书方可转让的提单是(　　)。

  A. 记名提单 　　　B. 不记名提单 　　　C. 指示提单 　　　D. 可转让提单

(3) 构成不清洁提单的批注为(　　)

  A. "铁条松散" 　　　　　　　　　　B. "发货人装箱、点数并铅封"

  C. "旧桶装" 　　　　　　　　　　　D. 习惯包装

(4) 空白抬头提单在转让时，其背书人是(　　)。

  A. 收货人 　　　B. 发货人 　　　C. 承运人 　　　D. 银行

(5) 班轮运费(　　)。

  A. 包括装卸费，计算滞期、速遣费

  B. 包括装卸费，不计算滞期、速遣费

  C. 不包括装卸费，仅计算滞期费

  D. 不包括装卸费，仅计算速遣费

(6) 出口人向船公司换取正本已装船提单的凭证是(　　)。

  A. Shipping order 　　　　　　　　　B. Freight receipt

  C. Mate's receipt 　　　　　　　　　　D. Shipping note

(7) 在(　　)方式下，船货双方需要在契约中规定装卸时间、滞期费、速遣费。

  A. 班轮运输 　　　　　　　　　　　B. 程租船运输

  C. 期租船运输 　　　　　　　　　　D. 光船租船运输

(8) 在国际贸易中，不被买方和银行接受的运输单据是(　　)。

  A. 清洁提单 　　　B. 不清洁提单 　　　C. 指示提单 　　　D. 已装船提单

(9) 如果托运人请船公司运输的为贵重货物，船公司按(　　)收运费。

  A. W 　　　　　　B. M 　　　　　　C. A.V 　　　　　　D. Open

(10) 买卖双方按 FOB 术语成交，在提单的运费项目栏应填写(　　)。

  A. Freight prepaid 　　　　　　　　　B. Freight paid

  C. Freight to collect 　　　　　　　　D. Freight to be paid

2) 多项选择题(请准确选出全部正确答案)：

(1) 以下表述正确的有(　　)。

　　A. 海运提单是表明货物已装船的证明

　　B. 海运提单是代表货物所有权的凭证

　　C. 海运提单是表明承运人已收到货物的收据

　　D. Shipment during Nov. / Dec.

　　E. 海运提单是办理结算的唯一单据

(2) 有关装运时间的表述方法，以下(　　)是正确可行的。

　　A. Shipment on Dec.31rd，2008

　　B. Shipment before the end of Dec.，2008

　　C. Shipment on or before Jan.15th，2008

　　D. Shipment during Nov. / Dec.，2008

　　E. Shipment within 30 days after receipt of L/C

(3) 以下(　　)提单被认为是海运的欺诈行为。

　　A. 过期　　　　　　　B. 预借　　　　　　　C. 倒签　　　　　　　D. 备运

(4) 构成国际多式联运的条件有(　　)。

　　A. 使用两种或两种以上的运输方式

　　B. 在不同的国家或地区间的运输

　　C. 运输全程使用一份统一的运输单据

　　D. 由多式联运经营人对运输全程负总的责任

(5) 各船公司规定提单背面条款的依据有(　　)。

　　A. 《海牙规则》　　　　　　　　　　　　B. 《汉堡规则》

　　C. 《华沙-牛津规则》　　　　　　　　　D. 《维斯比规则》

　　3) 判断题(判断下列各题是否正确，在题后括号内正确的打"√"，错误的打"×")：

　　(1) 班轮运输的运费包括装卸费，但不计速遣、滞期费。(　　)

　　(2) 如买卖合同规定的装运条款为"Shipment during June/July，2010"，那么我出口公司必须在 6 月、7 月两个月，每月各装一批。(　　)

　　(3) 航空运单、铁路运单与海运提单不同，不属于物权证明，发货人不能凭以向承运人(航运公司或铁路局)提货。(　　)

　　(4) 空白抬头、空白背书的海运提单是指即不填写收货人，又不要背书的提单。(　　)

　　(5) 清洁提单是指没有任何批注的提单。(　　)

　　(6) 根据《UCP600》规定，除非信用证有相反规定，可允许分批装运和转运。(　　)

　　(7) 某公司出口货物 300 公吨，12 月 20 日在芜湖将其中的 100 公吨货物装上

"长江2号，288航次"轮船；12月25日又在南京将剩余的200公吨货物装上该轮船。两次装运的货物均运往新加坡，但由于这300公吨货物是分两次在不同地点装出的，因此，属于分批装运。（　）

(8) 海运提单是承运人与托运人之间订立的运输契约，是物权凭证。（　）

(9) 合同装运条款规定："10,000M/T, shipment during May,June in two Equal lots"，表示卖方必须在5月和6月每月各装5,000M/T。（　）

(10) 在国际多式联运中，必须是采用海运和其他运输方式的组合运输方式。（　）

4) 问答题：

(1) 国际货物运输有哪些主要方式？简述海洋运输的特点和经营方式。

(2) 合同的装运条款应订明哪些内容？

(3) 海运提单的性质和作用是什么？海运提单有哪些分类？

(4) 构成国际多式联运的条件是什么？

(5) 班轮运费的计算标准有哪些？

5) 计算题：

(1) 上海运往苏丹港五金工具500箱，总毛重量15公吨，总体积为12立方米。根据海运公司规定，计费标准是W/M，等级为10级。若基本运费率为90美元。试计算应付运费。若燃油附加费率为20%，港口拥挤附加费率为10%，运费又是多少？

(2) 出口某商品100公吨，报价每公吨1950美元FOB上海，客户要求改报CFR伦敦价，已知该货为5级货，计费标准为W，每运费吨运费70美元。收燃油附加费10%、港口附加费10%。

6) 案例分析题：

某公司出口大米5000公吨，信用证规定"自1月份起，每月装1000公吨"。卖方1月份和2月份各装运1000公吨，3月份由于货物数量不足没有装运，4月份装了2000公吨，5月份装了1000公吨。货到目的港后，买方以3月份未装货卖方违反交货期为由，拒绝对后两个月所装的3000公吨货物付款，试问买方的做法是否正确？为什么？

5 国际货物运输保险

关键词

国际货物运输保险   CIC

ICC   平安险

水渍险   一切险

仓至仓条款   保险单

保险凭证

知识目标

- 了解国际货物运输保险概念及风险、损失和费用的概念;
- 熟悉 CIC 和 ICC 的险别、保险公司的责任起期期限及其除外责任;
- 掌握合同中的保险条款的订立及应注意问题。

技能目标

- 会根据货物情况和运输途中的风险选择适合的投保险别;
- 理解风险、损失和费用的概念和划分;
- 掌握合同中的保险条款的订立方法。

导入案例

某货轮从天津新港驶往新加坡,在航行途中船舶货舱起火,大火蔓延到机舱。船长为了船、货的共同安全、下令往舱内灌水,火很快被扑灭。但由于主机受损,无法继续航行,于是船长决定雇用拖轮将船拖回新港修理,修好后重新驶往新加坡。这次事故造成的损失共有: ① 1000 箱货被火烧毁; ② 600 箱货被水浇湿; ③ 主机和部分甲板被烧坏;④ 拖轮费用;⑤ 额外增加的燃料和船上人员的工资。

请问: 从损失的性质看,上述损失各属何种损失? 为什么?

5.1 国际货物运输保险概述

5.1.1 国际货物运输的概述

国际货物运输保险(international cargo transportation insurance)是指被保险人(the insured)或投保人(applicant)在货物装运以前，估定一定的投保金额(即保险金额)向保险人(insurer)，或称承保人(underwriter)，即保险公司投保货物运输险，被保险人按投保金额、投保险别及投保费率，向保险人支付保险费并取得保险单据，被保险货物若在运输过程中遭受保险事故造成损失，则保险人负责对保险险别责任范围内的损失，按保险金额及损失程度赔偿保险单据的持有人。

国际间的货物运输保险，是随着国际贸易和航运事业的发展而发展起来的。货物运输保险业务的发展，反过来又促使国际贸易和航运事业的进一步发展。

在各种运输货物保险中，起源最早，历史最久的是海上运输货物保险，后来才陆续开办陆运、空运、邮运货物保险。海上保险的出现也就标志着现代保险业的形成。伴随地中海沿岸商业贸易的繁荣，意大利成为了现代海上保险的发源地，世界上第一张海上保险单即比萨保险单产生于意大利，世界上第一家海上保险公司1424年诞生在意大利的热那亚。随着美洲大陆的发现，海上贸易中心西移，英国又成了现代保险的中心,同时也诞生了历史上久赋盛名的保险机构——劳合社。

中华人民共和国成立后，我国建立了国家保险机构——中国人民保险公司(The People's Insurance Company of China，PICC)。从此，我国对外贸易运输保险业务以及其他涉外保险业务就成了配合我国对外经济贸易发展和促进我国对外经济交往的一种手段。改革开放以来，随着我国社会主义市场经济体制的逐渐建立和不断完善，国内经济和对外贸易迅速发展，保险业也得到迅速发展，现已初步形成了以国有保险公司和股份制保险公司为主体、中外保险公司并存、多家保险公司竞争的市场新格局

5.1.2 保险的原则

5.1.2.1 保险利益原则

保险标的(subject matter insured)是保险所要保障的对象,它可以是任何财产及

其有关利益或者人的寿命和身体。保险利益(insurable interest)又称可保权益，是指投保人对保险标的具有法律上承认的利益。投保人对保险标的应当具有保险利益。投保人对保险标的不具有保险利益的，保险合同无效，这就是保险利益原则。就货物运输保险而言，反映在运输货物上的利益，主要是货物本身的价值，但也包括与此相关联的费用，如运费、保险费、关税和预期利润等。当保险标的安全到达时，被保险人就受益；当保险标的遭到损坏或灭失，被保险人就受到损害或负有经济责任。

国际货运保险同其他保险一样，要求被保险人必须对保险标的具有保险利益，但国际货运保险又不像有的保险(如人身保险)那样，要求被保险人在投保时便具有保险利益，它仅要求在保险标的发生损失时必须具有保险利益。这种特殊规定是由国际贸易的特点所决定的。例如，在国际货物买卖中，买卖双方分处两国，如以 FCA、FOB、CFR、CPT 条件达成的交易，货物风险的转移以在装运港越过船舷或在出口国发货地或装运地货交承运人为界。显然，货物在越过船舷或货交承运人风险转移之前，仅卖方有保险利益，而买方并无保险利益。如果硬性规定被保险人在投保时就必须有保险利益，则按这些条件达成的合同，买方便无法在货物装船或货交承运人之前及时对该货物办理保险。因此，在实际业务中，保险人可视为买方具有预期的保险利益而允予承保。

5.1.2.2　最大诚信原则

最大诚信(utmost good faith)原则是指投保人和保险人在签订保险合同以及在合同有效期内，必须保持最大限度诚意，双方都应严格恪守信用，互不欺骗隐瞒，保险人应当向投保人说明保险合同的条款内容，并可就保险标的或者被保险人的有关情况提出询问，投保人应当如实告知。对被保险人来说，最大诚信原则主要有两方面的要求：一是重要事实申报；二是保证。重要事实申报是指投保人在投保时应将自己知道的或者在通常业务中应当知道的有关保险标的重要事实如实告知保险人，以便保险人判断是否同意承保或者决定承保的条件。例如，在货物运输保险中，被保险人应向保险人提供保险标的、运输条件、航程以及包装条件等方面的真实情况。根据我国《海商法》规定，如果被保险人故意未将重要情况如实告知保险人的，保险人有权解除合同，并且不退还保险费。合同解除前发生保险事故造成损失的，保险人不负赔偿责任。如果不是由于被保险人的故意，未将重要情况如实告知保险人，保险人有权解除合同或者要求相应增加保险费。由保险人解除合同时，对于合同解除前发生保险事故所造成的损失，保险人应当负赔偿责任；但是未告知或者错误告知重要情况对保险事故的发生有影响除外。保证(warranty)是指被保险人在保险合同中所做的承诺要做或不做某种事情；保证某种情况的存在或不存在；或保证履行某一条件。例如，货运不用 15 年以上船龄的旧船装运，载货船舶不驶入某些海域，货物必须是合法的，等等。经保险双方同意写进保险单中的条款即为保证条款，称为明示保证。此外，还有默示保证，即在保险单内虽未明文规定，但是按照法令或惯例，被保险人应该保证做出对某种事情的行为或不行为。对于保证条件，被保险人必须严格遵守，如有违反，保险人可自保证违反之日起不再履行其应负的责任。

5.1.2.3 补偿原则

保险的补偿原则(principle of indemnity)又称损害赔偿原则，是指当保险标的遭受保险责任范围内的损失时，保险人应当依照合同的约定履行赔偿义务。但保险人的赔偿金额不得超过保险单上的保险金额或被保险人遭受的实际损失。保险人的赔偿不应使被保险人因保险赔偿而获得额外利益。

当保险标的发生保险责任范围内的损失时，保险人在对被保险人理赔时，对补偿原则掌握的标准主要为：第一，赔偿金额既不能超过保险金额，也不能超过实际损失。实际损失是根据损失时的市价来确定的。第二，被保险人必须对保险标的的具有保险利益。同时，赔偿金额也以被保险人在保险标的中所具有的保险利益金额为限。第三，被保险人不能通过保险赔偿而得到额外利益，即保险的赔偿是使被保险人遭受损失后，经过补偿能恢复到他在受损前的经济状态，而不应使被保险人通过补偿而获得额外利益。因此，如果保险标的遭受部分损失，仍有残值，保险人在计算赔偿时，对残值作相应扣除；如果保险事故是由第三者责任方造成的，被保险人从保险人处得到全部损失的赔偿后，必须将其对第三方进行追偿的权利转让给保险人，他不能再从第三者那里得到任何赔偿；如果被保险人将同一标的(例如同一批货物)向两家或两家以上保险人投保相同的风险，其保险金额的总和超过了该保险标的的价值，当保险事故发生后，被保险人获得的赔偿金额总和不得超过保险标的的受损价值。

5.1.2.4 近因原则

近因(proximate cause)原则是保险理赔工作中必须遵循的一项基本原则，也是在保险标的发生损失时，用来确定保险标的所授损失是否能获得保险赔偿的一项重要依据。这一原则是指保险人对承保风险与保险标的的损失之间有直接因果关系的损失负赔偿责任，而对保险责任范围外的风险造成的保险标的的损失，不承担赔偿责任。

如果造成损失的原因只有一个，而这个原因又是保险人的承保责任范围内的，那么，这一原因就是损失的近因，保险人应负赔偿责任；反之，则不负赔偿责任。

例如，货物在运输途中遭受雨淋而受损，如被保险人在投保平安险或水渍险的基础上加保淡水雨淋险，保险人应负责赔偿；若未加保，保险人则不予负责。

如果造成保险标的损失的原因是两个或两个以上，就应作具体分析。首先，如果损失是由多个原因造成的，这些原因都是保险责任范围内，该项损失的近因肯定是保险事故，保险人应负赔偿责任。反之，如果造成损失的多个原因都是保险责任范围以外的，保险人不负赔偿责任。其次，如果损失是由多个原因造成的，这些原因既有保险责任范围内的，也有保险责任范围外的，则应根据情况区别对待。如果前面的原因是保险责任范围内的，而后面的原因不是保险责任范围内的，但后面的原因是前面原因导致的必然后果，则前面的原因是近因，保险人应负责赔偿。例如，包装食品投保水渍险，运输途中遭受海水浸泡，外包装受潮后导致食品发生霉变损失，霉变是海水打湿外包装水汽浸入造成的结果，保险人应负责赔偿。如果前面的原因不是保险责任范围内的，后面的原因是保险责任范围内的，后面的原因是前面原因导致的必然后果，则近因不是保险范围内的，保险人不负责赔偿。例如，在战争期间，某企业将投保一切险的出口商品运至码头仓库待运，此时，适逢敌机轰炸，引起仓库火灾，使该批商品受损。当被保险人要求保险公司赔偿时，保险公司予以拒绝，理由为，造成货物受损的原因有两个：投弹和火灾，而投弹是造成货损的直接原因。由于造成损失的近因不属保险公司责任范围，因此，保险公司可予以拒绝。

5.1.3 海上货物运输保险承保的范围

5.1.3.1 海上风险

1) 海上风险(perils of the sea)。海上风险又称为海难，一般是指船舶或货物在海上运输过程中发生的或随附海上运输所发生的风险，包括海上发生的自然灾害和意外事故。

(1) 自然灾害(natural calamity)。自然灾害是指由于自然界的变异引起破坏力量所造成的灾害，包括恶劣气候、雷电、海啸、地震、洪水、火山爆发等人力不可抗拒的灾害。

(2) 意外事故(fortuitous accidents)。意外事故是指由于意料不到的原因所造成的事故，包括：

搁浅：是指船舶与海底、浅滩、堤岸在事先无法预料到的意外情况下发生接触，并搁置一段时间，使船舶无法继续行进以完成运输任务。但规律性的潮汐涨落所造成的搁浅则不属于保险搁浅的范畴。

触礁：是指载货船舶触及水中岩礁或其他阻碍物。

沉没：是指船体全部或大部分已经没入水面以下，并已失去继续航行能力。若船体部分入水，但仍具航行能力，则不视作沉没。

碰撞：是指船舶与船或其他固定的或流动的固定物猛力接触。如船舶与冰山、桥梁、码头、灯标等相撞。

火灾：是指船舶本身、船上设备以及载运的货物失火燃烧。

爆炸：是指船上锅炉或其他机器设备发生爆炸和船上货物因气候条件(如温度)影响产生化学反应引起的爆炸。

失踪：是指船舶在航行中失去联络，音信全无，并且超过了一定期限后，仍无下落和消息，即被认为是失踪。

需要指出的是，按照国际保险市场的一般解释，海上风险并非局限于海上发生的灾害和事故，那些与海上航行有关的发生在陆上或海陆、海河或与驳船相连接之处的灾害和事故，例如，地震、洪水、火灾等也属于海上风险。

2) 外来风险(extraneous risks)。外来风险是指由于海上风险以外的其他外来原因引起的风险。外来风险又可分为一般外来风险和特殊外来风险两种。

(1) 一般外来风险。一般外来风险有雨淋、短量、偷窃、玷污、渗漏、破碎、受潮、串味、绣损和钩损等。

(2) 特殊外来风险。包括战争、罢工和交货不到、拒收、进口关税、黄曲霉素、舱面等则为特殊外来风险。

5.1.3.2 损失和费用

1) 损失。按损失程度分为全部损失和部分损失。

(1) 全部损失(total loss)：简称全损，是指整批或不可分割的一批被保险货物在运输途中全部遭受损失。全部损失又可分为实际全损和推定全损。实际全损(acutal total loss)又称绝对全损，是指保险标的货物在运输途中全部灭失或等同于全部灭失。实际全损包括保险标的物全部灭失、保险标的物的物权完全丧失已无法挽回、保险标的物已丧失原有商业价值或用途、载货船舶失踪等情况。推定全损(constructive total loss)是指保险货物的实际全损已经不可避免，或为避免实际全损进行施救、复原的费用之和已超过将货物运抵目的港的价值，或已超出保险补偿的价值这种损失即为推定全损。推定全损包括保险标的物受损后其修理费用超过货物修复后的价值、保险标的物的实际全损已经无法避免，为避免全损所需的施救费用，将超过获救后标的物的价值、保险标的物遭受保险责任范围内的事故，使被保险人失去标的物的所有权，而收回标的物的所有权，其费用已超过收回标的物的价值等情况。

被保险货物发生推定全损时，被保险人可以要求保险人按部分损失赔偿，也可以要求按全部损失赔偿。如果要求按全部损失赔偿，被保险人必须向保险人发出委付通知(notice of abandonment)。所谓委付(abandonment)，就是被保险人表示愿意将保险标的的一切权利和义务转移给保险人，并要求保险人按全部损失赔偿的一种行为。委付必须经保险人同意后方能生效，但是被保险人应当在合理的时间内将接受委付或不接受委付的决定通知被保险人。委付一经保险人接受，不得撤回。

(2) 部分损失(partial loss)：是指不属于实际全损和推定全损的损失，即没有达到全部损失程度的损失。

按损失的性质不同，部分损失又分为共同海损与单独海损两种。

共同海损(general average)：载货船舶在海运遇难时，船方为了共同安全，以使同一航程中的船货脱离危险，有意而合理地做出的牺牲或引起的特殊费用，这些损失和费用被称为共同海损。构成共同海损的条件是：

第一，共同海损的危险必须是共同的(危及船、货共同的安全)、真实的(非主观臆断，实际存在)、不可避免的。

第二，必须是自愿地和有意识地采取合理措施所造成的损失或发生的费用。所谓有意识的，是指共同海损的发生必须是人为的、有意识行为的结果；所谓合理措施，是指采用共同海损的行为时，要有合理限度，应符合当时的实际情况。

第三，必须是为船货共同安全采取的谨慎行为或措施时，所做的牺牲或引起的特殊费用。

第四，必须是属于非常性质的牺牲或发生的费用，并且是以脱险为目的。共同海损行为所做出的牺牲或引起的特殊费用，都是为使船主、货主和承运各方不受损失而支出，因此，该损失应按获救的价值，按比例分摊。这种分摊叫共同海损分摊(general average contribution)。在分摊共同海损费用时，不仅要包括未受损失的利害关系人，而且还须包括受到损失的利害关系人。

单独海损(particular average)：是指保险标的物在海上遭受承保范围内的风险而造成的部分灭失或损害，即除共同海损以外的部分损失。这种损失只能由标的物所有人单独负担。与共同海损相比较，单独海损的特点是：

第一，它不是人为有意造成的部分损失。

第二，它是保险标的物本身的损失。

第三，单独海损由受损失的被保险人单独承担，但其可根据损失情况从保险人那里获得赔偿。

共同海损与单独海损均属部分损失，两者的主要区别为：单独海损是由海上风险直接造成的货物损失，没有人为因素在内，而共同海损则是因采取人为的故意的措施而导致的损失；单独海损的损失由受损方自行承担，而共同海损的损失是由各受益方按获救财产价值的多少，按比例共同分摊。

2) 费用。海上货运保险的费用是指为营救保险货物所支出的费用，主要有：

(1) 施救费用(sue and labour expenses)。施救费用是指保险标的在遭受保险责任范围内的灾害事故时，被保险人或其代理人、雇佣人员和保险单受让人对保险标的所采取的各种抢救、防止或减少货损的措施而支出的合理费用。保险人对这种施救费用负责赔偿。

(2) 救助费用(salvage charges)。救助费用是指保险标的遭遇保险责任范围内的灾害事故时，由保险人和被保险人以外的第三者采取了救助措施并获得成功而向其支付的报酬。保险人对这种费用也负责赔偿。

5.2 保险条款

5.2.1 中国保险条款

中国人民保险公司根据我国保险业务的实际情况，参照国际保险市场的习惯做法，分别制定了各种不同运输方式下的货物运输保险条款，总称《中国保险条款》(China Insurance Clauses，CIC)。

5.2.1.1 海洋货物运输保险条款

1) 险别。

(1) 基本险。基本险又称主险，可以单独投保的险种。我国海洋运输货物保险的基本险有三种，即平安险(free from particular average，F.P.A)、水渍险(with average or with particular average，W.A.or 或 W.P.A)和一切险(all risks)。

平安险的责任范围：平安险的英文含义是"单独海损不赔"，"平安险"一词为我国保险业的习惯叫法，沿用已久。平安险的承保责任范围有以下八个方面：① 被保险货物在运输过程中，由于自然灾害造成整批货物的全部损失或推定全损；被保货物用驳船运往或运离海轮的，每一驳船所装货物可视为一整批；② 由于运输工具遭受意外事故造成货物全部或部分损失；③ 在运输工具已经发生意外事故的情况下，货物在此前后又在海上遭受自然灾害所造成的部分损失；④ 在装卸或转运时，由于一件或数件整件货物落海造成的全部或部分损失；⑤ 被保险人对遭受承保范围内的货物采取抢救、防止或减少货损的措施而支付的合理费用，但以不超过该批被救货物的保险金额为限；⑥ 运输工具遭受海难后，在避难港由于卸货所引起的损失以及在中途港、避难港由于卸货、存仓以及运送货物所产生的特别费用；⑦ 共同海损的牺牲、分摊和救助的费用；⑧ 运输合同定有"船舶互撞责任条款"，根据该条款规定应有货方偿还船方的损失。

"平安险"一词从字面上看容易使人误解为保险人承保货物安全到达，实际上，它是三种基本险中承保责任范围最小的。

平安险一般多适用于大宗、低值粗糙的无包装货物，如废钢、木材、矿砂等货物的投保。

水渍险的责任范围：水渍险的英文含义是"负责单独海损"。其承保责任范围包括：① 平安险承保的所有范围；② 被保险货物由于恶劣气候、雷电、海啸、地震、洪水等自然灾害造成的部分损失。

水渍险一般适用于一些不易损坏或虽易生锈但不影响使用的货物，或旧货物，以及散装的原料等，如五金板、钢管、线材、旧汽车、旧机床、散装化肥及金属原料等货物的投保。

一切险的责任范围：① 平安险；② 水渍险的承保范围；③ 一般外来风险所造成的全部或部分损失。

一切险的承保范围较平安险和水渍险广泛，但保险人并不是对任何风险所致损失都负赔偿责任，因特殊外来原因造成的损失就不负赔偿责任。

一切险一般适用于价值较高、可能遭受损失因素较多的货物投保。

以上三种基本险，被保险人可以选择其中一种投保。

(2) 附加险。附加险别是基本险别责任的扩大和补充，不能单独投保。我国海洋运输货物保险条款除以上三种基本险之外，还设有一般附加险和特殊附加险。

一般附加险(general additional risk)：所承保的是由于一般外来风险所造成的全部或部分损失，其险别有 11 种，它包括：偷窃、提货不着险(theft, pilferage and non-vdeliver，T.P.N.D.)、淡水雨淋险(fresh water and/or rain damage)、短量险(shortage)、渗漏险(leakage)、混杂玷污险(intermixture and contamination)、碰损、破碎险(clash and breakage)、串味险(taint of odour)、受潮受热险(sweat and heating)、钩损险(hook damage)、包装破裂险(breakage of Packing)、锈损险(rust)。

特殊附加险(special additional risk)：是承保由于特殊外来风险所造成的全部或部分损失，共有 8 种：战争险(war risks)、罢工险(strike risks)、交货不到险(failure to deliver)、进口关税险(import duty)、舱面险(on deck)、拒收险(rejection)、黄曲霉毒素险(rflatoxin)、出口货物到香港(包括九龙)或澳门存仓火险责任扩展条款(Fire Risk Extension Clause，F.R.E.C.—for Storage of Cargo at Destination Hongkong,

Including Kowloon，or Macao)等。

2) 保险公司责任起期期限。基本险采用的是"仓至仓条款(warehouse to warehouse clause，W/W Clause)"，即保险责任自被保险货物运离保险单所载明的起运地发货人仓库或储存处所开始运输时生效，包括正常运输过程中的海上、陆上、内河和驳船运输在内，直至该项货物到达保险单所载名目的地收货人的仓库或被保险人用作分配、分派或非正常运输的其他储存处所为止，如未抵达上述仓库或储存处所，则最长不超过被保险货物卸离海轮后60天。

战争险的保险责任期限以水面危险为限，即自货物在起运港装上海轮或驳船时开始，直到目的港卸离海轮或驳船为止；如不卸离海轮或驳船，则从海轮到达目的港的当天午夜起算满15天，保险责任自行终止。保险条款还规定，在投保战争险前提下，加保罢工险则不另行收费。

3) 保险公司的除外责任。包括：

(1) 被保险人的故意行为或过失所造成的损失。

(2) 属于发货人责任所引起的损失。

(3) 在保险责任开始前，被保险货物已存在的品质不良或数量短差所造成的损失。

(4) 货物的自然损耗、本质缺陷、特性以及市价跌落、运输延迟所引起的损失或费用。

(5) 战争险和罢工险条款规定的责任范围和除外责任。

5.2.1.2 我国陆空邮运输货物保险

1) 我国陆上国际货物运输保险。根据1981年1月1日修订的我国《陆上运输货物保险条款》(Overland Transportataion Cargo Insurance Clauses)的规定，陆上运输货物保险的基本险分为陆运险(overland transportation risks)和陆运一切险(overland transportation all Risks)。

陆运险的责任范围与海洋运输货物保险中的水渍险相似，保险公司对被保险货物在运输途中遭受暴风、雷电、地震、洪水等自然灾害和由于运输工具遭受碰撞、倾覆、出轨，或在驳运过程中，因驳运工具搁浅、触礁、沉没、碰撞，或由于遭受隧道坍塌、崖崩或失火、爆炸等意外事故所造成的全部或部分损失负责赔偿。此外，被保险人对遭受承保责任内危险的货物采取抢救、防止或减少货损的措施而支付的合理费用，保险公司也负责赔偿，但以不超过该批被救货物的保险金额为限。在投保陆运险的情况下，保险人可根据需要加保一种或数种一般附加险。

陆运一切险的承保责任范围与海洋货物运输保险条款中的"一切险"相似。

保险公司除承担上述陆运险的赔偿责任外，还负责保险货物在运输途中由于一般外来原因所造成的全部或部分损失。以上责任范围均使用火车和汽车运输，并以此为限。

陆运险和陆运一切险的除外责任与海洋货物运输保险的除外责任相同。

陆运险的责任起讫期限也采用"仓至仓"条款。保险人的责任自被保险货物运离保险单所载明的起运地发货人仓库或储存处所开始运输时生效，包括正常运输陆运及有关水上驳运，直至该项货物到达保险单所载明的目的地收货人的仓库或被保险人用作分配、分派或非正常运输的其他储存处所为止，如未抵达上述仓库或储存处所，则以被保险货物运抵最后卸载的车站满 60 天止。

投保陆运一切险时，如果加保战争险，则仅以铁路运输为限，其责任起讫不是"仓至仓"，而是以货物置于运输工具为限。

陆上运输货物战争险的责任范围是负责赔偿：直接由于战争，类似战争行为和敌对行为、武装冲突所致的损失；各种常规武器包括地雷、炸弹所致的损失。

本保险对下列各项不负赔偿责任：由于敌对行为使用原子弹或热核制造的武器所致的损失和费用；根据执政者、当权者或其他武装集团的扣押、拘留引起的承保运程的丧失和挫折而提出的任何索赔要求。

陆上运输货物战争险的责任起讫是：自被保险货物装上保险单所载明的起运地的火车时开始到卸离保险单所载明的目的地的火车时为止。如果被保险货物不卸离火车，本保险责任最长期限以火车到达目的地当日午夜起算满 48 小时为止。如在运输中途转车，不论货物在当地卸载与否，保险责任以火车到达该中途站的当午夜起算满 10 天为止，如货物在上述期限内重新装车续运，本保险恢复有效。如运送契约在保险单所载目的地以外的地点终止时，该地即视为本保险目的地，仍照前款的规定终止责任。

陆运货物罢工险对被保险货物由于罢工者，被迫停工工人或参加工潮、暴动、民动、民众斗争的人员行动，或任何人的恶意行为所造成的直接损失及费用负赔偿责任。

本保险对下列各项不负赔偿责任：在罢工期间由于劳动力短缺或机械设备不能运用所致的保险货物的损失，包括因此而引起的动力或燃料缺乏使冷藏机停止工作所致的冷藏货物的损失。

与海洋运输货物保险相同，在投保战争险的前提下，加保罢工险不另收费。如仅要求加保罢工险，则按战争险费率收费。

2) 我国航空运输保险。根据 1981 年 1 月 1 日修订的我国《航空运输货物保险条款》(Air Transportation Cargo Insurance Clauses)的规定，航空运输货物保险的基本险分为航空运输险(air transportation risks)和航空运输一切险(air transportation

all risks)。

航空运输险的承保责任范围与海洋运输货物保险条款中的"水渍险"大致相同。保险公司负责赔偿被保险货物在运输途中遭受雷电、火灾、爆炸或由于飞机遭受恶劣气候或其他危难事故而被抛弃，或由于飞机遭受碰撞、倾覆、坠落或失踪等自然灾害和意外事故所造成的全部或部分损失。

航空运输一切险的承保责任范围除包括上述航空运输险的全部责任外，保险公司还负责赔偿被保险货物由于一般外来原因所造成的全部或部分损失。

航空运输险和航空运输一切险的除外责任与海洋运输货物险的除外责任基本相同。

航空运输货物保险的两种基本险的保险责任也采用"仓至仓"条款，但与海洋运输险的"仓至仓"责任条款不同的是：如货物运达保险单所载明目的地而未运抵保险单所载明的收货人仓库或储存处所，则以被保险货物在最后卸载地卸离飞机后满 30 天保险责任即告终止。如在上述 30 天内被保险货物须转送到非保险单所载明的目的地时，即以该项货物开始转运时终止。

航空运输货物战争险是航空运输货物险的一种附加险，只有在投保航空运输险和航空运输一切险的基础上方可投保。本保险负责赔偿：直接由于战争、类似战争行为和敌对行为、武装冲突所致的损失；由于上述所引起的捕获、拘留、扣留、禁制、扣押所造成的损失；各种常规武器，包括炸弹所致的损失。

本保险对下列各项不负赔偿责任：由于敌对行为使用原子弹或热核制造的武器所致的损失和费用；根据执政者、当权者或其他武装集团的扣押、拘留引起的承保运程的丧失和挫折而提出的任何索赔要求。

本保险责任自被保险货物装上保险单所载起运地飞机时开始，到卸离保险单所载目的地的飞机为止。如被保险货物不卸离飞机，本保险责任最长期限以飞机到达目的地当日午夜起算满 15 天为止。如被保险货物在中途港转运，保险责任以飞机到达转运地的当日午夜起算满 15 天为止，装上装运的飞机时再恢复有效。

本条款系航空运输货物保险条款的附加条款，本条款与航空运输货物保险条款的任何条文有抵触时，均以本条款为准。

3) 我国邮政包裹国际运输保险。根据中国人民保险公司 1981 年 1 月 1 日修订的《邮包保险条款》(Parcet Post Insurance Clauses)规定，邮包保险基本险别分为邮包险(parcet post risks)和邮包一切险两种(parcet post all risks)。此外，还有邮包战争险。

由于邮包运输可能通过海、陆、空三种运输工具的情况，邮包险的承保责任范围是保险公司赔偿被保险邮包在运输途中，由于恶劣气候、雷电、地震、洪水等自然灾害、或由于运输工具搁浅、触礁、沉没、碰撞、倾覆、坠落、失踪、失火和爆炸等意外事故所造成的全部或部分损失,还包括海运途中共同海损的牺牲、分摊和救助费用。

邮包一切险的承保责任范围除邮包险的全部责任外,还包括被保险邮包在运输途中由于一般外来原因所引起的全部或部分损失。

邮包险和邮包一切险的承保责任期限是自保险货物离开保险单所载明的起运地点寄件人的处所运往邮局时开始生效,直至被保险邮包运达保险单所载明的目的地邮局,自邮局签发到货通知书当天午夜起算满15天为止,但在此期限内,邮包一经递交至收件人处所时,保险责任即行终止。

本保险对下列损失不负赔偿责任:被保险人的故意行为或过失所造成的损失;属于发货人责任所引起的损失;在保险责任开始前,被保险邮包已存在的品质不良或数量短差所造成的损失;被保险邮包的自然损耗、本质缺陷、特性以及市价跌落、运输延迟所引起得损失或费用;本公司邮包战争险条款和货物运输罢工险条款规定的责任范围和除外责任。

邮包战争险是邮政包裹险的一种附加险,在投保了邮包险或邮包一切险的基础上,方可投保。本保险负责赔偿的范围是:直接由于战争、类似战争行为和敌对行为、武装冲突所致的损失;由于前款所引起的捕获、拘留、扣留、禁制、扣押所造成的损失;各种常规武器,包括水雷、鱼雷、炸弹所致的损失;本保险责任范围引起的共同海损的牺牲、分摊和救助费用。

本保险对下列损失不负赔偿责任:由于敌对行为使用原子弹或热核制造的武器所致的损失和费用;根据执政者、当权者或其他武装集团的扣押、拘留引起的承保运程的丧失和挫折而提出的任何索赔要求。

本保险责任自被保险邮包经邮局收讫后自储存所开始运送时生效,直至该项邮包运达本保险单所载明的目的地邮局送交收件人为止。

5.2.2　协会货物条款

在国际保险市场上,英国伦敦保险协会制定的《协会货物条款》(Institute Cargo Clauses, ICC)对世界各国影响颇大。目前,世界上许多国家在海运保险业务中直接采用该条款,还有许多国家在制定本国保险条款时参照或采用该条款的内容。

《协会货物条款》最早制定于1912年,后来经过修订,1982年开始使用新的海运货物保险条款。新条款共包括六种险别,即ICC(A)、ICC(B)、ICC(C)、ICC战争险、ICC罢工险及ICC恶意损害险。前三种为基本险,但只有恶意损害险不能单独投保。

5.2.2.1 《协会货物条款》的险别

1) ICC(A)：

(1) ICC(A)的承保责任。ICC(A)大体相当于中国人民保险公司所规定的一切险，其责任范围最广。协会对ICC(A)采用"一切风险＋除外责任"的办法，即除了"除外责任"项下所列风险保险人不予负责外，其他风险均予负责。

(2) ICC(A)的除外责任。

一般除外责任：包括归因于被保险人故意的不法行为造成的损失或费用；自然渗漏、自然损耗、自然磨损、包装不足或不当所造成的损失或费用；保险标的内在缺陷或特性所造成的损失或费用；直接由于延迟所引起的损失或费用；由于船舶所有人、租船人经营破产或不履行债务所造成的损失或费用；由于使用任何原子或核武器所造成的损失或费用。

不适航、不适货除外责任：所谓不适航、不适货除外责任，是指保险标的在装船时，如被保险人或其受雇人已经知道船舶不适航，以及船舶、装运工具、集装箱等不适货，保险人不负赔偿责任。

战争除外责任：包括由于战争、内战、敌对行为等造成的损失或费用；由于捕获、拘留、扣留等(海盗除外)所造成的损失或费用；由于漂流水雷、鱼雷等造成的损失或费用。

罢工除外责任：罢工者、被迫停工工人造成的损失或费用，以及由于罢工、被迫停工所造成的损失或费用等。

2) ICC(B)：

(1) ICC(B)的承保责任。ICC(B)大体相当于中国人民保险公司所规定的水渍险，它比ICC(A)责任范围小，故采用"列明风险"的方法，即在条款的首部开宗明义地把保险人所承保的风险一一列出。因此，ICC(B)承保的风险是灭失或损失合理归因于下列原因之一者：① 火灾、爆炸；② 船舶或驳船触礁、搁浅、沉没或倾覆；③ 陆上运输工具倾覆或出轨；④ 船舶、驳船或运输工具同水以外的外界物体碰撞；⑤ 在避难港卸货；⑥ 地震、火山爆发、雷电；⑦ 共同海损牺牲；⑧ 抛货；⑨ 浪击落海；⑩ 海水、湖水或河水进入船舶、驳船、运输工具、集装箱、大型海运箱或贮存处所；⑪ 货物在装卸时落海或摔落造成整件的全损。

(2) ICC(B)的除外责任。它与ICC(A)条款的除外责任基本相同，但有下列两点区别：

第一，在ICC(A)中，仅规定保险人对归因于被保险人故意的不法行为所致的损失或费用，不负赔偿责任；而在ICC(B)中，则规定保险人对被保险人以外的其他人的故意非法行为所致的风险不负责任。可见，在ICC(A)中，恶意损害的风险被列为承保风险，即对被保险人之外的其他人的故意非法行为所致的风险要负赔偿责任；而在 ICC(B) 中，保险人对此项风险却不负赔偿责任。

第二，在 ICC(A) 中，标明"海盗行为"不属除外责任；而在 ICC(B) 中，保险人对此项风险不负保险责任。

3) ICC(C)：

(1) ICC(C) 的承保责任。ICC(C) 的承保责任比 ICC(A) 和 ICC(B) 要小得多，它只承保"重大以外事故"，而不承保"自然灾害及非重大意外事故"。其具体承保风险包括：① 火灾、爆炸；② 船舶或驳船触礁、搁浅、沉没或倾覆；③ 陆上运输工具倾覆或出轨；④ 船舶、驳船或运输工具同水以外的外界物体碰撞；⑤ 在避难港卸货；⑥ 共同海损牺牲；⑦ 抛货。

(2) ICC(C) 的除外责任。ICC(C) 的除外责任与 ICC(B) 完全相同。

5.2.2.2 《协会货物条款》保险公司的责任起讫期限

英国伦敦保险协会海运货物保险条款对保险期限的规定，同我国海运货物保险条款对期限的规定大体相同，也是"仓至仓"。但其规定比我国有关条款的规定更为详细，此处不再赘述。

5.3 国际货物运输保险实务

5.3.1 投保和保险险别的选择

办理保险应根据贸易术语的不同而有所区别。按 FOB 或 CFR 术语成交的出口货物，保险由买方负责，卖方无办理投保的义务。但卖方在履行交货之前，货物自仓库至装船这一段时间内，仍承担货物可能遭受意外损失的风险，需要自行安排这段时间内的保险事宜。按 CIF 或 CIP 等术语成交的出口货物，卖方负有办理保险的责任，一般应在货物从装运仓库运往码头或车站之前办妥投保手续。出口业务通常是一单一办，投保人首先选择好合适的保险公司，按照保险公司的要求，填制投保单据，缴上保险费。

进口货物由我方负有投保责任的，大多采用预约保险的办法，各专业进出口公司或其收货代理人同保险公司事先签有预约保险合同(open cover)。签订合同后，保险公司负有自动承保的责任。

在国际货物保险业务中，应选择合适的保险险别投保。不同的保险险别，保险公司承保的责任范围不同，保险费率也不相同。投保人在选择投保险别时，既要考虑能使货物得到充分保障，又要尽量考虑节约成本。

要选择合适的保险险别，应综合考虑货物的性质、包装、用途、运输方式、运输路线、运输季节、目的地市场的变化和各国习惯等因素。例如，海运粮谷类商品含有水分，经过长途运输水分蒸发可能会造成短量或容易受潮、受热而导致发霉，应投保一切险或水渍险加短量险、受热受潮险。一些商品投保的险别选择，可参考表 5.1。

表 5.1　常见商品投保的险别选择

商品种类	常遭受的风险与损失	可选择投保的险别
粮谷类	因水分蒸发而短量，或因受潮受热而发生霉变	一切险，或水渍险加保短量险和受热受潮险
散装矿石建材	短量	平安险/水渍险加短量险
水泥	包装破裂、受潮、水渍	水渍险加保包装破裂险和淡水雨淋险
橡胶	潮湿变质、玷污、挤压	一切险
鱼粉木制装饰材料	受潮霉变、受热自燃	一切险，或水渍险/平安险加受潮受热险
盐渍肠衣兽皮类	玷污、串味和变质	一切险
石油燃油液化气	短量、爆炸、玷污	平安险加保爆炸险和玷污险
甲板货	落海、被抛入海	平安险/水渍险加保舱面险
棉毛纺织纤维毛绒类	易遭玷污、水渍、潮湿、变色、霉变、火灾	一切险，或水渍险加保混杂、玷污险
首饰类	易遭盗窃	一切险，或平安险/水渍险加保盗窃提货不着险
家电仪器仪表玻璃陶制品类	易破碎	一切险，或平安险加保盗窃提货不着险、破碎险
设备类	破损、锈蚀	一切险，或平安险/水渍险加保绣损险

5.3.2　保险金额的确定和保险费的计算

5.3.2.1　保险金额的确定

保险金额(insured amount)又称投保金额，系指保险人承担赔偿或者给付保险金责任的最高限额，也是保险人计算保险费的基础。投保人在投保货物时，应向保险人申报保险金额。按照国际保险市场的习惯做法，出口货物的保险金额一般按 CIF 货价另加 10%计算，这增加的 10%为保险加成，也就是买方进行这笔交易所付的费用和预期利润。

保险金额计算的公式是：

$$保险金额=CIF 价 \times (1+投保加成率)$$

5.3.2.2 保险费的计算

投保人按约定方式缴纳保险费(premium)是保险合同生效的条件。保险费则根据保险费率表按保险金额计算,是保险金额与保险费率的乘积。保险费率(premium rate)是由保险公司根据一定时期、不同种类的货物的赔付率,按不同险别和目的地确定的。

保险费的计算公式是:

　　保险费=保险金额×保险费率=CIF 价×(1+投保加成率)×保险费率

在我国出口业务中,CFR 和 CIF 是两种常用的术语。鉴于保险费是按 CIF 货值为基础的保险金额计算的,两种术语价格应按下述方式换算。

由 CIF 换算成 CFR 价:

$$CFR=CIF×[1-保险费率×(1+加成率)]$$

由 CFR 换算成 CIF 价:

$$CIF=CFR÷[1-保险费率×(1+加成率)]$$

5.3.3　保险单据

保险单据是保险人与被保险人之间订立保险合同的证明文件,它反映了保险人与被保险人之间的权利和义务关系,也是保险人的承保证明。当发生保险责任范围内的损失时,它是保险索赔和理赔的主要依据。在 CIF 和 CIP 合同中,保险单据是卖方向买方提供的主要单据之一。在国际贸易中,保险单据可以背书转让。

保险单据主要有:

1) 保险单(insurance policy)。保险单俗称大保单,它是保险人和被保险人之间成立正规的保险合同,是使用最广的一种保险单据。因险别的内容和形式有所不同,海上保险最常用的形式有船舶保险单、货物保险单、运费保险单、船舶所有人责任保险单等。其内容除载明被保险人、保险标的、运输工具、险别、起讫地点、保险期限、保险价值和保险金额等项目外,单据背面还附有保险人责任范围,以及保险人和被保险人的权利和义务等方面的详细条款。如当事人双方对保险单上所规定的权利和义务需要增补或删减时,可在保险单上加贴条款或加注字句。

2) 保险凭证(insurance certificate)。保险凭证俗称小保单,它是保险人和被保险人之间签订的简化的保险合同，背面无保险条款，没有保险人和被保险人的权利和义务等方面的详细内容。保险凭证具有与保险单同等的效力，但在信用证规定提交保险单时，一般不能以保险单的简化形式。

3) 联合凭证(combined certificate)。联合凭证是一种将发票和保险单相结合的保险单据，它比保险凭证更为简化。这种单据只有我国采用，并仅适用于港、澳地区的出口业务。由于它和国际惯例不符，现很少使用。

4) 预约保险单(open policy)。预约保险单又称预约保险合同，它是被保险人(一般为进口人)和保险人订立的总合同，是经常有保险业务需要陆续办理时，为简化手续，所采用的一种形式。

5) 批单(endorsement)。批单不是一种独立的保险单，是正式的保险单出立后，投保人如需补充或变更内容时，根据保险公司的规定，经申请并同意后所出具的一种凭证，以注明更改或补充内容。批单原则上要粘贴在原保险单上，并加盖骑缝章，作为原保险单不可分割的一部分，和原保险单具有同样的法律效力。

5.3.4 保险索赔

保险索赔是指当被保险人的货物遭受承保责任范围内的风险损失时，被保险人向保险人按有关规定提出的索赔要求。在国际贸易中，如由卖方办理投保，卖方在交货后即将保险单背书转让给买方或其收货代理人，当货物抵达目的地(港)，发现残损时，买方或其收货代理人作为保险单的合法受让人，应就地向保险人或其代理人要求赔偿。

中国人民保险公司为便利我国出口货物运抵国外目的地后及时检验损失，就地给予赔偿，已在100多个国家建立了检验或理赔代理机构。至于我国进口货物的检验索赔，则由有关的专业进口公司或其委托的收货代理人在港口或其他收货地点，向当地相关保险公司要求赔偿。被保险人或其代理人向保险人索赔时，应做好下列几项工作。

1) 及时通知保险公司并索取货损或货差证明。当被保险人得知或发现货物有明显的受损痕迹、整件短少或散装货物已经残损等保险责任范围内的损失，应及时通知保险公司，并尽可能保留现场。由保险人会同有关方面进行检验，勘察损失程度，调查损失原因，确定损失性质和责任，采取必要的施救措施，并签发联合检验报告。

被保险人或其代理人在通知保险公司的同时，应立即向理货部门索取货损或货差证明。这是最原始的证明文件，是将来索赔的重要证据。

2) 采取合理的施救、整理措施。保险货物受损后，被保险人和保险人都有责任采取可能的、合理的施救措施，以防止损失扩大。因抢救、阻止、减少货物损失而支付的合理费用，保险公司负责赔偿。被保险人能够施救而不履行施救义务，保险人对于扩大的损失，甚至全部损失有权拒绝。

3) 分清责任，向承运人等有关方面提出索赔。承运人、码头、装卸公司、海关和港务局等各方都会以各种形式直接或间接参与国际货物运输，一旦出现货损或货差，就应分清责任。如货损涉及第三者的责任，则首先应向有关责任方提出索赔或声明保留索赔权，在保留向第三者索赔权的条件下，可向保险公司索赔。被保险人在获得保险补偿的同时，须将受损货物的有关权益转让给保险公司，以便保险公司取代被保险人的地位或以被保险人名义向第三者责任方进行追偿。保险人的这种权利，叫作代位追偿权(the right of subrogation)。

4) 备妥索赔证据，在规定时效内提出保险索赔。保险索赔时，通常应提供的证据有：保险单或保险凭证正本；运输单据；商业票和重量单、装箱单；检验报单；残损、短量证明；向承运人等第三者责任方请求赔偿的函电或其证明文件，必要时还须提供海事报告；索赔清单，主要列明索赔的金额及其计算依据以及有关费用项目和用途等。根据国际保险业的惯例，保险索赔或诉讼的时效为自货物在最后卸货地卸离运输工具时起算，最多不超过 2 年。

综合测试

1) 单项选择题(在下列每小题中，选择一个最适合的答案)：

(1) 在伦敦保险协会货物保险条款的三种主要险别中，保险人责任最低的险别是(   )。

  A. ICC(A)   B. ICC(B)

  C. ICC(C)   D. ICC 恶意损害险

(2) WPA 是指(   )。

  A. 平安险   B. 水渍险   C. 一切险   D. 受潮受热险

(3) ICC 险别中，不能单独投保的险别为(   )。

  A. ICC 战争险   B. ICC 罢工险

  C. ICC 恶意损害险   D. ICC(C)

(4) 下列不属于一切险承保范围内的险别的是(   )。

  A. 偷窃提货不着险   B. 渗漏险

  C. 交货不到险   D. 包装破裂险

(5) 按 FOB 条件进口一批货物，我方向保险公司投保一切险，保险公司的责任起讫是(   )。

  A. 仓至仓   B. 船至仓   C. 仓至船   D. 船至船

(6) 某公司出口货物一批，按 CIF 价值的 110%投保了水渍险，在此基础上还可加保(   )。

    A. 平安险和渗漏险　　　　　　　　　B. 破碎险和战争险

    C. 一切险和战争险　　　　　　　　　D. 舱面险

(7) 我公司以 CIF 条件与外商达成一笔出口交易，按《2000 通则》规定，如果外商对保险无要求，则我方可投保(   )。

    A. 一切险加战争险　　　　　　　　　B. 水渍险

    C. 保险人承担责任范围最小的险别　　D. 一切险

(8) 在国际货运保险业务中，单独海损仅涉及受损货物所有人一方单方面的利益，因而仅由受损方单独承担损失。此种损失属于(   )。

    A. 部分损失

    B. 有时是全部损失，有时是部分损失

    C. 全部损失

    D. 共同海损

(9) 买卖双方按 CIF 术语成交，如果双方未约定投保的险别，按惯例，卖方只需要投保(   )。

    A. 一切险

    B. 保险人承担责任范围最大的险别

    C. 一切险加战争险

    D. 保险人承担责任范围最小的险别

(10) 中国人民保险公司的英文缩写是(   )。

    A. CIC　　　　　　B. PICC　　　　　C. CCPIT　　　　　D. CIQ

    E. ICC

2) 多项选择题(请准确选出全部正确答案)：

(1) 根据我国海洋货物运输保险条款的规定，基本险有(   )。

    A. 水渍险　　　　　B. 战争险　　　　　C. 平安险　　　　　D. 一切险

    E. 罢工险

(2) 根据我国海洋货物运输保险条款的规定，一般附加险包括(   )。

    A. 短量险　　　　　　　　　　　　　B. 偷窃提货不着险

    C. 交货不到险　　　　　　　　　　　D. 碰损、破碎险

    E. 拒收险

(3) 根据我国海洋货物运输保险条款的规定，保险人的除外责任包括(   )。

    A. 被保险人的故意行为或过失所造成的损失

    B. 属于发货人的责任所引起的损失

    C. 在保险责任开始前，被保险货物已存在的品质不良或数量短差所造成的损失

    D. 被保险货物的自然损耗、本质特性、缺陷及市价跌落、运输延迟所引起的损失或费用

    E. 由于承运人责任所造成的货损

(4) 下列属于一般外来风险的有(　　)。

    A. 茶叶在运输途中串味　　　　　　　B. 化肥在运输途中包装破裂

    C. 货物在运输途中遇到战争、罢工　　D. 棉花在运输途中被雨淋湿

    E. 水泥被雨淋湿变成硬块

(5) 货运保险业务中使用的保险单有(　　)。

    A. 保险单　　　　B. 保险凭证　　　　C. 批单　　　　D. 预约保险单

    E. 联合凭证

3) 判断题(判断下列各题是否正确，在题后括号内正确的打"√"，错误的打"×")：

(1) 某纺织品出口，在海运途中由于船上管道漏水，使部分货物出现水渍，如果我们投保了水渍险，保险公司就应该负责赔偿。(　　)

(2) 按照我国先行货物运输保险条款的规定，凡已投保战争险，若在加保罢工险，则不另行收费。(　　)

(3) 伦敦保险协会的协会货物保险条款有六种险别，其中 ICC(A)、ICC(B)、ICC(C)三种险别能单独投保，另外三种险别不能单独投保。(　　)

(4) 在投保一切险后，如货物在海运途中由于任何外来原因造成的货损货差，保险公司均应负责赔偿。(　　)

(5) 出口一批玻璃器皿，因其在运输途中容易破碎，所以在投保一切险的基础上，还应加保碰损破碎险。(　　)

(6) 伦敦保险协会制定的 ICC(A)、(B)、(C)险，依次取代原来的 FPA、WA 和 ALL RISKS。(　　)

(7) 某货物 100 箱投保了平安险，在运输途中因暴风雨损坏 20 箱，保险公司应予赔偿。(　　)

(8) A 货主的 200 箱货物在一次共同海损中，全部被船方抛入海中。此损失对 A 货主来说属于全部损失。(　　)

(9) 按 CIF 术语成交，由于是卖方代买方办保险，所以保险单上的被保险人应为买方。(　　)

(10) 按货运保险业的惯例，保险公司只对有保险利益的人负责赔偿。(　　)

4) 问答题：

(1) 什么是国际货物运输保险？保险的原则有哪些？

(2) 什么是共同海损？什么是单独海损？两者有何区别？

(3) 根据中国人民保险公司《海洋运输货物保险条款》的规定，平安险、水渍险、一切险的责任范围有哪些？

(4) 根据现行伦敦保险协会《海运货物保险条款》规定，ICC(A)的除外责任有哪些？

5) 计算题：

某外贸公司向英国出口一批货物，其发票总额为 18 000 美元，加一成投保一切险及战争险，费率分别为 0.6% 和 0.04%。问这笔业务的投保金额和保险费各是多少？

6) 案例分析题：

(1) 我国某公司按 CIF 条件出口货物一批价值 50 万美元，按发票金额 110% 向中国人民保险公司投保了 WA，货物在转船卸货过程中遇到大雨，货抵目的港后，收货人发现该批货物上有明显的雨水渍浸，损失达 60%，因而向我方提出索赔，我方答复："该批货物已投保了 WA，请向中国人民保险公司当地代理人索赔"。

请分析我方的答复恰当与否。

(2) 某货轮从天津新港驶往新加坡，在航行途中船舶货舱起火，大火蔓延到机舱，船长为了船、货的共同安全、下令往舱内灌水，火很快被扑灭。但由于主机受损，无法继续航行，于是船长决定雇用拖轮将船拖回新港修理，修好后重新驶往新加坡。这次造成的损失共有：① 1000 箱货补火烧毁；② 600 箱货被水浇湿；③ 主机和部分甲板被烧坏；④ 拖轮费用；⑤ 额外增加的燃料和船上人员的工资。

请问：从损失的性质看，上述损失各属何种损失？为什么？

6 商品的价格

✈ **关键词**

作价原则   作价方法

进出口报价   佣金

含佣价   折扣

净价

⭐ **知识目标**

- 了解作价的原则和方法；
- 熟悉佣金与折扣的概念和计算；
- 掌握价格条款的构成及进出口报价的计算。

🔄 **技能目标**

- ◆ 会计算进出口价格；
- ◆ 能正确选用合适的计价货币和贸易术语；
- ◆ 能正确使用佣金和折扣；
- ◆ 实现自由运用价格条款中的四个要素。

导入案例

我某进出口公司(卖方)与一印度客户(买方)先前曾经进行过某商品的买卖，采用的贸易术语是 FOB，支付方式是 30% by advanced T/T, 70% by T/T against the faxed copy of B/L, 拼箱运输。考虑到交易的风险和运费的因素，在本次磋商交易中，我进出口公司提出采用 CIF 术语成交，价格、支付方式等均不变，结果客户却不同意。

试问：客户拒绝的理由是什么？

6.1 价格的掌握

6.1.1 作价原则和影响价格的因素

6.1.1.1 作价原则

我国进出口商品的作价原则是，在贯彻平等互利的原则基础上，根据国际市场价格水平，结合国别(地区)政策，并按照我们的经营意图确定适当的价格。

6.1.1.2 影响商品价格的因素

影响商品价格的因素主要有：

1) 交货地点和交货条件。在国际贸易中，由于交货地点和交货条件不同，买卖双方承担的责任、费用和风险也不同，在确定进出口商品价格时，必须首先考虑这一因素。例如，按 CIF 条件成交与按 DES (到货港船上交货)条件成交，其价格应当不同。

2) 运输距离。国际货物买卖中，一般都要经过长途运输，运输距离的远近关系到运费和保险费的开支，从而影响到商品价格。因此，在确定商品价格时，必须核算运输成本，做好比价工作。

3) 商品的品质和档次。在国际市场上，一般都是按质论价，即优质高价，劣质底价。品质的优劣，包装装潢的好坏，款式的好坏，款式的新旧，商标、牌名的知名度，都影响商品价格。

4) 季节因素。在国际市场上，某些节令性商品，如赶在节令前到货，抢行应市，即能卖上好价。过了节令商品往往售价很低，甚至以低于成本的"跳楼价"出售。因此，应充分利用季节性因素，争取按有利的价格成交。

5) 成交量。按国际贸易的习惯做法，成交量的大小直接影响价格，成交量大，在价格上应予适当优惠，或采用数量折扣办法 。反之，成交量小，可适当提价。

6) 支付条件和汇率变动的风险。

6.1.2 作价方法

国际货物买卖的作价方法，一般采用固定作价，即在磋商交易中，把价格确定下来,事后不论发生什么情况均按约定的价格结算货款。但在实际业务中,在大型货物或敏感性货物的交易中有时也采用非固定价格作价。

6.1.2.1 固定作价

成交货物的价格,通常是指货物的单位价格,简称单价(unit price)。在机电产品交易中,有时也有一笔交易含多种产品或多种不同规格的产品而只规定一个总价的。如买卖双方对此无其他特殊约定,应理解为固定价格,即订约后买卖双方按此价格结算货款;即使在订约后市价有重大变化,任何一方不得要求变更原定价格。在有的合同中,也有对此做出明确规定的。

6.1.2.2 非固定价格

非固定价格,即一般业务上所说的"活价",可分为以下几种:

1) 暂定价格。在合同中先订立一个初步价格,作为开立信用证和初步付款的依据,待双方确定具体的价格后再进行最后清算,多退少补。在我出口业务中,有时在与信用可靠、业务关系密切的客户洽商大宗货物的远期交易时,也有采用这种暂定价格的做法的。例如在合同中规定:每箱 950 美元 CIF 汉堡,备注:上列价格为暂定价格,于装运月份前 15 天由买卖双方另行协商确定价格。

2) 部分固定价格,部分非固定价格。为了照顾双方的利益,可采用部分固定价格,部分非固定价格的做法,或者分批作价的办法,交货期近的价格在订约时固定下来,余者在交货前一定期限内进行作价。

3) 具体价格待定。这种定价方法又可分为两种做法:一是在价格条款中明确规定定价时间和定价方法;二是只规定作价时间,因此,这种方式一般只应用于双方有长期交往,已形成比较固定的交易习惯的合同。

非固定价格是一种变通做法,在行情变动剧烈、或双方未能就价格取得一致意见时,采用这种做法有一定的好处。

6.2 出口和进口价格核算

6.2.1 出口报价核算

1) 明确商品的价格构成。即成交的价格是 FOB、CFR 还是 CIF,或是其含佣价。

$$FOB=出口成本＋国内费用＋出口利润$$
$$FOBC5\%=出口成本＋国内费用＋佣金＋出口利润$$
$$CFR=出口成本＋国内费用＋国外运费＋出口利润$$
$$CFRC5\%=出口成本＋国内费用＋国外运费＋佣金＋出口利润$$
$$CIF=出口成本＋国内费用＋国外运费＋国外保险费＋出口利润$$
$$CIFC5\%=出口成本＋国内费用＋国外运费＋国外保险费＋佣金＋出口利润$$

2) 核算出口成本。

$$出口成本=采购成本－出口退税额$$
$$=采购成本－采购成本÷(1＋增值税率)×出口退税率$$

3) 核算出口费用。

(1) 国内费用。包括：

① 国内运费；

② 业务定额费＝采购成本×业务定额费率；

③ 银行费用＝出口价格×银行费用率；

④ 垫款利息＝采购成本×贷款年利率×垫款天数÷360；

⑤ 认证费，各个国家或地区的认证费不尽相同，具体需查表；

⑥ 商检费，一般为出口货物总值的 1.5‰。

(2) 国外费用。包括：

① 国外运费＝基本运费＋附加费；

② 国外保险费＝CIF 价×(1＋保险加成)×保险费率；

③ 佣金＝含佣价×佣金率。

4) 核算出口利润。由出口方按市场情况和自己的销售意图来定，比如：10%、15%、20%。

5) 核算出口报价。

$$出口价格=出口成本＋出口费用＋出口预期利润$$

例：我国某进出口公司与印度一客户进行 PVC Strips 的交易磋商，印度客户请我方公司报 CIFC3% Chennai 价。已知我公司的采购成本(含税价)为￥64/卷，增值税率17%，国内运费￥1600，业务定额费率 5%(以采购成本为基础)，该笔交易的认证费用为￥4800，银行费用为货价的 0.3%，商检费用为货价的 0.15%，其他国内费用￥500，银行贷款年利率5.58%，垫款时间为 1 个月，出口退税率13%，已知该商品从上海到钦奈(Chennai)港一个集装箱的基本运费为 500 美元，附加费率 20%，运输保险加成率 10%，投保一切险加保战争险，费率合计为 0.1%，试计算我公司应报价多少？

　　假设按 5000 卷的交易量进行核算，正好装一个 20 英尺集装箱。设该商品出口报价为 X 美元/卷。计算中数值要保留到小数点后 4 位，最后报价保留到小数点后 2 位。假设预期销售利润率 10%，为了有讨价还价的余地，预期销售利润率设为 12%，已查得 2008 年 12 月 1 日美元的现汇买入价为 1 美元兑换 6.8198 人民币元。

　　解：

　　(1) 明确商品的价格构成。由上述已知条件得知，客户要我方报 CIFC3%钦奈价 CIFC3%＝出口成本＋国内费用＋国外运费＋国外保险费＋佣金＋出口利润。

　　设 CIFC3%钦奈价为 X。

　　(2) 核算出口成本。

出口成本＝采购成本－出口退税额

　　　　　＝采购成本－采购成本÷(1＋增值税率)×出口退税率

　　　　　＝[64－64÷(1＋17%)×13%]÷6.8198＝8.3417(美元/卷)。

　　(3) 核算出口费用。

国内费用＝国内运费＋业务定额费＋银行费用＋垫款利息＋认证费＋

　　　　　商检费＋其他国内费用

　　　　＝1600÷5000÷6.8198＋64×5%÷6.8198＋0.3%X＋64×5.58%×

　　　　　30÷360÷6.8198＋4800÷5000÷6.8198＋0.15%X＋500÷5000÷

　　　　　6.8198

　　　　＝0.7152＋0.45%。

国外费用＝基本运费＋附加运费

　　　　　＝(500＋500×20%)÷5000＝0.12(美元/卷)。

国外保费＝CIF 净价×(1＋保险加成率)×各种保险费率之和

　　　　　＝X(1－3%)×(1＋10%)×0.1%＝0.1067%X。

佣金＝含佣价×佣金率＝3%X。

　　4) 核算出口预期利润。

出口预期利润＝出口价格×预期销售利润率＝12%X。

　　5) 核算出口报价。等式可写成：

X＝出口成本＋国内费用＋国外运费＋国外保险费＋佣金＋出口利润

　　＝8.3417＋0.7152＋0.45%＋0.12＋0.1067%X＋3%X＋12%X。

(1－15.5567%)X＝9.1769。

X＝10.87(美元/卷)。

　　答：我公司出口报价为每卷 10.87 美元 CIFC3%钦奈。

6.2.2 进口报价核算

1) 确定进口价格。进口业务中，经常按 FOB 术语成交。

$$进口价格(FOB)=国内销售价格-进口费用-进口利润$$

2) 国内销售价格。此条件为已知
3) 进口费用。

$$进口费用=国外运费+国外保险费+进口关税+进口增值税+$$
$$实缴增值税+银行费用+垫款利息+其他进口费用$$

其中，国外运费＝海运运费×运费吨；

国外保险费＝CIF 价×(1＋保险加成)×保险费率；

进口关税＝进口关税的完税价格(CIF)×进口关税率；

进口增值税＝进口增值税的完税价格×进口增值税率；

实缴增值税＝国内销售价格÷(1＋增值税率)×增值税率－进口增值税；

银行费用＝进口价格×银行费率；

垫款利息＝进口价格×垫款时间×垫款利率；

其他进口费用包括领证费、报关费、报检费、业务定额费、国内运杂费等。

4) 进口利润。由进口方由按市场情况和自己的经营意图来定，比如：10%、15%、20%。

5) 核算进口价格。

$$进口价格(FOB)=国内销售价格-进口费用-进口利润$$

例：我国某公司从国德进口机床 20 台，国内销售价为 8000 元人民币/台，纸箱包装，每箱装 1 台，每箱毛重 400 公斤，每箱尺码 100cm x 120cm x 80cm ,海运费按尺码吨计。每运费吨货物自装运港至目的港基本运费为 100 美元，保险按 CIF 的 110%投保，保险费率为 1%，银行贷款年利率为 5.58%，预计垫款时间为 2 个月，银行费用为进口成交金额的 0.5%，进口关税税率为 20%，增值税率为 17%，其他进口费用包括领证费、报关费、检验费、业务定额费、国内运杂费等共 4200 元人民币，美元卖出价：1 美元=6.8837 元人民币，如果进口方预期利润率不低于 20%，则进口该机床的 FOB 汉堡价应该为多少？

解：设所求价格为 X 美元(不包括消费税)，计算中数值要保留到小数点后 4 位，最后报价保留到小数点后 2 位。

(1) 确定进口价格。

进口价格(FOB 马赛)＝国内销售价格－进口费用－进口预期利润。

(2) 国内销售价格。

国内销售价格＝8000÷6.8837＝1162.1657(美元)。

(3) 进口费用。

国外运费＝海运运费×运费吨

　　　　＝100×(100×120×80÷1000000)＝96(美元)。

国外保险费＝CIF 价×(1＋保险加成)×保险费率

　　　　＝[(FOB 价＋国外运费)÷(1－保险加成×保险费率)]×

　　　　　(1＋保险加成)×保险费率

　　　　＝[(X＋96)÷(1－110%×1%)]×(1＋10%)×1%

　　　　＝0.0111X＋1.0677。

进口关税＝进口关税的完税价格(CIF)×进口关税率

　　　　＝(FOB 价＋国外运费)÷(1－保险加成×保险费率)×进口关税率

　　　　＝(X＋96)÷(1－110%×1%)×20%＝0.2022X＋19.4135。

进口增值税＝进口增值税的完税价格×进口增值税率

　　　　＝(进口关税的完税价格＋进口关税)×进口增值税率

　　　　＝[(X＋96)÷(1－110%×1%)＋0.2022X＋19.4135]×17%

　　　　＝0.2063X＋19.8018。

实缴增值税＝国内销售价格÷(1＋增值税率)×增值税率－进口增值税

　　　　＝8000÷6.8837÷(1＋17%)×17%－(0.2063X＋19.8018)

　　　　＝149.0599－0.2063X。

银行费用＝进口价格×银行费率＝0.5%X

垫款利息＝进口价格×垫款时间×垫款利率

　　　　＝2÷12×5.58%X

　　　　＝0.93%X。

其他进口费用＝4200÷6.8837÷20。

进口费用＝国外运费＋国外保险费＋进口关税＋进口增值税＋实缴增值税＋

　　　　银行费用＋垫款利息＋其他进口费用

　　　　＝96＋0.0111X＋1.0677＋0.2022X＋19.4135＋0.2063X＋19.8018＋

　　　　149.0599－0.2063X＋0.5%X＋0.93%X＋4200÷6.8837÷20

　　　　＝0.2276X＋315.8497。

X＝1162.1657－(0.2276X＋315.8497)－20%X。

X＝592.82 美元/台。

答：进口该机床价格为每台 592.82 美元 FOB 汉堡。

6.3 商品成本核算

6.3.1 出口商品盈亏率

出口商品盈亏率是指出口商品盈亏额与出口总成本的比率。出口盈亏额是指出口销售人民币净收入与出口总成本的差额，前者大于后者为盈利，反之为亏损。

出口商品盈亏率＝[(出口销售人民币净收入－出口总成本)÷出口总成本]×100%

其中，出口总成本是指出口商品的采购成本加上出口前的一切费用和税金；出口销售外汇净收入是指出口商品按 FOB 净价出售所得的外汇净收入；出口销售人民币净收入是指出口商品的 FOB 价按当时的外汇牌价折成人民币的数额。

例：某公司出口洗衣机 200 台，出口总价为：80000 美元 CIF 伦敦，其中国外运费 1600 美元，保险费 400 美元。国内进货价 480000 元人民币，国内费用为进货价的 10%，出口退税共 40000 元人民币。当时人民币市场汇价银行美元买入价为 6.80 元。试求该批商品的盈亏率。

解：出口销售外汇净收入＝80000－1600－400＝78000(美元)；

出口总成本＝480000＋480000×10%－40000＝488000(元人民币)；

出口盈亏额＝78000×6.80－488000＝42400(元人民币)；

盈亏率＝盈亏额÷出口总成本×100%＝42400÷488000×100%＝8.69%。

答：该批出口商品的盈亏率为 8.69%，由于结果大于零，所以盈利。

6.3.2 出口商品换汇成本

出口商品换汇成本是指出口商品每净收入一单位外汇所需的人民币成本。换言之，即用多少元人民币的"出口成本"可换回单位外币的"净外汇收入"。 出口商品换汇成本如高于银行的外汇牌价，则出口为亏损；反之，则说明出口盈利。其计算公式为：

出口换汇成本＝出口商品总成本(人民币元)÷出口销售外汇净收入(美元)

例：按上例条件，计算出口换汇成本。

解：出口换汇成本＝出口商品总成本(人民币元)÷出口销售外汇净收入(美元)
＝488000÷78000

=6.26(人民币元/美元)。

答：出口换汇成本为 6.26 元人民币/美元，由于小于外汇牌价，所以盈利。

6.3.3 出口创汇率

出口创汇率亦称外汇增值率，是用于考核进料加工贸易的经济效益。计算公式为：

出口创汇率＝[(成品出口外汇净收入－原料外汇成本)÷原料外汇成本]×100%

通过对外汇增值额(成品出口外汇净收入－原料外汇成本)的计算，可以看出成品出口创汇的情况，若计算结果为正数，则表示外汇增值；若结果为负，则表示外汇没有增值。然后再用外汇增值额乘以 100%，则表示外汇增值额占进口原料所付出的成本中占多大的百分比，即外汇增值率。

例：某公司以每公吨 280 美元 CIF 天津价进口一批原料 1000 公吨，可加工成成品 100 万罗出口，每罗商品出口价格为 0.35 美元 CFR 墨尔本,运费总计 9800 美元，试计算外汇增值率。

解：

出口创汇率＝[(成品出口外汇净收入－原料外汇成本)÷原料外汇成本]×100%
＝{[(0.35×1000000－9800)－280×1000]÷280×1000}×100%
＝24.97%。

答：该笔业务的外汇增值率为 24.97%。

6.4 佣金和折扣

6.4.1 佣金

6.4.1.1 佣金的含义

佣金(commission)是中间商为买卖双方介绍交易而取得的报酬。

货价中是否包括佣金和佣金比例的大小，都会影响到商品的价格。佣金的规定应合理，其比率一般掌握在 1%～5%之间，不宜偏高。

6.4.1.2 佣金的表示

凡在合同价格条款中，明确规定佣金的百分比，叫作"明佣"。不标明佣金的百分比，甚至连佣金字样也不标示出来的，有关佣金的问题，由双方当事人暗中另行约定的做法叫作"暗佣"。有时中间商要求给予暗佣，则是同时收取买卖双方的佣金，叫作"双头佣"。

合同中常见的佣金的规定方法有以下几种：

1) 在商品价格中包括佣金时，通常应以文字来说明。例如：

每公吨 900 美元 CIF 纽约包括 3%佣金

USD900 PER M/T CIF New York including 3% commission

2) 在贸易术语后加注佣金的英文字母缩写"C"和佣金的百分比来表示。例如：

每公吨 900 美元 CIFC 3%纽约

USD900 PER M/T CIFC3% New York

6.4.1.3 佣金的计算

含有佣金的价格称为含佣价，不包含佣金和折扣的价格被称为净价。佣金的相关计算公式如下：

$$佣金＝含佣价×佣金率$$
$$净价＝含佣价－佣金＝含佣价×(1－佣金率)$$
$$含佣价＝净价÷(1－佣金率)$$

例：某商品 CFR 汉堡净价每台 2 000 美元，试改报 CFRC4％价，并保持卖方的净收入不变。

解：含佣价＝净价÷(1－佣金率);

CFRC4%＝2000÷(1－4%)＝2083.33(美元)。

答：改报后的 CFRC4%汉堡价为每台 2 083.33 美元。

6.4.2 折扣

6.4.2.1 折扣的含义

折扣(discount)是卖方在原价的基础上给予买方的一定比例的价格减让。 使用折扣方式减让价格，而不直接降低报价，使卖方既保持了商品的价位，又明确表明了给予买方的某种优惠，是一种促销手段。折扣直接关系到商品的价格，货价中是否包括折扣，折扣率的大小都影响商品价格，折扣率越高，则价格越低。常见的折扣有：数量折扣、品质折扣、季节折扣、特别折扣等。

6.4.2.2　折扣的规定方法

凡在价格条款中明确规定折扣率的，叫作"明扣"。 在国际贸易中，明扣通常规定价格条款时，用文字明确表示出来，所以明扣一般是在买方支付货款时预先予以扣除。而买卖双方在私下就折扣问题达成协议不在合同中表示出来的，称为"暗扣"。而暗扣通常需要卖方另行支付给买方，所以有时又把暗扣称作"回扣"。明扣的表示方法有：

1) 用百分比表示折扣比例。例如：

每公吨 200 美元 CIF 伦敦减折扣 3%

USD200 per metric ton CIF London less 3% discount

2) 在贸易术语后加注折扣的英文字母缩写"D"和折扣的百分比来表示。例如：

每公吨 800 美元 CIFD3%伦敦

USD800 PER M/T CIFD3% London

6.4.2.3　折扣的计算

折扣通常是以成交额或发票金额为基础计算出来的。

$$单位货物折扣额＝原价(或含折扣价)×折扣率$$
$$卖方实际净收入＝原价－单位货物折扣额$$

6.5　合同中的价格条款

6.5.1　合同中价格条款的内容

国际贸易合同中的价格条款，一般包括商品的单价(unit price)和总值(total smount)两项基本内容。单价通常由四个部分组成，包括计量单位、单位价格金额、计价货币和贸易术语。总值(或称总价)是单价同交易数量的乘积，也就是一笔交易的货款总金额。

例如：

单价：每公吨 500 美元 FCA 郑州

总值：50 000 美元

Unit Price: USD500 Per M/T FCA Zheng Zhou

Total Value:USD50000.00(SAY U.S. DOLLARS FIFTY THOUSAND ONLY)

6.5.2 计价货币的选择

在国际贸易中，买卖双方使用何种货币主要依据双方自愿进行选择。一般来说有三种情况：使用卖方国家货币；使用买方国家货币；使用第三国货币。买卖双方必须考虑如何选择货币才能最大限度地减少外汇风险，主要有下列方法可供参考：

1) 尽量使用可以自由兑换且汇率较稳定的外汇。

2) 出口时争取使用"硬币"，进口时争取使用"软币"。

3) 如果出口时使用了"软币"，应相应提高报价，进口时使用"硬币"，应相应压价。

6.5.3 贸易术语的选用

国际贸易中，可供买卖双方选用的贸易术语很多，由于各种贸易术语都有其特定的含义，不同的贸易术语，买卖双方所承担的责任、义务、风险也不同。贸易术语选择合适与否直接关系到买卖双方的经济利益。因此，选择贸易术语时必须进行慎重考虑。通常我们考虑到的因素有：

1) 选择双方熟悉的、对买卖双方都较为便利的贸易术语。

2) 选择贸易术语时应考虑本国保险业和运输业的情况。

3) 选用贸易术语时应考虑运费因素。

4) 选用贸易术语必须考虑国外港口装卸条件和港口惯例。

5) 根据情况可适当选用 FCA、CIP、CPT 三种贸易术语。这三种贸易术语与 FOB、CFR、CIF 相比：一是减少了卖方的风险；二是加快了出单时间，出口人可以提前收汇。

6) 结合以上各种因素及我方的经营意图，权衡利弊，选择适当的贸易术语。

6.5.4 规定合同中的价格条款应注意问题

1) 合理确定商品的单价, 防止作价偏高或偏低。

2) 根据经济意图和实际情况, 在权衡利弊的基础上选用适当的贸易术语。

3) 争取选择有利的计价货币, 以免遭受币值变动带来的风险。如采用不利的计价货币时, 应当加订保值条款。

4) 灵活运用各种不同的作价办法, 以避免价格变动风险。

5) 参照国际贸易的习惯做法, 注意佣金和折扣合理运用。

6) 如交货品质和数量约定有一定的机动幅度, 则对机动部分的作价也应一并规定。

7) 如包装材料和包装费另行计价时, 对其计价办法应一并规定。

8) 单价中涉及的计量单位、计价货币、装卸地名称, 必须书写正确、清楚, 以利合同的履行。

综合测试

1) 多项选择题(请准确选出全部正确答案):

(1) 以下出口业务中的单价条款的写法正确的有( )。

  A. 每吨 700 元 FOB 上海

  B. 30 英镑 CIF 伦敦

  C. 每台 58 欧元 CFR 马赛

  D. 每箱 300 美元 CIF 汉堡净价含 3%佣金

  E. 每立方米 1800 日元 FOB 大连减 5%折扣

  F. 每件 30 美元 FOBC2%伦敦减 8%折扣

(2) 在确定出口成交价格时, 应考虑的因素有( )。

  A. 商品的品质和档次　　　　　　B. 交货地点和交货条件

  C. 运输距离　　　　　　　　　　D. 成交量

  E. 支付条件　　　　　　　　　　F. 季节因素

2) 判断题(判断下列各题是否正确, 在题后括号内正确的打"√", 错误的打"×"):

(1) 佣金是对中间商所提供服务的报酬, 而折扣则是买方给卖方一定程度的价格优惠。( )

(2) 换汇成本高于外汇牌价表示盈利, 越高盈利越多。( )

3) 问答题:

(1) 我国内陆地区某公司与国外客户洽谈，在出口报价时，该公司选择 FOB 和 FCA 术语中哪一个对该公司最有利？

(2) 如果美元持续对人民币贬值，则出口时选择美元为计价货币对出口商是否有利？

(3) 规定价格条款时应注意的事项有哪些？

(4) 影响商品价格确定的因素有哪些？

4) 计算题：

(1) 我某公司向英国一公司出口某商品，国内采购价为人民币 6.30 元/个(含税价)，增值税率为 17%，20 个装 1 个塑料袋，10 个塑料袋装 1 个出口纸箱，纸箱尺寸为 60 厘米×40 厘米×40 厘米，每箱毛重为 18 千克，净重为 16.5 千克，数量为 20000 个。若 2007 年 3 月 12 日的美元牌价为 USD1=RMB¥7.7295÷7.7605；业务定额费为采购成本的 5%；国内运费为 RMB¥500；国内其他费用为 RMB¥500；预计垫款时间为 1 个月，银行贷款年利率为 6.12%；出口退税率为 13%，退税款利息忽略不计；银行手续费预计为出口报价的 0.5%；国外运费按 W/M 计费，每运费吨为 USD18.75；预期利润率为 15%。

请核算出口 CFR 伦敦价。

(计算过程中，数值要保留到小数点后 4 位，最后的报价保留到小数点后 2 位。)

(2) 我某公司是一家生产型外贸企业，计划拿出 RMB¥1140000 的总预算购买 2 台新的德国产的 GH 牌剑杆织机。该公司收到德国客户报价为 EUR 40000.00 /set FOB 汉堡，经查该商品进口关税税率为 8%，进口增值税税率为 17%，国外运费为 EUR 2000，国外保费为 EUR 200，港区费用 RMB¥2000，内陆运输费 RMB¥4000，银行费用按开证金额 0.15%计，其他费用合计 RMB¥2000，欧元牌价为 EUR 1=RMB¥10.90/11.00。如果接受德国客户报价。

请你替该公司计算购买这 2 台剑杆织机的总金额。该总金额是否在采购预算之内？

(要求列出计算过程)

7　货款的收付

关键词

汇票	本票	支票	T/T
D/P	D/A	L/C	《UCP600》

知识目标

- 了解本票和支票的含义及与汇票的区别；
- 熟悉汇付、托收(D/P 即期 D/P 远期和 D/A)的用法；
- 掌握汇票的含义、用法和信用证的含义、特点、用法及合同中的支付条款的订立。

技能目标

- ◆ 会使用汇票、本票、支票等常用的支付工具；
- ◆ 能掌握汇付、托收、信用证的用法；
- ◆ 能正确使用各种支付工具和支付方式；
- ◆ 实现对各种支付工具和支付方式的选用，并会订立合同中的支付条款。

导入案例

我国出口商 A 向国外客户 B 出口冻兔肉 40 公吨，合同规定：数量可以增减 10%，2010 年 10 月交货，国外开来信用证规定数量为 About 40 M/Ts; 单价: USD1500/MT CFR London; 总金额: USD60000.00; 最迟装运期: Oct. 20, 2010; 有效期: Oct.31, 2010; 交单期: Within 10 days after the issuance date of bill of lading, but within the validity of this credit. 出口商 A 于 10 月 10 日运出 44 公吨货物，总金额 66000 美元，于 10 月 31 日向银行交单议付。

试问：

(1) 按《UCP600》规定，出口商 A 是否属于不符点交单？不符点是什么？

(2) 在国际贸易中，结汇的单据不符合合同和信用证的相关规定，会导致什么后果？

7.1 支付工具

7.1.1 汇票

7.1.1.1 汇票的含义

汇票(bill of exchange；draft)是一个人(出票人)向另一个人(受票人)签发的，要求受票人(付款人)立即或定期或在可以确定的将来的时间，对某人或其指定人或持票人(受款人)支付一定金额的无条件的书面支付命令。

7.1.1.2 汇票的必要项目

根据《中华人民共和国票据法》第22条规定："汇票必须记载下列事项：① 表明"汇票"的字样；② 无条件支付的委托；③ 确定的金额；④ 付款人名称；⑤ 收款人名称；⑥ 出票日期；⑦ 出票人签章。汇票上未记载前款规定事项之一的，汇票无效。"

根据《日内瓦统一法》规定，这张汇票要求具备以下必要项目：① 标明其为汇票字样；② 注明付款人姓名或商号；③ 出票人签字；④ 出票日期和地点；⑤ 付款地点；⑥ 付款期限；⑦ 金额；⑧ 收款人的名称等。

7.1.1.3 汇票的种类

1) 按出票人的不同，可分为银行汇票和商业汇票。

(1) 银行汇票(banker's draft)是出票人和付款人均为银行的汇票。

(2) 商业汇票(commercial draft)是出票人为企业法人、公司、商号或者个人，付款人为其他商号、个人或者银行的汇票。

2) 按汇票在适用时有无附属单据，分为光票和跟单汇票。

(1) 光票(clean bill)汇票本身在流通中不附带货运单据，银行汇票多为光票。

(2) 跟单汇票(documentary bill)又称信用汇票、押汇汇票，是需要附带提单、保险单、商业发票、装箱单等单据，才能进行付款的汇票，商业汇票多为跟单汇票，在国际贸易中经常使用。

3) 按付款时间，分为即期汇票和远期汇票。

(1) 即期汇票(sight bill)指持票人向付款人提示后对方立即付款，又称见票即付汇票。即期汇票不需要承兑。如果汇票上没有明确表示付款日期，也没有注明到期日期，则可视为即期汇票。

(2) 远期汇票(time bill, usance bill)是在出票一定期限后或特定日期付款。远期付款一般有四种：① 见票后××天付款，填上"at ×× days after sight"，即以付款人见票承兑日为起算日，××天后到期付款；② 出票后××天付款，填上"at ×× days after date"，即以汇票出票日为起算日，××天后 到期付款，将汇票上印就的"sight"划掉；③ 提单日后××天付款，填上"at ×× days after B/L"，即付款人以提单签发日为起算日 ，××天后到期付款。将汇票上印就的"sight"划掉；④ 某指定日期付款，指定××年××月××日为付款日。例如"on 25th Feb.2008"汇票上印就的"sight"应划掉。这种汇票称为"定期付款汇票"，或"远期汇票"。

4) 按承兑人，分为商业承兑汇票和银行承兑汇票。

(1) 商业承兑汇票(commercial acceptance bill)是以银行以外的任何商号或个人为承兑人的远期汇票。

(2) 银行承兑汇票(banker's acceptance bill)是承兑人为银行的远期汇票。

一张汇票可能同时具备几种性质，在认识汇票的种类时要综合考虑。例如：一张银行汇票，同时又可以是即期的光票；一张商业汇票，同时又可以是远期的跟单汇票，也可以是银行承兑汇票。

7.1.1.4　汇票的使用

汇票的使用主要有出票、提示、承兑、付款等，如需转让，则需要经过背书环节，当汇票遭到拒付时，还要涉及做成拒绝证书和行使追索权等问题。

1) 出票(to issue，to draw)。出票是指出票人在汇票上填写当事人的名称、付款金额、付款日期和地点等内容，经签字交给款人的行为。出票包括两个动作：一个是写成汇票，即将法定内容记载于汇票之上，并在汇票上签字(to draw a draft and sign it)；另一个是将汇票交给受款人(to deliver the draft to payee)。汇票只有经过交付才算完成发出汇票行为，发出汇票是票据的基本行为。出票行为结束，汇票的各有关当事人都必须依法履行各自的权利和义务。

出票时受款人有三种填写方法：

(1) 限制性抬头。例如：

仅付给××公司

Pay ×× Co. only

这种抬头的汇票不能流通转让，只限××公司收取货款。

(2) 指示性抬头例如：

付××公司或其指定人

Pay ×× Co. or order 或 Pay to the order of ×× Co.

这种抬头的汇票除××公司可以收取货款外，也可以经过背书转让给别人。

(3) 持票人或来人抬头例如：

付给来人

pay bearer

这种抬头的汇票，无须背书，仅凭交付汇票即可转让。

2) 提示(presentation)。提示是指持票人将票据提交付款人，要求付款人承兑或付款的行为。付款人见到汇票叫作见票(sight)。提示可分为付款提示和承兑提示。

3) 承兑(acceptance)。承兑是远期汇票的付款人明确表示同意按出票人的指示付款的行为。付款人在汇票上写明"承兑"字样，并经签字，确认对汇款的付款责任后，即成为承兑人。承兑人是汇票的主债务人，承担支付票面金额的义务。而出票人和其他背书人则居于从债务人的地位。承兑行为是一种附属票据行为。

4) 付款(payment)。即期汇票要求受票人见票即付；远期汇票要求受票人第一次见票先兑汇票做出承兑，汇票到期，于持票人第二次提示时再履行付款的责任。

5) 背书(endorsement)。背书是转让汇票权利的一种手续，它包括两个动作：一个是背书人(Endorser)在汇票背面背书，另一个是交付给被背书人(Endorsee)。只有经过交付，才算完成背书行为。背书是以汇票权利转让给他人为目的的行为。经过背书，票据权利即由背书人转移至被背书人，由被背书人取得汇票所有权。汇票可以通过背书一直转让下去。对于受让人来说，他以前一切的转让人，包括原出票人都是他的前手；对于转让人来说，他以后一切的受让人都是他的后手。前手对后手负有担保汇票一定会被承兑或付款的责任。

6) 拒付(dishonour)。拒付是指持票人提示票据要求承兑或付款时遭到拒绝。除此以外，付款人避而不见、死亡或破产，以致付款事实上不可能时，也称为拒付。

汇票遭到拒付时，一般情况下，持票人应在拒付后1个营业日内，将拒付事实通知前手。前手应于接到通知后1个营业日内，再通知他的前手，直到出票人。持票人在遭到拒付后1个营业日内，由拒付地点的法定公证人或其他有权做出证书的机构，如法院，银行、公会、邮局等做出证明拒付事实的文件，即拒绝证书(protest)。公证人在做出拒绝证书前，应将持票人交来的汇票再次向付款人做出提示。若仍遭拒付，即由公证人按规定格式做成拒绝证书，连同汇票交还持票人。持票人凭此向其前手行使追索权。

7.1.2 本票

7.1.2.1 本票的含义

本票(promissory notes)是一个人向另一个人签发的，保证即期或定期或在可以确定的将来的时间，对某人或其指定人或持票人支付一定金额的无条件书面承诺。

7.1.2.2 本票的必要项目

根据《日内瓦统一法》规定，本票具备以下的必要项目：

1) 标明"本票"字样。
2) 无条件支付承诺。
3) 出票人签字。
4) 出票日期和地点。
5) 付款地点。
6) 付款期限，如果没有写清的，可以看作见票即付。
7) 金额。
8) 收款人或其指定人。

7.1.2.3 本票的种类

1) 按出票人，可分为商业本票和银行本票。

(1) 商业本票又称一般本票，是指出票人为企业或个人。票据可以是即期本票，也可以是远期本票。

(2) 银行本票是指出票人为银行，只能是即期本票。

2) 按付款期限分为即期本票和远期本票。商业本票可以分为即期本票和远期本票；银行本票只有即期本票。

7.1.2.4 本票与汇票的区别

本票与汇票有许多共同之处，汇票法中有关出票、背书、付款、拒绝证书以及追索权等规定，基本上都可适用于本票。

两者的区别主要有两点：

1) 汇票有三个当事人，即出票人、付款人与受款人；而本票只有两个当事人，即出票人(同时也是付款人)与受款人。

2) 远期汇票必须经过承兑之后，才能使承兑人(付款人)处于主债务人的地位，而出票人则居于从债务人的地位；本票的出票人即始终居于主债务人的地位，自负到期偿付的义务，所以远期本票不必履行承兑手续。

7.1.3　支票

7.1.3.1　支票的含义

支票(check, cheque)是由银行的存款户向银行签发的，命令银行对某人或其指定人或持票人支付一定金额的无条件的书面支付命令。

7.1.3.2　支票的必要项目

根据《日内瓦统一法》规定，支票必须具备以下的必要项目：

1) 写明其为"支票"字样。
2) 收款人或其指定人。
3) 付款银行的名称。
4) 出票日期和地点。
5) 付款地点。
6) 写明即期。
7) 金额。
8) 收款人的名称。
9) 无条件支付命令。

7.1.3.3　支票的种类

1) 按受款人的抬头，分为记名支票和不记名支票。

(1) 记名支票(cheque payable to order)指在支票上注明受款人，只有具名的受款人才能收款。

(2) 不记名支票(cheque payable to bearer)又称空白支票，指在支票上不指定收款人。

2) 按支票上是否画线，分为划线支票和非画线支票。

(1) 画线支票(crossed cheque)主要是通过银行转账，不能提取现金。

(2) 非画线支票(non-crossed cheque)又称现金支票，是客户用于向开户银行提取现金的凭证。

7.2　支付方式

7.2.1　汇付

7.2.1.1　汇付方式的含义及当事人

汇付(remittance)又称汇款，指付款人主动通过银行或其他途径将款项汇交收款人。由于采用汇付方式，单据不通过银行转交，而是由出口人径寄进口人，故汇付方式又称为"单纯汇付"。汇付方式属于顺汇法，因其资金流动方向和票据流动方向是相同的。

在汇付业务中，通常有四个当事人：

1) 汇款人(remitter)。汇款人是指汇出款项的人，在进出口交易中，通常是指进口人。

2) 收款人(payee; beneficiary)。收款人是指收取款项的人，在进出口交易中，通常是出口人。

3) 汇出行(remitting bank)。汇出行是指受汇款人的委托汇出款项的银行，通常是在进口地的银行。

4) 汇入行(paying bank)。汇入行是指受汇出行的委托解付汇款的银行，因此，又称为解付行，在进出口交易中，通常是出口地的银行。

7.2.1.2　汇付方式的种类

1) 信汇(mail transfer，M/T)。信汇是进口商(债务人或称汇款人)将汇款及手续费交给当地银行委托该银行利用信件，委托收款人所在地银行付款给出口商(即债权人或收款人)。这种汇付方式需要一个邮程的时间。

2) 电汇(telegraphic transfer，T/T)。电汇是汇款人将一定金额的汇款及汇付的手续费付给当地一家银行(汇出行)，要求该银行用电传或电报通知其国外收款人所在地的分支行或代理行(汇入行)将汇款付给收款人，这种汇付一般当天或隔天可到，最为快捷，但费用相对较高。

3) 票汇(demand draft，D/D)。票汇是汇款人向当地银行(汇出行)购买银行即期汇票(Sight Draft)并直接寄给收款人，收款人收到汇票即可凭此向指定的付款银行取款。

7.2.1.3　汇付方式的性质及其在国际贸易中的运用

汇付方式的性质属于商业信用。在国际贸易中，汇付方式通常用于预付货款(payment in advance)、随订单付现(cash with order C.O.D)和赊销(open account)等业务。采用预付货款和随订单付现，对卖方来说，就是先收款，后交货，资金不受占压，对卖方最有利；反之，采用赊销贸易时，对卖方来说，就是先交货，后付款，卖方不仅要占压资金还要承担买方不付款的风险，因此，对卖方不利，对买方最为有利。此外，汇付方式还用于支付订金、分期付款、货款尾数以及佣金等费用的支付。

7.2.1.4　合同中的汇付条款

1) 内容。合同中的汇付条款主要包括由买方汇款、汇款时间、汇款金额、汇款方式等内容。

2) 条款举例。

买方应不迟于 2011 年 8 月 31 日将 100%的货款用电汇方式预付并抵达卖方。

The buyers shall pay 100% of the sales proceeds in advance by T/T to reach the sellers not later than Aug.31，2011.

买方应电汇预付 30%货款，70%货款凭提单副本传真件电汇。

The buyer shall pay 30% of the sales proceeds by advanced T/T and shall pay 70% of the sales proceeds by faxed copy of B/L.

7.2.2　托收方式

7.2.2.1　托收的含义

按照《托收统一规则》(国际商会第 522 号出版物)第 2 条的规定，托收是指由接到托收指示的银行根据所收到的指示处理金融单据和/或商业票据以便取得付款或承兑，或凭付款或承兑交出商业单据，或凭其他条款或条件交出单据。

7.2.2.2　托收方式的当事人

1) 委托人(principal)。委托人是指委托银行办理托收业务的客户，通常是出口人。

2) 托收银行(remitting bank)。托收银行是指接受委托人的委托，办理托收业务的银行，一般为出口地银行。

3) 代收行(collecting bank)。代收行是指托收行的代理人，是接受托收行的委托代为向付款人收款的银行，通常为进口地的银行。

4) 付款人(payer)。付款人是指汇票的受票人，通常是进口人。

托收业务中，有时还可能有以下当事人：

5) 提示行(presenting bank)。提示行是指向付款人提示单据的银行。提示行可以是代收行委托与付款人有往来账户关系的银行，也可以由代收银行自己兼任提示银行。

6) 需要时的代理(principal's representative in case of need)。需要时的代理是委托人指定的在付款地代为照料货物存仓、转售、运回或改变交单条件等事宜的代理人。委托人如指定需要时的代理人，必须在托收委托书上写明此项代理的权限。如无此注明，银行将不受此需要时的代理的任何指示。

7.2.2.3 托收的种类

托收根据使用汇票种类不同，可以分为光票托收和跟单托收，比较常用的是跟单托收。跟单托收根据交单方式不同，可以分为付款交单和承兑交单，见图7.1。

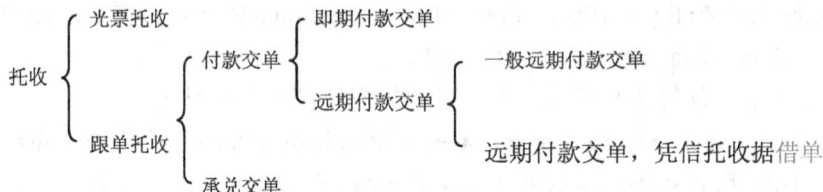

图 7.1 托收的种类

1) 付款交单(documents against payment, D/P)。付款交单是指出口人的交单是以进口人的付款为条件。即出口人发货以后，取得货运单据，凭单据委托托收银行办理托收，并在托收委托书中指示托收银行，只有在进口人付清货款后，才能把货运单据交给进口人。付款交单又分为即期付款交单和远期付款交单。

(1) 即期付款交单(documents against payment at sight，D/P at sight)。即期付款交单是指出口人发货后开具即期汇票连同货运单据，委托托收银行通过代收银行向进口人提示，进口人见票后立即付款，进口人在付清货款后向代收银行领取货运单据。即期付款交单的支付程序见图7.2。

说明：① 进出口商签订买卖合同，规定采用即期付款交单的方式支付；② 出口商按合同规定装货后，填写托收委托书，开出即期汇票连同货运单据交给托收行代为收款；③ 托收行将汇票和单据寄交进口地代收行，并说明托收委托书上各项指示；④ 代收行收到汇票和单据，向进口商做出付款提示；⑤ 进口商见到汇票和货运单据，付清货款，得到单据；⑥ 代收行电告(或邮告)托收行，货款已收妥转账；⑦ 托收行将货款交给出口商。

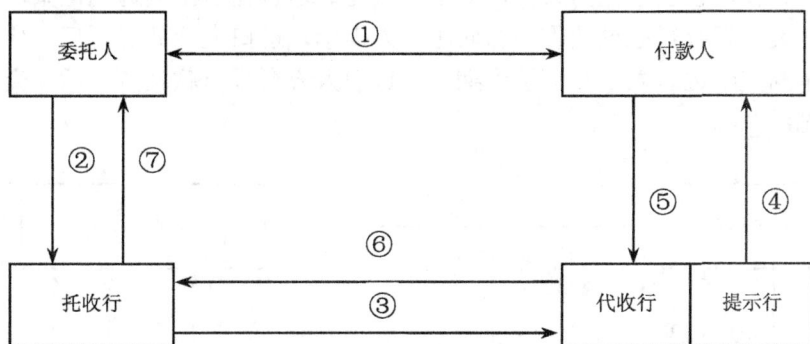

图 7.2　即期付款交单的支付程序

(2) 远期付款交单(documents against payment after sight，D/P after sight)。远期付款交单是指出口人发货后开具远期汇票连同货运单据，委托托收银行通过代收银行向进口人提示，进口人审核无误后即在汇票上进行承兑，于汇票到期时付清货款后再从代收行处领取货运单据。远期付款交单的支付程序见图 7.3。

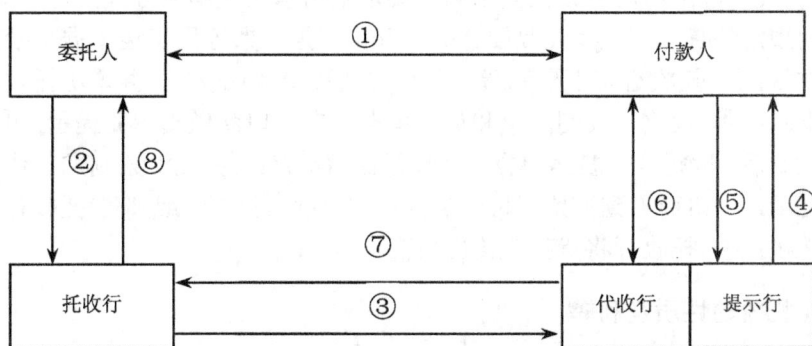

图 7.3　远期付款交单的支付程序

说明：① 进出口商签订买卖合同，规定采用远期付款交单的方式支付；② 出口商按合同规定装货后，填写托收委托书，开出远期汇票连同货运单据交给托收行办理托收货款；③ 托收行将汇票和货运单据寄交进口地代收行，并说明托收委托书上各项指示；④ 代收行收到汇票和货运单据，向进口商做出承兑提示；⑤ 进口商承兑汇票后，代收行保留汇票及全套货运单据；⑥ 等汇票到期日代收行做出付款提示，进口商见到汇票和货运单据，付清货款，得到单据；⑦ 代收行电告(或邮告)托收行，货款已收妥转账；⑧ 托收行将货款交给出口商。

2) 承兑交单(documents against acceptance，D/A)。承兑交单是指出口人的交单以进口人在汇票上承兑为条件，即出口人在装运货物后出具远期汇票，连同货运单据，委托托收行通过代收银行向进口人提示，进口人承兑汇票后，代收行即将商业单据交给进口人，在汇票到期时，进口人方履行付款义务。承兑交单的支付程序见图 7.4。

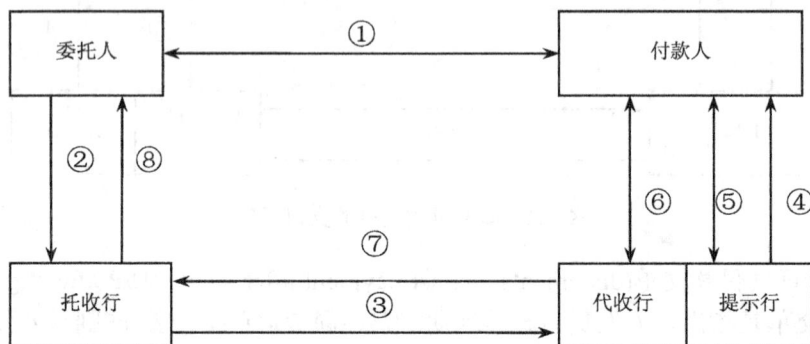

图 7.4　承兑交单的支付程序

说明：① 进出口商签订买卖合同，规定采用承兑交单的方式支付；② 出口商按合同规定装货后，填写托收委托书，开出远期汇票连同货运单据交给托收行委托其收款；③ 托收行将汇票和货运单据寄交进口地代收行，并说明托收委托书上各项指示；④ 代收行收到汇票和货运单据，向进口商做出承兑提示；⑤ 进口商承兑汇票后，取得全套货运单据，代收行保留汇票；⑥ 在汇票到期日代收行做出付款提示，进口商见到汇票，付清货款；⑦ 代收行电告(或邮告)托收行，货款已收妥转账；⑧ 托收行将货款交给出口商。

7.2.2.4　托收的性质及利弊

托收属于商业信用的支付方式。银行办理托收业务时，只是按委托人的指示办事，并无承担付款人必然付款的义务。在进口人拒不付款赎单后，除非事先约定，否则银行没有义务代为保管货物。如果货物已经到达，还要发生在进口地办理提货、交纳进口关税、存仓、保险、转售以至被低价拍卖或运回国内的损失。在承兑交单条件下，进口人只要在汇票上办理承兑手续，即可取得货运单据，凭以提货；出口人收款的保障就是进口人的信用，一旦进口人到期不付款，出口人就会遭受货、款两空的损失。所以，承兑交单比付款交单的风险更大。

从另一角度讲，托收对进口人却有利，可免去申请开立信用证的繁琐手续，不必预付银行押金，减少费用支出，而且有进口人资金融通和周转。故很多出口商都把采用托收作为推销库存货和加强对外竞销的手段。

7.2.2.5 国际商会《托收统一规则》

国际商会于 1995 年公布了新的修订本为国际商会第 522 号出版物(Uniform Rules for Collection , ICC Publication No.522，以下简称《URC522》)，于 1996 年 1 月 1 日起实施。《URC522》内容包括七大项 26 条。具体为：总则和定义、托收的形式和结构、提示的形式、义务和责任、付款、利息、手续费和费用、其他条款等。

7.2.2.6 使用托收业务应注意的问题

1) 调查和考虑进口人的资信情况和经营作风，成交金额应妥善掌握，不宜超过其信用程度。

2) 了解进口国家的贸易管制和外汇管理条例，以免货到目的地后，由于不准进口或收不到外汇而造成损失。

3) 了解进口国的商业惯例，以免由于当地习惯做法影响安全迅速收汇。

4) 出口合同应争取按 CIF 或 CIP 条件成交，由出口人办理货运保险，或投保出口信用保险。在不采用 CIF 或 CIP 条件时，应投保卖方利益险。

5) 对托收方式的交易，要建立健全的管理制度，定期检查，及时催收清理，发现问题应迅速采取措施，以避免或减少可能发生的损失。

7.2.2.7 合同中的托收条款

1) 内容。合同中的托收条款主要包括买方付款的时间、金额、方式、银行交单的条件等内容。

2) 条款举例。

(1) 即期付款交单条款举例：

买方凭卖方开具的即期跟单汇票，于见票时立即付款，付款后交单。

Upon presentation the Buyers shall pay against documentary draft drawn by the Sellers at sight. The shipping documents are to be delivered against payment only.

(2) 远期付款交单条款举例：

买方对卖方开具的见票后××天付款的跟单汇票，于第一次提示时即予承兑，并应于汇票到期日予以付款,付款后交单。

The Buyers shall duly accept the documentary draft drawn by the Sellers at ×

× days sight upon first presentation and make payment on its maturity. The shipping documents are to be delivered against payment only.

(3) 承兑交单条款举例：

买方对卖方开具的见票后××天付款的跟单汇票，于第一次提示时即予以承兑，并应于汇票到期日予以付款，承兑后交单。

The Buyers shall duly accept the documentary draft drawn by the sellers at ×× days sight upon first presentation and make payment on its maturity. The shipping documents are to be delivered against acceptance.

7.2.3 信用证方式

7.2.3.1 信用证的含义

根据国际商会《跟单信用证统一惯例》(《UCP600》)第 2 条的解释，信用证指一项不可撤销的安排，无论其名称或描述如何，该项安排构成开证行对相符交单予以承付的确定承诺。承付指：

1) 如果信用证为即期付款信用证，则即期付款。

2) 如果信用证为延期付款信用证，则承诺延期付款并在承诺到期日付款。

3) 如果信用证为承兑信用证，则承兑受益人开出的汇票并在汇票到期日付款。

7.2.3.2 信用证的当事人

信用证的基本当事人有六个：

1) 开证申请人(applicant)。开证申请人又称开证人，是系指向银行提出申请开立信用证的人，一般是进口人或实际买方。

2) 开证行(issuing bank; opening bank)。开证行是指接受开证申请人的委托，开立信用证的银行，它承担承付的责任，一般是进口人所在地的银行。

3) 受益人(beneficiary)。受益人是指信用证上规定的有权使用该信用证的人，即出口人。他有按信用证的规定签发汇票向指定的付款行索取价款的权利。

4) 通知行(advising bank; notifying bank)。通知行是指接受开证行的委托，将信用证转交给受益人的银行。它只证明信用证的真实性，并不承担其他的责任。

5) 议付行(negotiating bank)。按《UCP600》的解释，议付是指指定银行在相符交单下，在其应获偿付的银行工作日当天或之前向受益人预付或者同意预付款项，从而购买汇票及或单据的行为。进行该项预付的银行即为议付行。议付行可以是指定的银行，也可以是非指定的银行，由信用证的条款来决定。在信用证业务中，议付行通常又是以受益人的指定人和汇票的善意持有人的身份出现。因此，它对作为出票人的受益人的付款有追索权。

6) 付款行(paying bank; drawee bank)。付款行是开证行授权进行信用证项下付款或承兑并支付受益人出具的汇票的银行。付款行通常是汇票的受票人，故亦称受票行。付款行如同一般汇票受票人，一经付款，即使事后发现有误，对受款人也无追索权。

由于信用证业务需要，可能还会出现以下两个当事人：

7) 偿付行(reimbursing bank)。信用证的偿付行又称信用证的清算银行，是指受开证行的指示或授权，对有关代付银行的索偿予以照付的银行。偿付不视作开证行终局性的付款，因为偿付行并不审查单据，不负单证不符之责。

8) 保兑行(confirming bank)。保兑行是指应开证行请求在信用证上加具保兑的银行，它具有与开证行相同的责任和地位。保兑行在信用证上加具保兑以后，即对受益人独立负责，承担必须付款或议付的责任。一旦付款没有追索权。保兑行一般由通知行充当。

7.2.3.3　信用证的一般收付程序

采用信用证方式结算货款，大体要经过申请、开证、通知、议付、索偿、付款、赎单等环节。信用证的种类很多，这里以最常用的即期议付信用证为例，说明其收付程序，见图7.5。

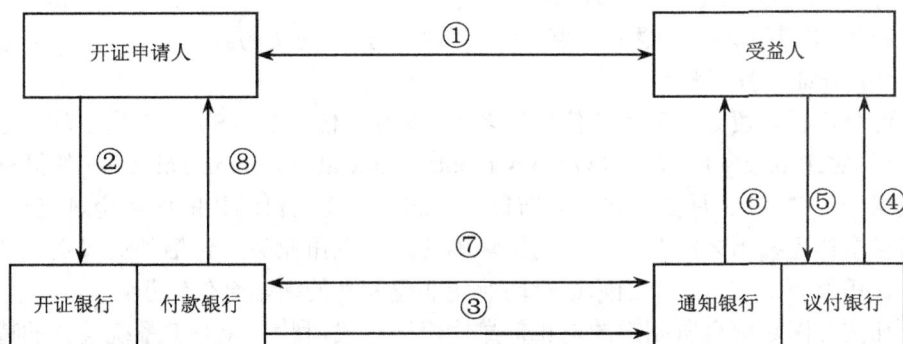

图 7.5　信用证的收付程序

说明：① 买卖双方在合同中约定以信用证方式支付货款；② 进口人依照合同填写开证申请书，并交押金或提供其他担保，向银行(开证行)申请开证；③ 开证行根据申请书内容，向出口人(受益人)开出信用证，并寄交出口人当地的分行或代理行(统称通知行)；④ 通知行核对印鉴与密押无误后，将信用证交给受益人。

如果收到的信用证是以通知行为收件人的，则通知行应以自己的通知书格式照录信用证全文通知受益人；⑤ 受益人收到信用证审核无误，或收到需修改通知书后，按信用证规定装运货物，并备齐各项货运单据，开立汇票连同信用证(如经过修改还有修改通知书)在信用证有效期内，向议付行交单议付；⑥ 议付行按信用证要求将单据连同汇票和索偿证明(证明单据符合信用证规定)分次以航邮寄给开证行或其指定的付款行索偿货款；⑦ 开证行或被指定的付款行审单无误将款项付给议付行；⑧ 开证行履行完偿付责任后，应向开证申请人提示单据，开证人审核单据无误后，向开证行付款赎单。

7.2.3.4　信用证的内容

1) 关于信用证本身的说明。包括信用证的性质和种类、开证日期、信用证号、信用证有关当事人、金额、有效期和到期地点。

2) 汇票条款(根据具体情况，可以没有)。

3) 对货物的描述。

4) 对运输的要求。

5) 对单据的要求。

6) 特殊要求。

7) 开证行对议付行/付款行/承兑行的指示。包括议付金额背书条款、寄单方法、偿付方法。

8) 开证行保证付款的责任条款。

9) 根据国际商会《跟单信用证统一惯例》开立的文句。

10) 开证行签字和密押等。

现今，国际贸易中使用的信用证多为 SWIFT 信用证。SWIFT 是全球银行金融电讯协会(Society for Worldwide Interbank Financial Telecommunication)的简称。该组织于 1973 年 5 月在比利时的布鲁塞尔成立，通过自动化的国际金融电讯网，专门从事传递各国之间非公开性的国际间的金融电讯业务，包括外汇买卖、证券交易、托收等，它是一个国际银行同业间非盈利性的国际合作组织。

凡按照国际商会所制定的电讯信息信用证格式，利用 SWIFT 系统设计的特殊格式，通过 SWIFT 系统传递的信用证的信息，即通过 SWIFT 开立或通知的信用证称为 SWIFT 信用证，也称为"全球电协信用证"。目前开立 SWIFT 信用证的格式代号为 MT700 和 MT701，修改格式代号为 MT707。

采用 SWIFT 信用证必须遵守 SWIFT 使用手册的规定，使用 SWIFT 手册规定的代号，否则将会被自动拒绝。SWIFT 具有安全可靠、高速度、低费用、自动加核密押等特点，为客户提供了快捷、标准化、自动化的通信服务，因此，在现代电信业务飞速发展的今天,用电开方式尤其是 SWIFT 方式开立的信用证已取代了信用证的信开方式。SWIFT 信用证标准化代码见表 7.1,信用证格式见表 7.2。

表 7.1　SWIFT 信用证标准化格式

M/O	代号	栏位名称	说　明
		TO：×××××××	信用证的通知行
		FM：×××××××	信用证的开证行
		MT700	表明该证使用的 SWIFT 格式
M	27	Sequence of Total	合计次序
M	40A	Form of Documentary Credit	信用证的类别
M	20	Documentary Credit Number	信用证的号码
O	23	Reference to Pre-Advice	预通知的编号
O	31C	Date of Issue	信用证的开证日期
M	31D	Date and Place of Expiry	信用证的到期日和到期地点
O	51A	Applicant Bank	申请人的银行
M	50	Applicant	申请人
M	59	Beneficiary	受益人
M	32B	Currency Code，Amount	币别代号、金额
O	39A	Percentage credit amount tolerance	信用证总金额加减百分率
O	39B	Maximum Credit Amount	最高信用证金额
O	39C	Additional Amounts Covered	可附加金额
M	41D	Available with…by…	向……银行押汇，押汇方式为……
O	42C	Drafts at……	汇票期限
O	42A	Drawee	付款人
O	42M	Mixes Payment Details	混合付款指示
O	43P	Partial Shipments	分批装运
O	43T	Transhipment	转运
O	44A	Loading on Board/Dispatch/Taking in Charge at/from	由……装船/发运/接管地点
O	44B	For Transportation to……	装运至……
O	44C	Latest Date of shipment	最迟装运期
O	44D	Shipment period	装运期间
O	45A	Description of Good and/or Services	货物及/或服务描述
O	46A	Documents required	应具备单据
O	47A	Additional Conditions	附加条件
O	71B	Charges	费用
O	48	Period for Presentation	提示期间
M	49	Confirmation Instructions	保兑指示
O	53A	Reimbursement Bank	清算银行(偿付行)
O	78	Instructions to the Paying/Accepting/Negotiation Bank	对付款/承兑/议付银行之指示
O	57A	Advise Through Bank	通过……银行通知
O	72	Sender to Receiver Information	银行间的通知(附言)

表 7.2　信用证

```
2010 DEC22 14:18:15   LOGICAL TERMINAL002
MT 700                           ISSUE OF A DOCUMENTARY CREDIT          PAGE   00001
         FUNC  MSG700
         UMR   06881051
APPLICATION HEADER              0 700   1057 970329 SAIBJP XXX 3865 977367 929913 1897 N
                                        *HSBC BANK (HK)LTD
                                        *HONGKONG

SEQUENCE OF TOTAL       * 27     1 / 2

FORM OF DOC. CREDIT     * 40A    IRREVOCABLE
DOC. CREDIT NUMBER      * 20     BCN1008675
DATE OF ISSUE            31C     101222
DATE/PLACE EXP.          31D     DATE 110315 PLACE CHINA
APPLICANT              * 50      TRU (HK) LTD.
                                 17/F,WORLD FINANCE CENTRE, NORTH TOWER
                                 19 CANTON ROAD,TSIMSHATSUI,KOWLOON,HONGKONG
BENEFICIARY           * 59       SHANGHAI WILL TRADING CO., LTD.
                                 NO.18 CHANGSHUN ROA D，SHANGHAI，  CHINA
AMOUNT                * 32B      CURRENCY USD AMOUNT 82000,
AVAILABLE WITH/BY     * 41D      ANY BANK IN CHINA,
                                 BY NEGOTIATION
DRAFTS AT ...           42C      SIGHT FOR FULL INVOICE VALUE
DRAWEE                  42A      HSBC BANK (HK)LTD
PARTIAL SHIPMTS         43P      ALLOWED
TRANSSHIPMENT           43T      ALLOWED
LOADING ON BRD          44A       SHANGHAI, CHINA
 FOR TRANSPORT TO       44B      LONG BEACH, USA
LATEST SHIPMENT         44C      110228
GOODS DESCRIPT.         45A      200,000 PCS OF NON-WOVEN BAGS
                                 AT USD0.41 PER PC CIF LONG BEACH
                                 AS PER S/C NO.WILL1006001
DOCS REQUIRED           46A      DOCUMENTS REQUIRED:
                                 + SIGNED COMMERCIAL INVOICE IN TRIPLICATE
                                 + PACKING LIST IN ONE ORIGINAL PLUS 5 COPIES, ALL OF WHICH MUST BE
                                 MANUALLY SIGNED.
                                 + FULL SET OF CLEAN ON BOARD OCEAN BILL OF LADING MADE OUT TO   ORDER
                                 AND BLANK ENDORSED, MARKED "FREIGHT PREPAID" AND NOTIFY APPLICANT.
                                 + INSURANCE POLICY OR CERTIFICATE ENDORSED IN BLANK FOR
                                 110PCT INVOICE VALUE COVERING ALL RISKS AND WAR RISK AS PER CIC OF THE
                                 PICC DATED 01/01/1981.
                                 + CERTIFICATE OF ORIGIN ISSUED BY C.C.P.I.T. STATING THE NAME OF THE
                                 MANUFACTURERS OF PRODUCERS AND THAT GOODS EXPORTED ARE WHOLLY OF
                                 CHINESE ORIGIN.
                                 + SHIPPING ADVICE SHOWING THE NAME OF CARRYING VESSEL, B/L NUMBER AND
                                 DATE, PORT OF LOADING AND DISCHARGE, MARKS, QUANTITY, NET WEIGHT AND
                                 GROSS WEIGHT OF THE SHIPPMENT TO THE APPLICANT.
                                 + BENEFICIARY'S CERTIFICATE CERTIFYING THAT THEY HAVE SENT COPIES OF
                                 COMMERCIAL INVOICE, PACKING LIST AND OCEAN BILL OF LADING TO THE
                                 APPLICANT BY COURIER SERVICE WITHIN 3 DAYS AFTER THE DATE OF SHIPMENT.
DD. CONDITIONS          47A      ADDITIONAL CONDITION:
                                 + ALL REQUIRED DOCUMENTS ARE NOT TO BE DATED PRIOR TO THE ISSUANCE
                                 DATE OF THIS CREDIT.
                                 + A DISCREPANCY FEE OF USD50.00 WILL BE IMPOSED ON EACH SET OF
                                 DOCUMENTS PRESENTED FOR NEGOTIATION UNDER THIS L/C WITH DISCREPANCY.
                                 THE FEE WILL BE DEDUCTED FROM THE BILL AMOUNT.
CHARGES                 71B      ALL CHARGES AND COMMISSIONS OUTSIDE HONGKONG ARE FOR BENEFICIARY'S'
                                 ACCOUNT.
CONFIRMAT INSTR       * 49       WITHOUT
REIMBURS. BANK          53D      HSBC BANK (HK)LTD.
INS PAYING BANK         78       DOCUMENTS TO BE DESPATCHED IN ONE LOT BY COURIER.
                                 ALL CORRESPONDENCE TO BE SENT TO ASAHI BANK LTD
SEND REC INFO           72       REIMBURSEMENT IS SUBJECT TO
                                 ICC URR 525
TRAILER                          ORDER IS <MAC:> <PAC:> <ENC:> <CHK:> <TNG:> <PDE:>
                                 MAC:E55927A4
                                 CHK:7B505952829A
```

7.2.3.5　信用证支付方式的特点

1) 信用证是一种银行信用。在信用证业务中，开证行承担第一性付款责任。开证行做出了凭相符交单予以承付的确定承诺。

2) 信用证是一种自足文件。信用证以买卖合同为基础开立，但信用证一经开立，就与买卖合同没有关系，成为一个独立的契约。

3) 信用证是一种单据买卖。在信用证方式下，实行的是凭单付款的原则。单据是否与信用证条款的要求相符，是关系到卖方能否收到货款的关键。

7.2.3.6　信用证的种类

1) 跟单信用证和光票信用证。

(1) 跟单信用证(documentary credit)。跟单信用证是指银行凭跟单汇票或仅凭规定的单据付款的信用证。

(2) 光票信用证(clean credit)。光票信用证是指银行仅凭受益人开具的汇票或简单的收据而无需附带货运单据付款的信用证。

在国际贸易中使用的信用证大部分是跟单信用证，在使用信用证方式预付货款时，通常是用光票信用证。

2) 保兑信用证和不保兑信用证。

(1) 保兑信用证(confirmed L/C)。保兑信用证是指开证行开出的信用证，由另一家银行保证对符合信用证条款规定的单据履行付款义务。对信用证加以保兑的银行叫保兑行(confirming bank)。保兑行一般由通知行充当。

(2) 不保兑信用证(unconfirmed L/C)。不保兑信用证是指开证行开出的信用证没有经另一家银行保兑。当开证行资信好或成交金额不大时，一般都使用这种不保兑的信用证。

3) 即期付款信用证、延期付款信用证、承兑及议付信用证。根据《UCP600》中规定，"一切信用证都必须清楚表明该证适用于即期付款、延期付款、承兑或议付。除非信用证规定只能由开证行办理，一切信用证均须指定某家银行并授权其付款，承担延期付款责任，承兑汇票或议付。对自由议付信用证，任何银行均为指定银行。"

(1) 即期付款信用证(sight payment L/C)。即期付款信用证是指开证行或付款行收到符合信用证条款的汇票和货运单据后，立即履行付款义务的信用证。即期付款信用证一般不要求受益人开立汇票。

(2) 延期付款信用证(deferred payment L/C)。延期付款信用证是远期信用证的一种，是指开证行在信用证上规定货物装船后若干天付款或受益人交单后若干天付款的信用证。这类信用证不要求受益人开具汇票。

(3) 承兑信用证(acceptance L/C)。承兑信用证是指付款行在收到符合信用证规定的远期汇票和单货运据时，先在汇票上履行承兑手续，俟汇票到期日再行付款的信用证。按《UCP600》的规定，开立信用证时不应以申请人作为汇票的付款人，承兑信用证的汇票付款人可以是开证行或其他指定的银行，不论由谁承兑，开证行均负责该汇票的承兑及到期付款。

(4) 议付信用证(negotiation L/C)。议付信用证是指开证行允许受益人向某一家指定的银行或任何银行交单议付的信用证。议付是指议付行对汇票和(或)单据付出代价。只审核单据不支付对价，不能构成议付。议付信用证按是否限定议付银行分为公开议付信用证和限制议付信用证。

① 公开议付信用证(open negotiation L/C)又称为自由议付信用证(freely negotiation L/C)，是指开证行对愿意办理议付的任何银行作公开议付邀请和普遍的付款承诺的信用证。即任何银行均可按信用证条款自由议付的信用证。

② 限制议付信用证(restricted negotiation L/C)是指开证行指定某一银行或开证行本身自己进行议付的信用证。

4) 即期信用证和远期信用证。

(1) 即期信用证(sight L/C)。即期信用证是指开证行或付款行在收到符合信用证条款的跟单汇票或装运单据后，立即履行付款义务的信用证。

(2) 远期信用证(usance L/C)。远期信用证是指开证行或付款收到符合信用证条款的单据时，在规定期限内履行付款义务的信用证。远期信用证主要包括承兑信用证、延期付款信用证和远期议付信用证。其主要作用是便利进口人资金融通。

(3) 假远期信用证(usance L/C payable at sight)。假远期信用证的特点是，信用证规定受益人开立远期汇票，由付款行负责贴现，并规定一切利息和费用由进口人负担。由于这种信用证的贴现费用由进口人负担，因此，又称为"买方远期信用证"。

5) 可转让信用证和不可转让信用证。

(1) 可转让信用证(transferable credit)。可转让信用证是指受益人(第一受益人)有权将信用证的全部或部分金额转让给第三者(第二受益人)使用的信用证。

按《UCP600》规定：只有注明"可转让(transferable)" 字样的信用证方能转让；可转让信用证只能转让一次，第一受益人可将信用证转让给第二受益人，第二受益人不能转让给第三受益人，但允许第二受益人将信用证重新转让给第一受益人；信用证的转让并不等于买卖合同的转让，如第二受益人不能按时交货或单据有问题，第一受益人仍要负买卖合同上卖方责任。

《UCP600》规定:可转让信用证须准确转载原证条款，但下列项目除外：

——信用证金额；

——规定的任何单价；

——截止日；

——交单期限；

——最迟发运日或发运期间。

以上任何一项或全部均可减少或缩短。

必须投保的保险比例可以增加，以达到原信用证或本惯例规定的保险金额。

可用第一受益人的名称替换原证中开证申请人名称。

(2) 不可转让信用证(non-transferable credit)。不可转让信用证是指受益人不能将信用证的权利转让给他人使用的信用证。凡信用证中未注明"可转让"者，即是不可转让信用证。

6) 循环信用证(revolving credit)。循环信用证是指信用证被全部或部分使用后，其金额又恢复到原金额，可再次使用，直至达到规定的次数或规定的总金额为止。循环信用证又可分为按时间循环和按金额循环的。

(1) 按时间循环的信用证是指受益人在一定时间内可以多次支取信用证规定的金额。

(2) 按金额循环的信用证是指信用证金额议付后，仍恢复到原金额可再次使用，直至用完规定的总金额为止。

① 自动循环(automatic revolving)，即每期用完一定的金额，不需要等待开证行的通知，即可自动恢复到原金额。

② 非自动循环(non-automatic revolving)，即每次用完一定的金额后，必须等待开证行的通知到达，信用证才恢复到原金额继续使用。

③ 半自动循环(semi-automatic revolving)，即每次支款后若干天内，开证行未提出停止循环使用的通知，自第 X 天起即可自动恢复到原金额。

7) 对开信用证(reciprocal credit)。对开信用证是指信用证的开证申请人可以对方为受益人而开立的信用证。对开信用证的特点是第一张信用证的受益人(出口人)和开证申请人(进口人)就是第二张信用证的开证申请人和受益人，第一张信用证的通知行通常就是第二张信用证的开证行。两张信用证的金额相等或大体相等，两证可同时互开，也可以先后开立。 对开信用证适用于对销贸易的情况。

8) 对背信用证(back to back credit)。对背信用证是指原证的受益人要求原证的通知行或其他银行以原证为基础和担保，另开立的一张内容相似的新信用证。对背信用证的受益人可以是国外的，也可以是国内的，对背信用证的开证行只能根据不可撤销信用证来开立。

9) 预支信用证(anticipatory credit)。预支信用证又称红条款信用证，是指开证行授权代付行(通常是通知行)向受益人预付信用证金额的全部或一部分，由开证行保证偿还并支付利息，预支信用证是一种光票信用证。

7.2.3.7   国际商会《跟单信用证统一惯例》

国际商会于 2006 年对《跟单信用证统一惯例》进行最新的一次修订，称为《跟单信用证统一惯例，2006 年修订本，国际商会第 600 号出版物》(Uniform Customs and Practice for Documentary Credits,2006 revision, I.C.C. Publication No.600)简称《UCP600》，并于 2007 年 7 月 1 日开始实行。

《UCP600》已为各国银行普遍接受，成为一个国际惯例。在我国对外出口业务中，如采用信用证支付方式，国外来证绝大多数均加注："除另有规定外，本证根据国际商会《跟单信用证统一惯例》即国际商会 600 号出版物办理"。

7.2.3.8   合同中的信用证条款

1) 内容。合同中的信用证条款一般包括开证时间、开证银行、信用证的性质和种类、信用证金额、有效期和到期地点等内容。

2) 条款举例。买方应通过为卖方所接受的银行于装运月份前 30 天开立并送达卖方不可撤销即期信用证，有效至装运月份后第 15 天在中国议付。(The Buyers shall open through a bank acceptable to the Sellers an Irrevocable Sight Letter of Credit to reach the Sellers 30 days before the month of shipment ,valid for negotiation in China until the 15th   days after the month of shipment.)

7.3   银行保函和备用信用证

7.3.1   银行保函

7.3.1.1   银行保函的含义

银行保函(banker's letter of guarantee)又称银行保证书，是银行等担保机构或个人应申请人的请求，向第三方(受益人)开立的书面信用担保凭证。保证在申请人未能按双方协议履行其责任或义务时由担保人代其履行一定金额、一定期限范围内的某种支付责任或经济赔偿责任。

7.3.1.2 银行保函的当事人

1) 委托人(principal)。委托人即申请人，是要求银行开立保函的一方。

2) 受益人(beneficiary)。受益人是指收到保函，在申请人违约时凭保函向银行索赔的一方。

3) 担保人(guarantee)。担保人又称保证人，即保函的开立人。担保人在保函项下的责任，是自收到索赔书和保函规定的其他文件后，认为这些文件表面上与保函条款一致时，支付保函中规定数额的款项。

银行保函除了以上三个基本当事人以外，有时还可以有转递行、保兑行和转开行的当事人。

7.3.1.3 银行保函的内容

银行保函的内容包括：

1) 有关当事人。

2) 开立保函的依据。

3) 担保金额和金额递减条款。

4) 要求付款的条件。

5) 保函失效日期或失效事件。

7.3.1.4 银行保函的种类

1) 按担保人承担的责任分为无条件保函和有条件保函。

(1) 无条件保函(unconditional L/G)。无条件保函又称见索即付保函(demand guarantees)，是指担保人出具的书面承诺文件，在收到符合保函的索赔书或保函规定的其他文件后，承担付款责任。可见，担保人承担的是第一性的、直接的付款责任。银行保函大多数属于见索即付保函。

(2) 有条件保函(conditional L/G)。有条件保函是指保证人向受益人保证，在符合保函规定的情况下给予付款，可见，担保人承担的是第二性、附属的付款责任。

2) 按包含的用途分为投标保函、履约保函、还款保函。

(1) 投标保函(tender guarantee)。投标保函是银行或其他金融机构(保证人)应投标人(委托人)的申请向招标人(受益人)发出的保函，保证投标人在开标前不中途撤销投标或片面修改投标条件；中标后不拒绝交付履约保证金，否则，银行负责赔偿招标人一定金额的损失。

(2) 履约保函(performance guarantee)。履约保函是指保证人承诺，如果担保申请人不履行他与受益人之间订立的合同时，应由担保人在约定的金额限度内向受益人付款。

(3) 还款保函(repayment guarantee)。还款保函是指银行、保险公司或其他当事人，应合同一方当事人的申请，向合同另一方当事人开立的保函。保函规定，如申请人不履行他与受益人订立的合同的义务，不将受益人预付、支付的款项退还或还款给受益人，银行则向受益人退还或支付款项。

除上述几种保函外，还可以根据其他功能和应用的不同，分为其他种类，如补偿贸易保函、融资租赁保函、借款保函、贸易项下的延期付款保函等等。

7.3.2 备用信用证

备用信用证(standby L/C)是指开证行根据开证申请人的请求对受益人开立的承诺承担某项义务的凭证。即开证行保证在开证申请人未能履行其应履行的义务时，受益人只要凭备用信用证的规定向开证行开具汇票(或不开汇票)，并提交开证申请人未能履行义务的声明或证明文件，即可取得开证行的偿付。

备用信用证属于银行信用，开证行保证在开证申请人未履行其义务时，即由开证银行付款。因此，备用信用证对受益人来说是备用于开证申请人发生毁约时，取得补偿的一种方式。备用信用证是具有信用证形式和内容的银行保证书。

国际商会在《跟单信用证统一惯例》1983 年修订本中，首次明确规定该惯例的条文适用于备用信用证，即将备用信用证列入了信用证的范围。

1998 年 12 月国际商会又对备用信用证制定了《国际备用信用证惯例》(International Standby Practices 1998，ISP98)并于 1999 年 1 月 10 日起实施。

7.4 各种支付方式的结合使用

7.4.1 信用证与汇付相结合

信用证与汇付相结合是指部分用信用证，余额货款用汇付。例如，90%货款用信用证结算，其余 10%等货物运抵目的港后，经检验货物的质量、数量无问题，再将余数金额以汇付支付；或者是以汇付方式支付预付款，其余货款以信用证支付。

7.4.2 信用证与托收相结合

一般做法是，信用证规定出口人开立两份汇票(信用证项下汇票和托收项下汇票)，属于信用证部分的货款凭光票付款，而全套单据附在托收部分汇票项下，按即期或远期付款交单方式托收。在信用证中必须订明"在发票金额全部付清后才可交单。"的条款，以保证安全。例如："××%发票金额凭即期光票支付，其余××%即期付款交单。100%发票金额的全套货运单据随附于托收项下，于申请人付清发票全部金额后交单。若进口人不付清全部金额，货运单据由开证银行掌握，凭出口人指示处理。"

7.4.3 汇付、托收和信用证三者相结合

在成套设备、大型机械和大型交通工具的交易中，一般采用按工程进度或交货进度分若干期付清货款，即分期付款和延期付款的方式。一般采用汇付、托收、信用证和银行保函相结合的方式。

1) 分期付款(pay by installments)。分期付款是指买方预交部分定金，其余货款根据所订购商品的制造进度或交货进度分若干期支付，在货物交付完毕时付清或基本付清。分期付款实际上是一种即期交易。

2) 延期付款(deferred payment)。延期付款是指买方在预付一部分定金后，大部分货款在交货后一段相当长的时间内分期摊付。买方应承担延期付款的利息。在延期付款的条件下，货物的所有权一般在交货时转移。延期付款实际上是卖方向买方提供的商业信贷，它带有赊销性质，因此买方应承担延期付款的利息。

综合测试

1) 单项选择题(在下列每小题中，选择一个最适合的答案)：

(1) 承兑是(   )对远期汇票表示承担到期付款责任的行为。

　　A. 付款人　　　　　B. 受款人　　　　　C. 出口人　　　　　D. 议付银行

(2) 汇票的抬头是汇票的(   )。

　　A. 出票人　　　　　B. 受票人　　　　　C. 受款人　　　　　D. 进口人

(3) 根据《UCP600》的解释，信用证的第一付款人是(   )

　　A. 进口人　　　　　B. 开证行　　　　　C. 议付行　　　　　D. 通知行

(4) 限制式抬头的汇票是(   )。

　　A. 须经背书才能转让　　　　　　　　B. 不能转让

C. 可直接转让　　　　　　　　　　D. 视情况而定

(5) 使用 D/A、D/P 和 L/C 三种支付方式，对于卖方来说收汇风险从大到小依次为(　　)。

A. D/A、D/P 和 L/C　　　　　　　B. D/P、D/A 和 L/C

C. L/C、D/P 和 D/A　　　　　　　D. L/C、D/A 和 D/P

(6) 在国际货物买卖中，出口人使用托收方式，委托并通过银行 收取货款，使用的汇票是(　　)。

A. 商业汇票，属于银行信用　　　B. 银行汇票，属于银行信用

C. 商业汇票，属于商业信用　　　D. 银行汇票，属于商业信用

2) 判断题(判断下列各题是否正确，在题后括号内正确的打"√"，错误的打"×")：

(1) 保兑行审核单证无误而付款后，若开证行倒闭或无理拒付，则保兑行无权向受益人索回货款。(　　)

(2) 商业汇票和银行汇票的主要区别在于前者的出票人是商业企业，后者的出票人是银行。(　　)

(3) 托收是属于逆汇的方式。(　　)

(4) 按《跟单信用证统一惯例》规定，信用证中的约数可解释为交货数量有不超过 10%的增减幅度。(　　)

(5) 在采用票汇付款的情况下，由买方购买银行汇票径寄卖方，因此这种付款方式属于银行信用。(　　)

(6) 托收是商业信用的支付方式，使用的是商业汇票；信用证是银行信用的支付方式，使用的是银行汇票。(　　)

(7) 采用汇付方式，有关单据一般不通过银行转递，而由出口人自行寄交进口人，所以出口人采用汇付方式，一般不会有什么风险。(　　)

(8) 在 D/P 方式下，银行交单以进口人付款为条件，如进口人不付款，货物所有权仍在出口人手中，所以 D/P 对出口人没有什么风险。(　　)

(9) 国外开来信用证规定最迟装运期为 2009 年 7 月 31 日，议付有效期为 2009 年 8 月 15 日。船公司签发的提单日期为 2009 年 7 月 20 日，受益人于 8 月 14 日向银行交单议付。按惯例，银行应予议付。(　　)

3) 问答题：

(1) 信用证支付方式的性质和特点是什么？

(2) 试述汇票与本票的不同点。

(3) 说明分期付款与延期付款的异同点。

(4) 使用托收支付时应注意的问题有哪些？

4) 案例分析题：

(1) 我某公司进口一批钢材，分两批装运，即期信用证，每批分别由中国银行开立一份信用证，第一批货运后，卖方在有效期内交单议付，我方审单后向议付行偿付货款，我公司在收到第一批货后，发现货品与合同不符，因而要求开证行对第二份信用证项下的单据拒付，但遭开证行拒绝。

请问：开证行这样做是否有道理？试说明理由。

(2) 我某公司向英国出口商品 8000 箱，合同规定:1～4 月按月等量装运，每月 2000 箱，凭即期信用证支付。客户按时开来信用证，其他条款与合同相符，装运条款规定："许分批装运，最迟装运期 4 月 30 日"。我公司 1 月份装 2000 箱，2 月份装运 4000 箱，3 月因故未装，4 月份装出 2000 箱。

请问：我公司能否顺利得到付款？为什么？我公司这样做是否可以？为什么？

(3) 中方某公司收到国外开来的即期信用证，由设在我国境内的某外资银行通知并加以保兑，中方在货物装运后，正拟将有关单据交银行议付时，忽接到该外资银行通知，由于开证行已宣布破产，该行不承担对该信用证的议付或付款责任，但可接受我出口公司委托向买方直接收取货款的业务。

为此，你认为中方应如何处理为好？为什么？

(4) 我国某公司向欧洲某商人以 CIF 条件和信用证方式出口货物一批，我方向中国人民保险公司投保了一切险，按规定时间装运了货物，并取得了全套符合信用证的单据。后接客户来电称，载货船舶在途中发生火灾，货物全部烧毁，他指示开证行拒绝付款，并要求我方自行向保险公司提出索赔。

请问：我方应该如何处理？为什么？

(5) 我某公司与非洲 A 商成交出口货物一批，规定 9 月份装运，客户按期开来信用证，但计价货币与合同规定不符，加上我方货未备妥，直到 11 月对方来电催装时，才向对方提出按合同货币改正并要求延展装效期。次日 A 商复电："证已改妥"。我方据此发运货物，但信用证修改书始终未到。单到开证行时被以"证已过期"为由拒付。我方为收回货款，避免在目的港的仓储费用支出，接受了进口人提出的按 D/P.T/R 提货的要求。终因进口人未能如约付款而使我方遭受重大损失。

请分析此案中我方有何失误。

(6) 我国某外贸公司与某国 A 商达成一项出口合同，合同规定付款方式为付款交单，见票后 30 天付款，当我公司交货后将单据和汇票交托收行，托收行将单据寄抵进口地代收行后，A 商在汇票上履行了承兑手续并出具信托收据从代收行那里借得单据，先行提货转卖。汇票到期时，A 商破产倒闭。代收行以汇票付款人拒付为由通知托收行。

你认为我公司应如何处理？为什么？

(7) 某笔进出口业务，约定分两批装运，支付方式为即期不可撤销信用证，第一批货物发送后，买方办理了付款赎单手续，但收到货物后，发现货物品质与合同严重不符，便要求开证行通知议付行对第二批信用证项下的货运单据不要议付，银行不予理睬。后来议付行对第二批信用证项下的货运单据仍予议付。议付行议付后，付款行通知买方付款赎单，买方拒绝。

请问：银行处理方法是否合适？买方应如何处理此事为宜？

(8) 我方按 CIF 大阪向日本出口一批货物，4 月 20 日由日本东京银行开来即期不可撤销信用证，金额为 50000 美元，装船期为 5 月份，信用证中规定议付行为纽约银行业中信誉较好的 A 银行，我中行收到证后，于 4 月 22 日通知出口公司，4 月底公司获悉进口方因资金问题濒临倒闭。

请问：在此情况下我方应如何处理？

8 争议的预防与处理

关键词

商品检验检疫   索赔

仲裁   不可抗力

知识目标

- 了解商品检验检疫、索赔、仲裁、不可抗力的概念；
- 熟悉合同中商品检验检疫、索赔、仲裁、不可抗力条款的订立；
- 掌握商品检验检疫、索赔、仲裁、不可抗力的做法。

技能目标

- 会订立合同中商品检验检疫、索赔、仲裁、不可抗力条款；
- 能处理检验检疫、索赔、仲裁、不可抗力事件；
- 能正确使用检验检疫、索赔、仲裁、不可抗力条款来预防和解决争议；
- 实现对检验检疫、索赔、仲裁、不可抗力条款的灵活运用。

导入案例

我国 A 公司以 CIF 东京条件向日本 B 公司出口一批货物，B 公司又将该货转卖给新加坡 C 公司。货到东京后，B 公司发现货物的质量有问题，但 B 公司仍将该货装上另一轮船运往新加坡。货物抵达新加坡后，C 公司请当地商检机构对货物进行检验，发现货物质量有问题，于是凭新加坡商检机构签发的检验证书向 B 公司索赔，进而 B 公司凭新加坡商检机构签发的检验证书向 A 公司索赔，在合同的索赔期限内向 A 公司提出退货要求。

问：A 公司应如何处理？为什么？

8.1 商品的检验与检疫

8.1.1 商品检验与检疫的重要性

商品的检验检疫(commodity inspection and quarantine)简称商检，是指由检验机构对买卖双方成交商品的品质、数量、包装、运输、安全、卫生等内容进行检验并对涉及人、动物、植物的传染病、病虫害、疫情等进行检疫的工作。

在国际贸易中，买卖双方分处于不同的国家和地区，难以在成交时当面验看货物，同时货物在运输途中容易发生残损短缺。加之国际货物买卖涉及很多部门和环节，执行合同期间可能受到各种人为或自然因素的影响，容易引发交易双方在责任归属问题上的争议。为了避免争议或者争议发生后能够妥善解决，这就需要一个有资格的非当事人对货物进行检验或鉴定，并出具证明，以维护贸易各方的合法权益。况且商品检验检疫关系到一国进出口贸易的持续发展，关系到双方的经济利益。因此，很多国家的法律和有关的国际公约都对进出口商品的检验问题做出了明确的规定。

普遍认为，买方"收到"货物与"接受"货物是两个完全不同的概念，除非买卖双方另有约定，买方收到货物之后，接受货物之前，应享有对所购货物进行检验的权利。但此检验权并不是强制性的，若买方没有利用合理的机会检验货物，就意味着他自动放弃了检验货物的权利。

8.1.2 合同中的检验检疫条款

8.1.2.1 商检的时间和地点

1) 在出口国检验。

(1) 在产地检验，即货物离开生产地点(如工厂、农场或矿山)之前，由卖方或其委托的检验机构人员或买方的验收人员对货物进行检验或验收。在货物离开产地之前的责任，由卖方承担。运输途中发生的风险由买方承担。

(2) 在装运港/地检验，即以离岸品质和离岸重量(shipping quality and shipping weight)为准。货物在装运港/地装运前，由双方约定的检验机构对货物进行检验，该机构出具的检验证书作为决定交货质量、重量或数量的最后依据。按此做法，货物运抵目的港/地后，买方如对货物进行检验，即使发现质量、重量或数量有问题，但也无权向卖方提出异议和索赔。

2) 在进口国检验。

(1) 在目的港/地检验，即以到岸质量和到岸重量(或数量)为准。在货物运抵目的港/地卸货后的一定时间内，由双方约定的目的港/地的检验机构进行检验，该机构出具的检验证书作为决定交货质量、重量或数量的最后依据。如果检验证书证明货物与合同规定不符并确属卖方责任，卖方应予负责。

(2) 在买方营业处所或最终用户所在地检验。对一些需要安装调试进行检验的成套设备、机电仪产品以及在卸货口岸开件检验后难以恢复原包装的商品，双方可约定将检验时间和地点延伸和推迟至货物运抵买方营业所或最终用户的所在地后的一定时间内进行，并以该地约定的检验机构所出具的检验证书作为决定交货质量、重量或数量的依据。

3) 出口国检验、进口国复验。这种做法是装运港/地的检验机构进行检验后，出具的检验证书作为卖方收取货款的依据，货物运抵目的港/地后由双方约定的检验机构复验，并出具证明。如发现货物不符合同规定，并证明这种不符情况系属卖方责任，买方有权在规定的时间内凭复验证书向卖方提出异议和索赔。这一做法对买卖双方来说，比较公平合理，它既承认卖方所提供的检验证书是有效的文件，作为双方交接货物和结算货款的依据之一，并给予买方复验权。因此，我国进出口贸易中(尤其对关系到国计民生、价值较高、技术又复杂的重要进口商品和大型成套设备)一般都采用这一做法。

8.1.2.2 检验与检疫机构

在国际贸易中，商品检验工作通常都由专业的检验机构负责办理。各国的检验机构，从组织性质来分，有官方的，有同业工会、协会或私人设立的，也有半官方的；从经营的业务来分，有综合性的，也有只限于检验特定商品的。

国家质量监督检验检疫总局简称国家质检总局，是我国主管质量监督的检验检疫工作的最高行政执法机构。该机构成立于 2001 年 4 月，是在原国家质量技术监督局和原国家出入境检验检疫局合并的基础上产生的。国家质检总局是国务院的直属机构，其主要职能是主管全国质量、计量、出入境商品检验、出入境卫生检疫、出入境动植物检疫和认证认可、标准化等工作，并行使行政执法职能。

中国进出口商品检验总公司(简称商检公司)作为一家独立的检验机构，按照国际惯例建立和运作，以非官方的身份接受对外贸易有关当事人，如进出口商、供货商、中间商、承运人、保险人等，以及其他检验机构的委托，办理进出口商品的检验、鉴定业务，签发检验、鉴定报告或证书并提供咨询服务。

我国商检机构的主要任务是：

1) 法定检验。进出口商品检验分为法定检验和非法定检验两大类。法定检验是指原国家商检局根据对外贸易发展的需要，对涉及社会公共利益的进出口商品实施强制检验。商检机构和原国家商检局指定的检验机构对进出口商品实施法定检验的范围包括：

(1) 对列入《出入境商检检疫机构实施检验检疫的进出境商品目录》(简称《法检目录》)的进出口商品进行检验，该表由原国家商检局制定、调整。

(2) 对出口食品的卫生检验。

(3) 对出、口危险货物包装容器的性能鉴定和使用鉴定。

(4) 对装运出口易腐烂变质食品、冷冻品的船舱、集装箱等运载工具的适载检验。

(5) 对据有关国际条约规定需经商检机构检验的进出口商品进行检验。

(6) 对据其他法律、行政法规规定需经商检机构检验的进出口商品进行检验。

2) 实施监督管理。商检机构对法定检验以外的进出口商品可以抽查检验并实施监督管理。对外贸易合同约定或者进出口商品的收货人、发货人申请商检机构签发检验证书的，由商检机构实施检验。

3) 提供公证鉴定服务。原国家商检局指定的商检机构或经其批准的其他商检机构，可以接受委托，办理规定范围内的进出口商品鉴定业务，签发鉴定证书。

8.1.2.3 检验标准与检验证书

1) 检验标准：

(1) 买卖双方约定的标准。此种标准是国际货物买卖中普遍采用的检验标准，其中最常见的是买卖合同和信用证中所规定的标准。

(2) 与贸易有关国家所制定的强制执行的法规标准。此类标准主要指商品生产国、出口国、进口国、消费国或过境国所制定的法规标准，如原产地标准、安全法规标准、卫生法规标准、环保法规标准、动植物检疫法规标准。

(3) 国际权威性标准。包括：

① 国际标准：此种标准是指国际专业化组织所制定的检验标准，如国际标准化组织、国际海事组织、国际电工委员会，国际民航组织等制定的标准。

② 区域性标准化组织标准：此种标准是指区域性组织所制定的标准，如欧洲标准化委员会、欧洲电工标准委员会、泛美技术标准委员会等制定的标准。

③ 国际商品行业协会制定的标准：此种标准是指国际性商品行业协会所制定的标准，如国际羊毛局、国际橡胶协会等制定的标准。

④ 某国权威性标准：此种标准是指某些国家所制定的具有国际权威性的检验

标准，如英国药典、美国公职分析化学家协会标准、美国材料与试验协会标准。

2) 检验证书：

(1) 检验证书的作用。检验证书是检验机构对进出口商品进行检验检疫或鉴定后，根据不同的检验或鉴定项目签发的各种检验检疫证书、鉴定证书和其他证明书。

① 作为买卖双方交接货物的依据。国际贸易中，卖方有义务保证所提供货物的质量、数(重)量、包装等与合同规定相符。因此，合同或信用证中往往规定卖方交货时须提交商检机构出具的检验证书，以证明所交货物与合同规定相符。

② 作为索赔和理赔的依据。经检验，如果发现货物与合同规定不符，买方可凭指定检验机构出具的检验证书，向有关责任方提出异议和索赔。

③ 作为买卖双方结算货款的依据。在信用证支付方式下，信用证规定卖方须提交的单据中，往往包括商检证书，并对检验证书名称、内容等做出了明确规定。当卖方向银行交单，要求付款、承兑或议付货款时，必须提交符合信用证要求的商检证书。

④ 检验证书还可作为海关验关放行的凭证。凡属于法定检验的商品，在办理进出口清关手续时，必须提交检验机构出具的合格检验证书，海关才准予办理通关手续。

(2) 检验证书的种类。国际贸易中，商检证书种类繁多，常用的有以下几种：

① 品质检验证书(inspection certificate of quality)：是证明进出口商品品名、规格、等级、成分、性能等产品质量实际情况的证书。

② 数量检验证书(inspection certificate of quantity)：用来证明进出口商品的数量、重量，如毛重、净重等情况的证书。

③ 重量检验证书(inspection certificate of weight)：证明进出口商品重量的证书。

④ 包装检验证书(inspection certificate of packing)：证明进出口商品包装情况的证书。

⑤ 消毒检验证书(disinfecting inspection certificate)：证明动物产品在出口前已经过消毒处理，符合安全及卫生要求的证书。

⑥ 卫生检验证书(sanitary inspection certificate)：证明食用动物产品、食品在出口前已经过卫生检验、可供食用的证书。

⑦ 价值检验证书(certificate of value)：证明出口商品价值的证书，通常用于证明发货人发票所载的商品价值正确、属实。

⑧ 残损检验证书(inspection certificate of damaged cargo)：证明进口商品残损情况、估算残损贬值程度、判定致损原因的证书。

⑨ 船舱检验证书(inspection certificate on tank/hold)：证明承运出口商品的船舶清洁、牢固、冷藏效能及其他装运条件符合保护承载商品的质量和数量完整与

安全要求的证书。

⑩ 兽医检验证书(veterinary inspection certificate)：证明动物产品在出口前已经过兽医检验、符合检疫要求的证书。

如果外商要求提供其他名称的证明时，可建议对方采用上述种类的证书，不另出具其他名称的证书。例如，国外商人提出要提交"分析证"，就可以用品质检验证书；国外商人提出要包装证，可在重量检验证书内加注包装内容证明等；如果外商要求我方对一批商品分别出具品质证书、重量证书、卫生证书以及产地证书，为了简化手续，在征得对方同意后，可出具上述各项要求合并在一起的检验证书，在特殊情况下，在同商检机构协商后可灵活掌握。

商品检验证书并不是所有的结汇业务中必备的单据，是否需要国家的有关规定及客户的具体要求而定，有些不是必须进行商检的商品，客户又没有要求的，在结汇中可不提供。

特别需要注意的是，检验证书的内容必须与信用证中的描述相符，否则会影响结汇。

8.1.2.4 检验方法

对于同一商品而言，使用不同的检验标准和方法，会得出不同的检验结果，所以买卖双方在合同中应该就检验标准和方法做出约定。

商品质量检验方法是根据检验原理、条件、设备的不同特点，主要可以分为感官检验、物理检验、化学检验、生物检验和产品试验法等。

1) 感官检验是检验人员根据人的感觉器官(如眼、耳、鼻、舌、手)，对商品的外形、结构、色泽、式样、装潢等进行各种质量评判，并用语言、文字、符号或数据进行记录，再运用概率统计原理进行系统分析，从而得出评价结论。不过这种感官检验易受人的条件影响，在实施检验的过程中必须予以排除。

2) 物理检验是检验人员利用仪器设备对商品的物理量及其在力、电、声、光、热的作用下所表现出来的物理、机械性能的检验。

3) 化学检验是通过化学分析和仪器分析的方法检测产品所含的化学成分和该化学成分的含量。

4) 生物检验是对部分商品细菌污染的定性或定量检验，通常也称卫生检验。

5) 产品检验是利用各种检测设备或方法对商品进行物理和化学性能、使用性能等方面的综合检验。

8.1.2.5 合同中的检验与检疫条款举例

买卖双方同意以装运港(地)中国出入境检验检疫局签发的品质和重量(数量)

检验检疫证书作为信用证下议付所提交的单据的一部分,买方有权对货物的品质和重量(数量)提出复验,复验费由买方负担。

It is mutually agreed that the Inspection Certificate of Quality and quantity (weight) issued by the Entry-Exit Inspection and Quarantine Bureau (PRC) at the port of shipment shall be part of the documents to be presented for negotiation under the relevant L/C. The Buyers shall have the right to reinspect the quality and quantity (weight) of the cargo. The reinspection fee shall be borne by the Buyers.

8.2　异议与索赔

8.2.1　异议与索赔的含义

异议(disputes)是指交易的一方认为对方未能部分或全部履行合同规定的责任与义务而引起的纠纷。

索赔(claim)是指遭受损害的一方在争议发生后,向违约方提出赔偿的要求,在法律上指主张权利,在实际业务中,通常是指受害方因为对方违约而根据合同或法律提出予以补救的主张。

理赔(settling)是指违约方对受害方所提出的赔偿要求的处理。

索赔与理赔是一个问题的两个方面,对于受害方是索赔,对于违约方是理赔。

8.2.2　不同法律对违约的不同解释

8.2.2.1　按《联合国国际货物卖买卖合同公约》规定

按《联合国国际货物销售合同公约》的规定,违约分为根本性违约与非根本性违约两种。一方当事人违反合同的结果,如使另一方当事人蒙受损害,以致实际上剥夺了他根据合同有权期待得到的东西,即为根本性违约,否则为非根本性违约。一方非根本性违约,对方只可以提出索赔。若一方根本性违约,对方可以提出索赔,或者撤销合同,也可以撤销合同后再提出索赔。

8.2.2.2 按英国法律规定

按照英国法律规定，违约分为违反要件与违反担保两类。一方违反要件，即违反合同主要条款，包括品质、数量、包装、交货、价格与支付等；违反担保，即违反合同次要条款，包括保险、商检、仲裁等。若一方违反担保，则对方只可以提出索赔，而不得撤销合同。若一方违反要件，则对方可以提出索赔，或者撤销合同，也可以撤销合同后再提出索赔。

8.2.3 合同中的索赔条款

8.2.3.1 异议与索赔条款

1) 内容。合同中的异议与索赔条款通常包括索赔依据、索赔期限、索赔金额及处理索赔的方法等的内容。

2) 条款举例。

买方对于装运货物提出索赔，必须于货物到达提单所订目的港日起××天内提出，必须提供卖方同意的公证机构出具的检验报告。属于保险公司、轮船公司、其他运输机构责任范围内的索赔，卖方概不负责。

Any claim by the Buyer regarding the goods shipped should be filed within ××days after the arrival of the goods at the port of destination specified in the relative Bill of Lading and supported by a survey report issued by a surveyor of approved by the Seller. Claims in respect of matters within responsibility of insurance company ，shipping company ，other transportation will not be considered or entertained by the seller.

8.2.3.2 罚金条款

罚金是指当事人双方中的一方如在未来不履行合同义务时，应向对方支付一定数额的罚金，罚金条款一般适用于卖方延期交货，或者买方延迟开立信用证和延期接运货物等情况。

1) 内容。罚金条款一般规定罚金最高限额和罚金的起算日期等内容。

2) 条款举例。

卖方不能如期交货，在卖方同意由付款行从议付的货款中扣除违约金的条件下，买方可同意延期交货。但是因延期交货的违约金不得超过货物总值的 5%。违约金按每 7 天收取延期交货部分总值的 0.5%，不足 7 天者按 7 天计算。如卖方未按合同规定的装运期交货，延期 10 周时，买方有权撤销合同，并要求卖方支付上述延期交货的违约金。

In case of any delay delivery, the Buyer shall agree to postpone the delivery on the condition that the sellers agree to pay a penalty which shall be deducted by the paying bank from the payment under negotiation. The total amount of penalty shall not, however, exceeds 5% of the total value of the goods involved in late delivery. The rate of is charged at 0.5% of the total value or the goods whose delivery has been delayed foe every seven days, odd days less than seven days should be counted as seven days, if the period of delay exceeds 10 weeks after the stipulated delivery date, the Buyer has the right to cancel the contract but the seller still pay the aforesaid penalty to the Buyers without delay.

8.3　仲裁

8.3.1　仲裁的含义

国际货物贸易中解决争议的办法有友好协商、调节、仲裁和法院诉讼。其中，仲裁方式程序简单、解决问题快、费用较低、气氛相对较好，而且仲裁员一般都具有丰富的专业知识和审案经验，从而为公平合理地解决争议提供了有利的条件。因此，在解决争议方面得到国际上的广泛认可，交易双方一般都习惯于采取仲裁的方法解决争议。

仲裁(arbitration)也称公断，是指买卖双方按照在争议发生前后签订的协议，自愿把他们之间的争议交给仲裁机构进行裁决，并约定裁决是终局性的，具有法律的强制性，对双方均有约束力。若对方不执行裁决，另一方可向法院申请，要求强制执行。

8.3.2　仲裁协议

8.3.2.1　仲裁协议的含义和种类

1) 含义。仲裁协议是指双方当事人自愿将他们之间已经发生或者可能发生的争议提交仲裁解决的书面协议。

2) 种类。

(1) 争议发生前达成的仲裁协议,即合同中的"仲裁条款"[Arbitration Claus(2)]争议发生后达成的仲裁协议

(2) 争议发生后达成的仲裁协议,我们称之为"提交仲裁的协议"(arbitration agreement)。

8.3.2.2 仲裁协议的作用

仲裁协议的作用有:

1) 表明双方当事人自愿将有关争议案件提交仲裁机构解决,约束双方当事人在友好协商或调节无效时,只能以仲裁方式解决争议,任何一方不得向法院起诉。

2) 使仲裁机构取得对争议案件的管辖权。

3) 排除法院对争议案件的管辖权。

8.3.3 合同中的仲裁条款

8.3.3.1 仲裁地点

在订立合同中的仲裁条款时,双方都非常重视仲裁地点的选择,因为仲裁地点通常与仲裁时所适用的法律和仲裁规则有密切的关系。在商订仲裁地点时,首先应争取在我国仲裁,协商不成,也可以规定在被告国家仲裁,或者规定在双方同意的第三国仲裁。

8.3.3.2 仲裁机构

仲裁机构是指受理仲裁案件并做出裁决的机构。国际上仲裁机构有两种:临时仲裁机构和常设仲裁机构。

1) 临时仲裁机构:是指由争议双方共同指定的仲裁员自行组织成临时仲裁庭。临时仲裁庭只是为解决某一案件设立的,案件审理完毕,仲裁庭即自动解散。

2) 常设仲裁机构:是指根据一国法律或有关规定设立的、有固定名称、地址、仲裁员设置和具备仲裁规则的仲裁机构。一般而言,双方当事人约定由哪个常设仲裁机构仲裁,就应按照该机构仲裁规则予以仲裁,但当事人另有约定且仲裁委员会同意的,从其约定。

国际上著名的常设仲裁机构有:国际商会仲裁院(The Icc International Court of Arbitration)、瑞典斯德哥尔摩仲裁院(The Arbitration Institute of the Stockholm

Chamber of Commerce)、美国仲裁协会(American Arbitration Association)、英国伦敦国际仲裁院(London Court of International Arbitration)、中国国际经济贸易仲裁委员会(Chinese International Economic and TradeArbitration Commission)。

我国的中国国际经济贸易仲裁委员会是我国商事方面唯一的一个仲裁机构，总部设在北京，在上海和深圳有两家分支机构。

8.3.3.3 仲裁程序

仲裁程序是指仲裁的具体做法和步骤。包括仲裁的申请、仲裁员的指定、案件的审理和做出裁决、裁决的效力等。常设的仲裁机构都制定有自己的仲裁程序和仲裁规则，一般都按该机构指定的仲裁规则进行仲裁。各国仲裁机构的仲裁规则对仲裁程序都有明确规定。

8.3.3.4 仲裁裁决的效力

仲裁裁决的效力是终局性的，双方当事人必须依照执行而不得向法院起诉，也不得向任何其他的机构提出变更的请求。

8.3.3.5 仲裁费用

仲裁费用一般由败诉方承担，鉴于有时出现争议双方均有违约的情况，双方都负有不同程度的责任，也可以由双方商量各承担一部分。

8.3.3.6 仲裁条款举例

凡因执行本合同所发生的或与本合同有关的一切争议，双方应通过友好协商解决；如果协商不能解决，应提交北京中国国际经济贸易仲裁委员会，根据该会的仲裁规则进行仲裁。仲裁裁决是终局的，对双方均有约束力。仲裁费用除仲裁庭另有规定外，均由败诉方承担。

All disputes in connection with this contract or arising from the execution of there, shall be amicably settled through negotiation in case no settlement can be reached between the two parties, the case under disputes shall be submitted to China International Economic and Trade Arbitration Commission, Beijing, for arbitration in accordance with its rules of arbitration. The arbitral award is final and binding upon both parties. The arbitration fee shall be borne by the losing party unless otherwise awarded by the arbitration court.

8.3.4　仲裁裁决的承认与执行

仲裁裁决对双方当事人都具有法律上的约束力，当事人必须执行。但是，如果一方当事人在国外，就涉及一个国家的仲裁机构所做出的裁决要由另一个国家的当事人去执行的问题。

为了解决仲裁在一国做出，需要到另一国被承认和被执行的问题，1958年6月10日联合国在纽约召开了国际商事仲裁会议，签订了《承认与执行外国仲裁裁决公约》(Convention on the Recognition and Enforcement of Foreign Arbitral Award, 简称《1958年纽约公约》)。

1986年12月我国第六届全国人民代表大会常务委员会第18次会议决定中华人民共和国加入上述《1958年纽约公约》，并同时做出下列两点声明：

1) 中华人民共和国只在互惠的基础上对在另一缔约国领土内做出的仲裁裁决的承认和执行适用该公约。

2) 中华人民共和国只对根据中华人民共和国法律认定为属于契约性和非契约性商事法律关系所引起的争议适用该公约。

8.4　不可抗力

8.4.1　不可抗力的含义

不可抗力(force majeure)即人力不可抗拒，是指在合同签订后，不是由于订约者任何一方当事人的过失或疏忽，而是由于发生了当事人不能预见，又无法事先采取预防措施的意外事故，以致不能履行合同或不能如期履行合同，遭受事故的一方可以免除履行合同的责任或延期履行合同。英美法称之为"合同落空"；大陆法系国家称之为"情势变迁"或"契约失效"。

8.4.2　不可抗力的范围

一般认为不可抗力可以划分为以下几种情况：

(1) 自然力量。自然力量的事故是指非人类自己造成的事故。通常包括给人类造成灾害的诸多自然现象，如水灾、火灾、地震、冰灾、暴风雨、大雪、地震、海啸、干旱、山崩等。

(2) 政府行动。政府行动是指当事人签约后，有关政府当局发布了新的法律法规、行政措施，如颁布政令、调整政策等。政府的这些行动往往会影响到国际经济贸易的正常有序开展，致使当事人不得不放弃履行原合同。

(3) 社会异常事故。社会上出现的异常事故，如暴动、罢工、战争等，会给当事人的履约带来很大的障碍，这类事故对于合同当事人来说，也是不可预知、无法控制、无法克服的，也是属于不可抗力。

8.4.3 构成不可抗力的必要条件

8.4.3.1 事件的发生是当事人所无法预见的

不能预见是指当事人订立合同时不可能预见的意外事件阻碍了合同的履行。如果当事人可以预见该事情的发生，则当事人就必须采取一定的行动来规避该事件的发生，如果他没有做到这一点，就证明他在行为上是有过错的，应当承担由此造成的损失而不能够申请免责。在签订合同之前就应该把事件的影响考虑在内。

各国法律与国际贸易公约对不能预见的判断标准未做出规定。法律上的通常判定标准为：一个谨慎稳妥的人所应具有的预见能力；一个具体案件中债务人的预见能力。尽管有这两个标准，在实践中仍然存在不少争议。例如，市场行情的变化、缔约一方当事人的突然死亡、买卖标的物的损毁或变质、政府行为、粮食歉收等，以上情况能否构成"不可预见"不能一概而论，需要根据具体情况作具体的判断。一般情况下，由于市场行情的变化、货币的升值与贬值、成本的增加等不能成为"不能预见"的意外事件，因为市场价格的涨落是一般的经营风险，一般不属于不可抗力事件的范围。

不可抗力的不能预见性必然要求不可抗力的意外事件必须是在签订合同之后才发生的，只有这样才可能是不可预见的。如果在签订合同之前发生必然是可以预见的，所以不能构成不可抗力事件。

8.4.3.2 事件的发生是当事人不能避免与不能克服的

不能避免是指对于不可抗力事件的发生，当事人虽然在尽了合理的注意，但仍然不能阻止该事件的发生；不能克服是指当事人对于不可抗力事件虽然已经尽了最大的努力，仍然不能克服，并使得合同不能履行或是不能完全顺利履行。

商业风险往往是无法预见和不可避免的，然而它和不可抗力事件的区别在于一方当事人承担了风险损失后，有能力履行合同义务。例如，对"种类货"的处理，此类货物可以从市场中购得，因而卖方通常不能免除其交货的责任；因市场价格的急剧上涨，给一方当事人的采购造成困难，当事人还可以通过买卖期货避免自己的经营风险；港口工人罢工致使在港口无法按时装货，卖方可以通过其他的港口进行装运货改变运输方式。上述几种情况都是当事人可以避免和克服的，所以不能认定为不可抗力事件而免责。

8.4.3.3 事件的发生不是由于当事人的过失或是疏忽

如果是当事人的过失，就需要当事人自己承担后果，而不能要求免责。如当时不按季节适时采购原料，结果造成原料大量的缺乏，无法继续安排生产交货，就属于当事人自己的过失，所以不能算作不可抗力。

在实际业务中要特别注意"特定标的物"的作用。对于包装后刷上唛头或通过运输单据等已将货物确定为某项合同的标的物，成为"特定标的物"，此类货物由于不可抗力意外事件而灭失，卖方是可以免责的。不过如果货物并没有特定化，则会无法免责。例如 2000MT 大米在储存中由于不可抗力损失了 500MT，若大米分别售于两个货主而未对大米作特定化的处理，则卖方对两个买主都无法引用不可抗力条款免责。

8.4.3.4 事件的发生使得不能履行或是不能如期履行合同

如果事件的发生对合同的履行没有造成影响，则遭受事件的一方是无权利要求免责的。

8.4.4 合同中的不可抗力条款

8.4.4.1 不可抗力范围的规定方法

1) 概括式规定。例如：

由于不可抗力的原因,致使卖方不能部分或全部装运或延迟装运合同货物,卖方对于这种不能装运或延迟装运本合同货物不负有责任。

If the shipment of contracted goods is prevented or delayed in whole or in part to force Majeure, the sellers shall not be liable for nonshipment or late shipment of the goods of this contract.

2) 列举式规定。例如：

由于战争、地震、火灾、水灾、雪灾、暴风雨的原因，致使卖方不能全部或部分装运或延迟装运合同货物,卖方对于这种不能装运或延迟装运本合同货物不负有责任。

If the shipment of contracted goods is prevented or delayed in whole or in part by reason of war, earthquake, fire, flood, heavy snow, storm, the sellers shall not be liable for nonshipment or late shipment of the goods of this contract.

3) 综合式规定。例如:

由于战争、地震、火灾、水灾、雪灾、暴风雨或其他不可抗力事故,致使卖方不能全部或部分装运或延迟装运合同货物,卖方对于这种不能装运或延迟装运本合同货物不负有责任。

If the shipment of contracted goods is prevented or delayed in whole or in part by reason of war, earthquake, fire, flood, heavy snow, storm or other causes of Force Majeure , the sellers shall not be liable for nonshipment or late shipment of the goods of this contract.

上述三种方式,概括式较为笼统,列举式难于兼容,只有综合式最为明确具体,又兼具一定的灵活性,因而在合同中经常采用。

8.4.4.2　不可抗力事故的处理

1) 解除合同如果一方发生的不可抗力事故很严重,使其无法履行合同的义务,处理这种事故的后果即是解除合同。

2) 变更合同如果一方发生的不可抗力事故不是很严重,只是使遭受事故一方暂时不能履行合同,事故过后,当事人可继续履行合同,处理这种事故的后果就是变更合同。变更合同是指由一方当事人提出并由另一方当事人同意,对原定合同的条件或内容作适当的变更修改,包括延期履行、分期履行、替代履行和减量履行。

8.4.4.3　不可抗力事故的通知和证明

《联合国国际货物销售公约》规定:"不履行义务的一方必须将障碍及其对他履行义务能力的影响通知另一方。如果该项通知在不履行义务的一方已知道或理应知道此障碍后一段合理时间内仍未为另一方收到,则他对由于另一方未收到通知而造成的损害应负赔偿责任。"

我国《合同法》规定:"当事人一方因不可抗力不能履行合同的应当及时通知对方,以减轻可能给对方造成的损失并应当在合理时间内提供证明。"

8.4.4.4　不可抗力条款举例

如因战争、地震、水灾、火灾、暴风雨、雪灾或其他不可抗力的原因,致使卖方不能部分或全部装船或延迟装船，卖方对于这种不能装运、延迟装运或不能履行合同的情形均不负有责任。但卖方须用电报(或电传)通知买方，并应在 15 天内以航空信件向后者提出由中国国际贸易促进委员会出具的证明书。

If the shipment of contracted goods is prevented or delayed in whole or in part by reason of war, earthquake, fire, flood, heavy snow, storm or other causes of Force Majeure , the sellers shall not be liable for nonshipment or late shipment of the goods of this contract.However, the seller shall notify the Buyer by cable or telex and furnish the letter within 15 days by registered airmail with a certificate issued by the China Council for the Promotion of International Trade attesting such event or events.

综合测试

1) 单项选择题(在下列每小题中，选择一个最适合的答案)：

(1) 在买卖合同的检验条款中，关于检验时间与地点的规定，使用最多的是( )。

A. 在出口国检验

B. 在进口国检验

C. 在出口国检验，在进口国复验

(2) 对我国进出口商品实施法定检验的机构是( )。

A. 中华人民共和国出入境商品检验检疫局及其分支机构

B. 中国进出口商品检验总公司及分公司

C. 各有关单位自设的检验机构

(3) 根据英国法律，一方当事人违反要件，另一方当事人可以要求( )。

A. 损害赔偿，但不能撤销合同

B. 损害赔偿，并撤销合同

C. 赔偿货物损失、利息及预期利润

(4) 美国法律把违约分为( )。

A. 根本性违约与非根本性违约

B. 重大违约与轻微违约

C. 严重违约与一般违约

(5) 不可抗力条款( )。

A. 只对买方适用

B. 只对卖方适用

C. 对买卖双方均适用

(6) 发生不可抗力的法律后果是( )。

A. 解除合同

B. 变更合同

C. 解除合同或变更合同

(7) 某公司某年 10 月与外商签订一份农产品出口合同,交货期为当年 10~12 月。签约后派人去产区收货,但由于该年 7~8 月间产区遭受旱灾,产品无收,出口人能否以不可抗力为由撤销合同( )。

A. 能够撤销合同

B. 不能撤销合同

C. 需对灾情进行调查,根据情况决定

(8) 当采用仲裁方式解决贸易争端时( )。

A. 无需任何文件,只要一方向仲裁机构提出申请即可

B. 必须在合同内订有仲裁条款或事后订有仲裁协议

C. 不仅必须在合同中订有仲裁条款,发生争端时还必须双方协商一致。

(9) 贸易争端经仲裁机构做出的裁决( )。

A. 具有法律约束力

B. 没有法律约束力

C. 败诉方同意,则有约束力;否则,无约束力

(10) 下列有关仲裁协议作用的表述中,( )是不正确的。

A. 约束当事人以仲裁方式解决争议,不向法院起诉

B. 排除了当事人以协商和调节方式解决争议的可能

C. 排除了法院对有争议案的管辖权

D. 使仲裁机构取得对争议案的管辖权

(11) 构成不可抗力事故需要具备一定的条件,下列各项中,( )并非构成不可抗力事故的条件。

A. 事故必须是在合同之后发生的

B. 事故是当事人无法预见、无发预防的

C. 该事故的发生导致了标的物的灭失

D. 该事故不是当事人的过失所造成的

(12) 商检证书有多种作用,但下列各项中的( )并非尚检证书的作用。

A. 作为买方索赔和卖方理赔的依据

B. 作为向仲裁机构提起仲裁的依据

C. 作为卖方向银行议付货款的单据之一

D. 作为向海关申报时提交的单据之一

2) 多项选择题(请准确选出全部正确答案):

(1) 在国际贸易中,商检证书的主要作用有(   )。

    A. 作为银行议付货款的单据之一   B. 作为处理争议和索赔的依据

    C. 作为仲裁机构受理案件的依据   D. 作为海关验关和征税的凭证

(2) 在国际贸易中,索赔通常有(   )。

    A. 买卖双方之间的索赔   B. 向承运人的索赔

    C. 向保险公司的索赔   D. 向银行的索赔

(3) 国际货物买卖合同中规定的预防和处理争议的办法通常涉及合同中的(   )条款。

    A. 商品检验检疫条款   B. 索赔条款

    C. 仲裁条款   D. 不可抗力条款

(4) 在国际货物买卖合同中关于仲裁地点的规定通常有(   )。

    A. 在我国仲裁   B. 在被告国仲裁

    C. 在双方同意的第三国仲裁   D. 可以在任何国家仲裁

(5) 仲裁协议的作用有(   )。

    A. 约束双方当事人只能以仲裁方式解决争议,不得向法院起诉

    B. 排除法院对有关争议案件的管辖权

    C. 仲裁机构取得对争议案件的管辖权

    D. 既可以仲裁方式解决争议案件,也可向法院提起诉讼

(6) 在大陆法系的国家中,对不可抗力有所谓(   )的规定。

    A. 合同落空   B. 情势变迁   C. 契约失效   D. 委付

3) 判断题(判断下列各题是否正确,在题后括号内正确的打"√",错误的打"×"):

(1) 在国际贸易中,对所有的进出口货物都必须进行检验并出具证书。(   )

(2) 法定检验和鉴定业务都具有强制性。(   )

(3) 合同中的复验期就是合同的索赔期。(   )

(4) 同一个合同中,只要规定了异议和索赔条款,就不能再规定罚金条款。(   )

(5) 我方与美国商人签约进口某化工产品,在约定交货期前,美商生产上述产品的工厂之一因爆炸被毁,该商援引不可抗力条款,要求免除交货责任。对此,我方应予同意。(   )

(6) 双方当事人在争议发生后达成的仲裁协议是无效的。(   )

(7) 一方对仲裁裁决不服,可向法院提请诉论,要求重新处理。(   )

(8) 我国迄今尚未参加联合国《1958年承认和执行外国仲裁裁决公约》，故我国不受该公约约束。（　）

(9) 买卖双方为解决争议而提请仲裁时，必须向仲裁机构递交仲裁协议，否则，仲裁机构不予受理。（　）

(10) 申请国际仲裁双方当事人应有仲裁协议；而向法院起诉，一方可以起诉，无须事先征得双方的同意。（　）

(11) 在进出口业务中，进口人收到货物后，发现货物与合同不符，在任何时候都可以向供货方索赔。（　）

(12) 由于国际贸易中大多采用装运港交货的条件，因此，在合同中规定检验地点时应规定以"离岸品质，离岸重量"为准。（　）

(13) 根据《公约》规定，一方当事人违反合同，但并未构成根本性违约，受损害方可宣告合同无效，不可索赔。（　）

(14) 不可抗力条款是卖方的免责条款。（　）

(15) 援引不可抗力条款的法律后果是撤销合同或推迟合同的履行。（　）

4) 问答题：

(1) 法定检验的范围是什么？

(2) 在国际货物买卖合同中，关于商品检验的时间和地点是怎样规定的？

(3) 国家商检机构的任务主要有哪几项？

(4) 检验证书有哪些作用？

(5) 交易双方引起争议的原因有哪几方面？

(6) 索赔和理赔工作中应注意哪些问题？

(7) 不可抗力是由哪些因素引起的？

(8) 作为不可抗力，应具备哪些条件？

(9) 仲裁与诉讼相比有哪些优点？

(10) 仲裁协议有哪些作用？

5) 案例分析题：

(1) 我国 A 公司以 CIF 东京条件向日本 B 公司出口一批货物，B 公司又将该货转卖给新加坡 C 公司。货到东京后，B 公司发现货物的质量有问题，但 B 公司仍将该货装上另一轮船运往新加坡。后 B 公司凭新加坡商检机构签发的检验证书，在合同的索赔期限内向 A 公司提出退货要求。

请问：A 公司应如何处理？为什么？

(2) 我国某科研单位与日商签订合同，购买一台精密仪器，合同规定 9 月份交货，但 9 月上半月未能交货，日本政府在 9 月 15 日宣布这种仪器属于高科技产品，自 10 月 1 日起将禁止出口。后来日方以不可抗力为由要求解除合同。

请问：我方是否同意？为什么？

(3) 我国 A 公司以 CIF 东京条件向日本 B 公司出口一批货物，订约时，我国 A 公司已经知道该批货物要转销新加坡，货到东京后，立即转往新加坡，其后 B 公司凭新加坡商检机构签发的检验证书，向我提出索赔。

请问：我国 A 公司应如何处理？为什么？

(4) 我某出口公司与美商凭样成交一批高档出口瓷器，复验期为货到目的港后 60 天，货到国外经美商复验后未提出任何疑义，但事隔 1 年美商来电称：瓷器全部出现"釉裂"，只能销价销售。因此，要求我出口公司按原成交价赔偿 60%。我接电后，立即查看留存的复样，亦发现存在"釉裂"，

请问：我出口公司应如何处理？为什么？

(5) 我某公司出口货物 3000 公吨，采用信用证方式支付，2～4 月平均装运。出口公司 2 月、3 月已如期装运，并收回货款。4 月份原定 4 月 20 日装出，由于台风登陆，延迟到 5 月 5 日才装船出运。当受益人凭 5 月 5 日的提单向银行议付时，遭银行拒付。

请问：上述情况下银行有无拒付的权利？为什么？我出口公司可否以不可抗力为由要求银行付款？为什么？

9 国际货物买卖合同的商订

关键词

询盘	发盘
发盘的撤回和撤销	发盘的失效
还盘	接受
接受的撤回	国际货物买卖合同

知识目标

- 了解国际货物买卖合同生效的条件；
- 熟悉交易磋商的一般程序；
- 掌握《联合国国际货物销售合同公约》对发盘、接受的有关规定。

技能目标

- ◆ 会订立国际货物买卖合同；
- ◆ 能正确书写询盘函、发盘函、还盘函、接收函；
- ◆ 会进行发盘的撤回和撤销；
- ◆ 实现独立进行国际货物买卖合同条款的磋商。

导入案例

我某公司于 2010 年 9 月 16 日收到外商的发盘："某商品 500 公吨，每公吨 550 美元 CIF 上海，10 月份装运，即期信用证支付，限 20 日复到有效"我方公司于 17 日复电："若单价降低为每公吨 500 美元 CIF 上海则可接受，履约中如有争议，在中国仲裁。"外商当日复电："市场坚挺，价格不能减，仲裁条件可接受，速复。"此时，此商品价格确实趋涨，我方公司于 19 日复电："接受你 16 日发盘，信用证已由中国银行开出，请确认。"但外商未确认，并退回信用证。

试问：

(1) 合同是否成立？

(2) 我方公司有无失误？说明理由。

9.1 交易磋商的形式和内容

国际货物交易的过程，始于当事人双方的商务沟通、交流与洽谈，即交易磋商。交易磋商是指当事人双方以达成交易为目的，在平等互利的基础上，就交易货物的相关条件、权利与义务进行反复协商和谈判的过程。

在国际贸易中，这是一个十分重要的环节。国际交易的磋商，不仅涉及货物本身的质量、数量、支付等基本问题，还会涉及国际贸易政策、法规、金融等方面的问题。它是一项专业性、策略性、知识性、技巧性都非常强的工作，可以说是当事人双方的交易经验、技巧、知识、素养的检验和较量。

9.1.1 交易磋商的形式

9.1.1.1 口头磋商方式

口头磋商方式是指买卖双方面对面地直接进行业务协商，或通过电话协商，包括由出口企业邀请国外客户来访，参加各种商品交易会(如广交会、小交会)，以及由我方派遣出国推销人员、贸易代表团或委托驻外机构、海外企业代表在当地面对面的磋商。通过电话洽谈，也属口头磋商形式。

9.1.1.2 书面磋商方式

书面磋商方式是指买卖双方通过传真(fax)、电子邮件(email)等通信方式进行业务磋商。《中华人民共和国合同法》第11条规定："书面形式是指合同书、信件和数据电文(包括电报、电传、传真、电子数据交换和电子邮件)等可以有形地表现所载内容的形式"。目前在国际贸易中，已广泛使用传真、电子数据交换和电子邮件磋商交易。

9.1.2 交易磋商的内容

买卖双方交易磋商的内容一般分为两部分：一部分是带有变动性的主要交易条件，如品名品质、数量、包装、价格、运输、保险、支付等。这些交易条件，因货物、数量、时间等因素不同，每笔交易也不尽相同。另一部分是相对固定的交易条件，称为一般交易条件，如检验、异议索赔、仲裁和不可抗力等。当然，主要交易条件与一般交易条件的区分也不是绝对的。在实际业务中，买卖双方在初次接触时互相或单方面介绍一般交易条件，经双方共同确认后，作为将来交易的基础，在磋商具体交易时则不必逐条重复这些条件，只磋商主要条件即可，这样可以节省来往函电的费用和交易磋商时间。

一般交易条件大都印在由进口商或出口商自行设计和印制的销售合同或购货合同格式的背面或格式正面的下部。有的则将其拟订的一般交易条件单独印制成文，以供分发给可能与之交易的客户之用。因此，一般交易条件也称格式条款。

9.2　国际货物买卖合同订立的程序

国际货物买卖合同的订立，是双方当事人意思表示一致的结果。当事人双方取得意思一致的过程，即合同订立的过程。一般程序可概括为"询盘"、"发盘"、"还盘"和"接受"四个环节。

在实际业务中，询盘并不是每笔交易磋商所不可缺少的环节，买方或卖方都可不经对方提出询盘，而直接向对方做出发盘。还盘也不是交易磋商的必经环节，受盘人接到发盘后，可以立即接受，即使受盘人做出还盘，它实际上是对原发盘的拒绝而做出的一项新发盘。对还盘做再还盘同样是拒绝还盘后的一项新发盘。因此，在法律上，要约(发盘)和承诺(接受)是达成交易不可缺少的两个基本环节。

9.2.1　询盘

询盘(inquiry)又称询价，是指买方为了购买或卖方为了销售货物而向对方提出有关交易条件的询问。其内容可以涉及某种商品的品质、规格、数量、包装、价格和装运等成交条件，也就是既可以询问价格，也可询问其他一项或几项交易条件，以致要求对方向自己做出发盘。

在国际贸易业务中，发出询盘的目的，除了探询价格或有关交易条件外，有时还表达了与对方进行交易的愿望，希望对方接到询盘后及时做出发盘，以便考虑接受与否。这种询盘实际上属于邀请发盘。邀请发盘是当事人订立合同的准备行为，其目的在于使对方发盘。

盘对于询盘人和被询盘人均无法律上的约束力，而且不是交易磋商的必经步骤。但是它往往是一笔交易的起点，所以作为被询盘的一方，应对接到的询盘给予重视，并作及时和适当的处理。

询盘时一般不直接用"询盘"的术语,而通常用下列一类词句:请告(Please advise)……、请电传告(Please advise by telex)……、请报价(Please quote)……或请发盘(Please offer)……。

9.2.2 发盘

9.2.2.1 发盘的含义

发盘(offer)又称发价,在法律上称为"要约",是买方或卖方向对方提出各项交易条件,并愿意按照这些条件达成交易、订立合同的一种肯定的表示。在实际业务中,发盘通常是一方在收到对方的询盘之后提出的,但也可不经对方询盘而径向对方发盘。

发盘人可以是卖方,也可以是买方。前者称为售货发盘(selling offer);后者称为购货发盘(buying offer),习惯上称为"递盘"(bid)。发盘一般采用下列词语:发盘(offer)、报价(quote)、供应(supply)、订货(order)、递盘(bid)。

9.2.2.2 构成发盘的条件

1) 向一个或一个以上特定的人发出。发盘必须向 1 个或 1 个以上特定的人发出。所谓"特定的人",是指在发盘中指明个人姓名或企业名称的受盘人。这一规定的目的是为了将向特定对象做出的发盘与在报刊上刊登广告、向国外客商寄发商品目录、价目单和其他宣传品的行为区分开来。在后一种情况下,广告的对象是广大社会公众,商品目录、价目单和宣传品是普遍寄发给为数众多的客商的。这些对象都不属特定的人。因此,这类行为一般不能构成发盘,而仅能视为发盘邀请。

2) 表明订约意旨。一项发盘必须表明订约意旨。按照现行法律和《联合国国际货物销售合同公约》,一方当事人是否向对方表明在发盘被接受时承受约束的意旨,是判别一项发盘的基本标准。表明承受约束的意旨,可以是明示的,或是暗示的。明示的表示,发盘人可在发盘时明白说明或写明"发盘"、"发实盘"或明确规定发盘有效期等。暗示的表示,则应与其他有关情况结合起来考虑,包括双方磋商的情况、双方已确立的习惯做法、惯例和当事人随后的行为。

3) 内容十分确定。《联合国国际货物销售合同公约》第 14 条规定:一项订立合同的建议"如果写明货物,并且明示或暗示地规定数量和价格或如何确定数量和价格,即为十分确定"。按此规定,一项订约建议只要列明货物、数量和价格三项条件,即可被认为其内容"十分确定",而构成一项有效的发盘。如该发盘为受盘人所接受，即可成立合同。在外贸实际工作中，我外贸企业在对外发盘时，应明示或暗示地至少规定六项主要交易条件，即：货物的品质(质量)、数量、包装、价格、交货和支付条件。

4) 在发盘有效期内传达到受盘人。发盘必须被传达到受盘人是《联合国国际货物销售合同公约》和各国法律普遍的要求。发盘无论是口头的还是书面的，只有被传达到受盘人时才生效。

9.2.2.3 发盘的有效期

在国际货物买卖中，凡是发盘都有有效期。发盘的有效期是指可供受盘人对发盘做出接受的时间或期限。这一含义有两层意思：一是发盘人在发盘有效期内受约束，即如果受盘人在有效期内将接受通知送达发盘人，发盘人承担按发盘条件与之订立合同的责任；另一层意思是指超过有效期，发盘人将不再受约束。因此，发盘的有效期，既是对发盘人的一种限制，也是对发盘人的一种保障。

发盘人对发盘有效期可作明确的规定，也可不作明确的规定。明确规定有效期，并不是构成发盘不可缺少的条件。明确规定有效期的发盘，从发盘被传达到受盘人开始生效，到规定的有效期届满为止。不明确规定有效期的发盘，在合理时间内有效。

在我出口业务中，常见的明确规定有效期的方法主要有：

1) 规定最迟接受的期限。发盘人在发盘中明确规定受盘人表示接受的最迟期限。为了明确发盘的截止期，在规定最迟接受的期限时，可同时限定以接受送达发盘人或以发盘人所在地的时间为准。例如："发盘限3日复到有效"；"发盘限我方时间10日复"。

2) 规定一段接受的期间。发盘人也可规定发盘在一段期间内有效。例如："发盘有效期三天"；"发盘七日内复到有效"。

9.2.2.4 发盘的撤回与撤销

1) 发盘的撤回。发盘的撤回是指发盘人在发盘后，其发盘尚未到达受盘人之前，即在发盘尚未生效之前，阻止该项发盘生效。根据《联合国国际货物销售合同公约》的规定，一项发盘(包括注明不可撤销的发盘)，只要在其尚未生效以前，都是可以修改或撤回的，条件是发盘人须将发盘的撤回或更改通知赶在该发盘之前或同时送达受盘人，则发盘即可撤回或修改。

2) 发盘的撤销。发盘的撤销是指发盘人在其发盘已经送达受盘人，即发盘已经生效后，将该项发盘取消。关于发盘能否撤销的问题，英美法与大陆法存在严重的分歧。

大陆法主张，发盘原则上对发盘人具有约束力。一项发盘一经送达受盘人，即生效后，就不得撤销，除非发盘人在发盘中注明不受约束。

按英美法的传统观点，发盘在被接受之前得予撤销。即使发盘人在发盘中明确规定了可供接受的期间，该发盘对发盘人也不具约束力，除非受盘人为使该发盘保持可供接受而付出某种"对价"。例如，支付一定金额或做出其他行为。

《联合国国际货物销售合同公约》第16条对大陆法和英美法在此问题上的分歧，进行了协调并做出折衷的规定：已为受盘人收到的发盘，如果撤销的通知在受盘人发出接受通知前送达受盘人，可予撤销。但是，在下列情况下不得撤销：

1) 发盘是以规定有效期或以其他方式表明为不可撤销的。

2) 受盘人有理由信赖该项发盘是不可撤销的，并已本着对该发盘的信赖采取了行动。

9.2.2.5 发盘的终止

发盘的终止是指发盘法律效力的消失。它含有两方面的意义：一是发盘人不再受发盘的约束；二是受盘人失去了接受该发盘的权利。发盘终止的原因很多，归纳起来，主要有下列几种情况：

1) 在有效期内未被接受而过时。发盘可由于时间的流逝而失效。明确规定有效期的发盘，在有效期内如未被受盘人接受，即终止有效。未明确规定有效期的发盘，在合理时间内未被接受而失效。如口头发盘，受盘人当场未予接受，离开现场，发盘即失效。

2) 被受盘人拒绝或还盘。发盘一经受盘人拒绝或还盘，发盘立即终止有效。如果受盘人反悔又表示接受，即使在原先发盘的有效期之内，合同也不能成立，除非原发盘人对该"接受"予以确认。

3) 发盘人在受盘人做出接受前对发盘进行了有效的撤销。

4) 法律的适用。发盘还可因出现了某些特定情况，按有关法律的适用而终止。例如，如发盘人或受盘人为自然人，在发盘被接受前丧失行为能力(如死亡或精神失常)；如发盘人为法人(例如公司)，在发盘被接受前，该法人被依法宣告破产，并将有关破产的书面通知送达受盘人；特定的标的物毁灭，如一件珍贵的独一无二的、不可替代的艺术品，发盘做出后在火灾中焚毁；发盘中的商品被出口国或进口国政府宣布禁止出口或进口。

9.2.3 还盘

还盘(counter offer)又称还价，是受盘人对发盘内容不完全同意而提出修改或变更的表示。还盘既是受盘人对发盘的拒绝，也是受盘人以发盘人的地位所提出的新发盘。一方的发盘经对方还盘以后即失去效力，除非得到原发盘人同意，受盘人不得在还盘后反悔，再接受原发盘。

一方发盘，另一方如对其内容不同意，可以进行还盘。同样，一方的还盘，另一方如对其内容不同意，也可以再进行还盘。一笔交易有时不经过还盘即可达成，有时要经过还盘，甚至往返多次的还盘才能达成。

还盘不仅可以对商品价格，也可以对交易的其他条件提出意见。在还盘时，对双方已经同意的条件一般无须重复列出。进行还盘时，可用"还盘"术语，但一般仅将不同条件的内容通知对方，即意味还盘。

9.2.4　接受

9.2.4.1　接受的含义

接受(accept)在法律上称为承诺，是指受盘人在发盘规定的期限内，以声明或其他行为表示同意发盘提出的条件。显而易见，接受就是对发盘表示同意。根据《联合国国际货物销售合同公约》的规定，受盘人对发盘表示接受，可以通过口头或书面进行表达，或者采取其他实际行动表示。但是如果受盘人在思想上非常认同并愿意接受发盘的内容，但缄默不语，或不做出任何行动的表示，那么"接受"就不存在，也就是说"无声不等于默许"，"默许不等于接受"。按照《联合国国际货物销售合同公约》的规定："缄默或不行动本身并不等于接受。"因为在法律上，受盘人一般并不承担对发盘进行答复的法律义务和责任。

9.2.4.2 构成接受的条件

1) 接受必须由特定的受盘人做出。发盘是向特定的人发出的，因此，只有特定的人才能对发盘做出接受。由第三者做出的接受，不能视为有效的接受，只能作为一项新的发盘。

2) 接受必须是同意发盘所提出的交易条件。根据《联合国国际货物销售合同公约》的规定，一项有效的接受必须是同意发盘所提出的交易条件，只接受发盘中的部分内容，或对发盘条件提出实质性的修改，或提出有条件的接受，均不能构成接受，而只能视作还盘。但是，若受盘人在表示接受时，对发盘内容提出某些非实质性的添加、限制和更改(如要求增加重量单、装箱单、原产地证明或某些单据的份数等)，除非发盘人在不过分迟延的时间内表示反对其间的差异外，仍可构成有效的接受，从而使合同得以成立。在此情况下，合同的条件就以该项发盘的条件以及接受中所提出的某些更改为准。

3) 接受必须在发盘规定的时效内做出。当发盘规定了接受的时限时，受盘人必须在发盘规定的时限内做出接受，方为有效。如发盘没有规定接受的时限，则受盘人应在合理时间内表示接受。对何谓"合理时间"，往往有不同的理解。为了避免争议，最好在发盘中明确规定接受的具体时限。

4) 接受通知的传递方式应符合发盘的要求。发盘人发盘时，有的具体规定接受通知的传递方式，也有未作规定的。如发盘没有规定传递方式，则受盘人可按发盘所采用的，或采用比其更快的传递方式将接受通知送达发盘人。在这里需要强调说明的是，接受通知在规定期限内到达发盘人，对于合同的成立具有重要作用。

9.2.4.3 接受生效的时间

由于接受是一种法律行为，根据法律的要求，接受必须在发盘的有效期内被传送到发盘人才能生效。在当面口头谈判或电话、电传进行磋商时，接受可立即传达给对方。所以，在发盘规定的有效期内表示接受并传达给发盘人，是没有问题的，可是如果使用的是信件或电报传达时，接受应于何时生效，是接受发送时还是接受到达时，对此有不同的法律解释。

英美法系的国家采用"投邮生效原则"(dispatch theory)，即作为一般原则，接受必须传达到发盘人才生效。但是，如果是以信件或电报传达时，则遵循"信箱原则"(mailbox rule)，即信件投邮或电报交发，接受即告生效，即使接受的函电在邮递途中延误或遗失，发盘人未能在有效期内收到，甚至根本就没有收到，也不影响合同的成立。也就是说，传递延误或遗失的风险，由发盘人承担。

大陆法系的国家则采取"到达生效原则"(receipt theory)，即表示接受的函电必须在发盘有效期内到达发盘人，接受才生效。如果表示接受的函电在邮递过程中延误或遗失，合同不能成立。也就是说，传递延误或遗失的风险由受盘人承担。

《联合国国际货物销售合同公约》采用"到达生效原则"，在第18条第2款中规定，接受于到达发盘人时生效，如果接受在发盘的有效期内，或者在合理时间内未到达发盘人，接受即为无效。

9.2.4.4 逾期接受

逾期接受又称迟到的接受。虽然各国法律一般认为逾期接受无效，它只能视作一个新的发盘，但《联合国国际货物销售合同公约》对这个问题作了灵活的处理。该公约第21条第1款规定，只要发盘人毫不迟延地用口头或书面通知受盘人，认为该项逾期的接受可以有效，愿意承受逾期接受的约束，合同仍可于接受通知送达发盘人时订立。如果发盘人对逾期的接受表示拒绝或不立即向受盘人发出上述通知，则该项逾期的接受无效，合同不能成立。公约第 21 条第 2 款规定，如果载有逾期接受的信件或其他书面文件显示，依照当时寄发情况，只要传递正常，它本来是能够及时送达发盘人的，则此项逾期的接受应当有效，合同于接受通知送达发盘人时订立。除非发盘人毫不迟延地用口头或书面通知受盘人，认为其发盘因逾期接受而失效。

9.2.4.5　接受的撤回或修改

在接受的撤回或修改问题上，《联合国国际货物销售合同公约》第 22 条规定："如果撤回通知于接受原发盘应生效之前或同时送达发盘人，接受得予撤回。"由于接受在送达发盘人时才产生法律效力，故撤回或修改接受的通知，只要先于原接受通知或与原接受通知同时送达发盘人，则接受可以撤回或修改。如接受已送达发盘人，即接受一旦生效，合同即告成立，就不得撤回接受或修改其内容，因为这样做无异于撤销或修改合同。

需要指出的是，在当前通信设施非常发达和各国普遍采用现代化通信的条件下，当发现接受中存在问题而想撤回或修改时，往往已来不及了。为了防止出现差错和避免发生不必要的损失，在实际业务中，应当审慎行事。

9.3　合同生效的时间与合同生效的条件

9.3.1　国际货物买卖合同的概念和特征

国际货物买卖合同是转移或旨在转移货物所有权的合同。国际货物买卖合同是具有国际因素的买卖合同。国际货物买卖合同与国内货物买卖合同相比，除具备诺成性、双务性和有偿性外，国际货物买卖合同具有下列特征：

1) 国际货物买卖合同买卖的货物一般很少由买卖双方直接交接，而多由负责运输的承运人转交。

2) 货物以及与货物有关的单据经由不同的程序分别处理，有时处分单据就是处分货物。

3) 国际货物买卖的风险大，周期长，程序复杂，买卖双方一般应对货物进行保险。

4) 买卖双方分别处于不同的国家，直接付款的情况少，多利用银行收款或银行直接承担付款责任。

5) 买方、卖方或双方都面临适用外国法律的问题。

6) 当事人可以自由选择争议的解决方式和地点。

9.3.2 国际货物买卖合同成立的时间

我国《合同法》的规定：

1) 承诺生效时合同成立。

2) 当事人采用合同书形式订立合同的，自双方当事人签字或者盖章时合同成立。

《联合国国际货物销售合同公约》规定，合同于按照本公约规定对发价的接受时订立。

9.3.3 国际货物买卖合同生效的要件

合同成立与合同生效是两个不同的概念。合同成立的判断依据是接受是否生效；而合同生效是指合同是否具有法律上的效力。在通常情况下，合同成立之时，就是合同生效之日，两者在时间上是同步的。但有时，合同虽然成立，却不立即产生法律效力，而是需要其他条件成立时，合同才开始生效。合同生效的要件如下：

1) 合同当事人必须具有签约能力。签订买卖合同的当事人主要为自然人或法人。按各国法律的一般规定，自然人签订合同的行为能力，是指精神正常的成年人才能订立合同。未成年人、精神病人订立合同必须受到限制，关于法人签订合同的行为能力，各国法律一般认为，法人必须通过其代理人，在法人的经营范围内签订合同，即越权的合同不能发生法律效力。

2) 合同当事人的意思表示必须真实。各国法律都认为，合同当事人的意思表示必须是真实的才能成为一项有约束力的合同，否则这种合同无效。

3) 合同的内容必须合法。许多国家往往从广义上解释"合同的内容必须合法"，其中包括不得违反法律、不得违反公共秩序或公共政策，以及不得违反善良风俗或道德三个方面。根据我国合同法第 7 条规定："当事人订立、履行合同应依照法律、行政法规，尊重社会公德，不得扰乱社会经济秩序，损害社公共利益。"

4) 合同必须有对价或约因。英美法认为，对价是指当事人为了取得合同利益所付出的代价。法国法认为，约因是指当事人签订合同所追求的直接目的。按照英美法和法国法的规定，合同只有在有对价或约因时，才是法律上有效的合同，无对价或无约因的合同，得不到法律保障。

9.4　合同的形式和内容

9.4.1　合同的形式

《联合国国际货物买卖合同公约》规定，销售合同无须以书面订立或书面说明，在形式方面也不受任何其他条件的限制。销售合同可以用包括人证在内的任何方法证明。

我国《合同法》规定，当事人订立合同，有书面形式、口头形式和其他形式。但是在该法中还规定，法律、行政法规规定采用书面形式的，应当采用书面形式。当事人约定采用书面形式的，应当采用书面形式。

在国际货物买卖中，书面销售合同的名称和形式繁多，均无特定的限制。一般有销售合同、销售确认书、销售协议书和备忘录和来往的电报、电传、传真、电子数据交换和电子邮件等可以有形地表现所载内容的形式。当前在我国的进出口业务中，书面合同主要使用销售合同和销售确认书。

9.4.1.1　合同

合同(contract)的内容比较全面详细。除了包括合同的主要条款：货物名称、品质规格、数量、包装、单价、总值、交货、支付方式之外，还包括一般合同条款：保险、商品检验、异议索赔、仲裁和不可抗力等。出口人草拟提出的合同称为销售合同；进口人草拟提出的合同称为购货合同。使用的文字是第三人称语气。这种合同形式的特点是内容比较全面，对双方的权利和义务以及发生争议的处理均有详细规定。签订这种合同适合于大宗货物或成交金额较大的交易。

9.4.1.2　确认书

确认书(confirmation)是合同的简化形式。确认书的内容一般包括：货物名称、品质规格、数量、包装、单价、总值、交货期、装运港和目的港、支付方式、运输标志、商品检验等条款。对于异议索赔、仲裁、不可抗力等一般条款都不予列入。这种格式的合同，适用成交金额不大、批次较多的轻工日用品、土特产品或者已有包销、代理等长期协议的交易。

9.4.2 国际货物买卖合同的内容

国际货物买卖合同见表 9.1。

表 9.1 国际货物买卖合同

SALES CONTRACT

No.WILL1006001

Date Dec 6, 2010
Sihned at: Shanghai, China

Seller：Shanghai Will Foreign Trade Co., Ltd.
Address: No. 18 Changshun Road, Shanghai, China.
Buyer：Tru. (HK) Ltd.
Address：17/F, World Finance Centre, North Tower
  19 Canton Road, Tsimshatsui, Kowloon, Hong Kong
The under signed Sellers and Buyers have agreed to close the following transactions according to the terms and conditions stipulated below:

Descriptions and Quantity	Unit Price	Amount
Non-woven bags 64014 navy bag-TRU screen print 200,000 pcs	CIF LONG BEACH USD0.41/pc	USD82,000.00

Packing: One pc in a polybag, 100 pcs in a carton. **Shipping mark:** At sellers'option.
Time of shipment: During Feb. 2011
Port of shipment & destination: From Shanghai, China to Long Beach, USA
With partial shipment and Transhipment to be allowed.
**Insurance: To be covered by the seller for 110% of the invoice value covering All
risks and War risk as per CIC of the PICC dated 01/01/1981.**
Terms of payment: By Irrevocable sight credit issued by a bank acceptable to the seller on or before 26th Dec., 2010 and remaining valid for negotiation in China until the 15th day after the shipment.
Inspection: Before shipment.
Claim: Any claim by the Buyers regarding the goods Shall be filed within 45days after arrival of the cargo at the port of destination specified in the relative B/L and supported by survey reports issued by a recognized surveyor approved by the Sellers.
Arbitration: All disputes in connection with this contract or arising from the
execution of there, shall be amicably settled through negotiation in case no settlement
can be reached between the two parties, the case under disputes shall be submitted to
China International Economic and Trade Arbitration Commission, Beijing, for
arbitration in accordance with its rules of arbitration. The arbitral award is final and
binding upon both parties. The arbitration fee shall be borne by the losing party unless
otherwise awarded by the arbitration court.
Force Majeure: If the shipment of the contracted goods is prevented or delayed in
whole or in part by reason of war, earthquake or other causes of Force Majeure, the
Sellers shall not be liable. However, the Sellers shall notify the Buyers immediately and furnish the latter by registered airmail with a certificate issued by the China Council for the Promotion of International Trade attesting such event or events.

  The Sellers
Shanghai Will Foreign Trade Co., Ltd
  梁   逸

  The Buyers
Tru (HK) Ltd.
  Anita

9.4.2.1 合同的首部

合同的首部包括开头和序言、合同名称、编号、缔约时间、缔约地点、当事人的名称和地址等。在规定这部分内容时应注意两点：

1) 要把当事人双方的全称和法定详细地址列明，有些国家法律规定这些是合同正式成立的条件。

2) 要认真规定好缔约地点，因为合同中如对合同适用的法律未做出规定时，根据有些国家的法律规定和贸易习惯的解释，可适用合同缔约地国的法律。

9.4.2.2 合同的主体部分

合同的主体部分包括合同的各项条款，如品名品质、数量、包装、单价和总值、交货期、装运港和目的港、支付方式、保险条款、检验条款、异议索赔条款、仲裁条款和不可抗力等，以及根据不同货物和不同交易情况加列其他条款，如保值条款、溢短装条款、品质公差条款、单据条款等。

9.4.2.3 合同的结尾部分

合同的结尾部分包括合同的份数、使用文字和效力，以及双方的签字。此外，有的合同有附件部分，附在合同之后，作为合同不可分割的一部分。

综合测试

1) 多项选择题(请准确选出全部正确答案)：
(1) 磋商交易的一般程序包括(   )环节。
    A. 询盘   B. 发盘   C. 还盘   D. 接受
    E. 签约
(2) 构成有效发盘的条件之一是发盘的内容必须十分确定，按照《联合国国际货物销售合同公约》的规定在发盘中至少应规定(   )。
    A. 货物名称   B. 货物价格   C. 交易数量   D. 支付方式
(3) 书面合同不论采取何种格式，其基本内容通常包括(   )。
    A. 约首部分   B. 本文部分
    C. 约尾部分   D. 合同适用的法律
(4) 发盘效力终止的原因有(   )。
    A. 过期   B. 被依法撤销
    C. 被拒绝或还盘   D. 遇到了不可抗力
(5) 一方对另一方的发盘表示接受可以采取的方式有(   )。

　　A. 书面　　　　　　　B. 行为　　　　　　　C. 口头　　　　　　　D. 缄默

　　2) 判断题(判断下列各题是否正确, 在题后括号内正确的打"√", 错误的打"×"):

　　(1) 每笔交易都必须有询盘、发盘、还盘和接受四个环节。( )

　　(2) 邀请发盘对发盘人是没有约束力的。( )

　　(3) 发盘必须明确规定有效期, 未明确规定有效期的发盘无效。( )

　　(4) 凡是逾期送达要约人的承诺, 只要要约人缄默, 合同即告示成立。( )

　　(5) 在国际贸易中, 发盘是卖方做出的行为, 询盘是买方做出的行为。( )

　　(6) 根据《公约》, 只要在发盘中规定货物并明示或暗示其数量和价格, 就是内容"十分肯定"。( )

　　(7) 还盘可视为一项新的发盘。( )

　　(8) 根据《公约》的规定, 受盘人可在发盘有效期内用开立信用证这一行动表示接受。( )

　　(9) 根据英美法规定, 承诺一经发出, 在任何情况下都不能撤回。( )

　　(10) 交叉发盘, 即使双方所提出的品名、品质、数量、包装、价格、交货期、支付等均相同, 未经另一方有效接受, 合同也不能成立。( )

　　(11) 接受应在有效期内做出, 任何情况下的逾期接受都是无效的。( )

　　(12) 按《公约》规定, 一项发盘发出后可以撤销, 其条件是: 发盘人的撤销通知, 必须在受盘人发出接受通知送达到受盘人。( )

　　3) 问答题:

　　(1) 交易磋商的内容包括哪些方面?

　　(2) 一项有效的发盘应具备哪些条件?

　　(3) 一项有效接受应具备哪些条件?

　　(4) 发盘的撤回和撤销有什么区别?

　　(5) 合同成立的条件是什么?

　　4) 案例分析题:

　　(1) 我某公司于10月2日向美商发盘, 以每打84.50美元CIF纽约的价格提供全棉男衬衫500打, 限10月15日复到有效。10月10日收到美商回电称价格太高, 若每打80美元可接受。10月13日又收到美商来电: "接受你10月2日发盘, 信用证已开出。"但我方由于市价上涨未作回答, 也没有发货, 后美商认为我方违约, 要求赔偿损失。

　　请问: 我方应否赔偿? 为什么?

　　(2) 我某出口公司于2002年5月1日向外商报出某商品, 在发盘中除列明各项交易条件外, 还提出"PACKING IN SOUND BAGS"。在发盘有效期内外商复电称："REFER TO YOUR TELEX FIRST ACCEPTANCE, PACKING IN NEW BAGS"。我出口公司收到上述来电后,即着手备货。数日后,该产品国际市场价格猛跌,外商来电称:"我对包装条件做了变更,你未确认,合同并未成立。"而我出口公司则坚持合同已经成立,于是双方对此发生争议。

你认为此案应如何处理?简述理由。

(3) 我方 A 公司向美国旧金山 B 公司发盘出售某商品 100 公吨,价格为每公吨 2500 美元 CIF 旧金山,装运期为收到信用证后两个月内交货,凭不可撤销的信用证支付,限 3 天内答复。A 公司于第二天收到 B 公司回电称:"ACCEPANCE YOUR OFFER SHIPMENT IMMEDIATELY"A 公司未做答复,又过了两天,B 公司由花期银行开来即期信用证,证内注明:"SHIPMENT IMMEDIATELY",当时该商品国际市场价格上涨 20%,A 公司拒绝交货,并立即退回信用证。

请分析:A 公司这样做有无道理。有何依据?

(4) 我某对外工程承包公司于某年 10 月 2 日以电传请美国某供应商发盘出售钢材一批,我方在电传中声明:要求这一发盘是为了计算一项承造大楼的标价和确定是否参加投标之用。我方必须于 10 月 18 日向招标人递交投标书,招标人的开标日期为 10 月 30 日。美国供应商于 10 月 8 日向我发盘,我方据以计算标价,并于 10 月 18 日向招标人递交投标书。由于国际市场价格上涨,10 月 22 日美国供应商来电要求撤销其 10 月 8 日的发盘,我方当即表示不同意撤盘。于是,双方为能否撤销发盘发生争执,及至 10 月 30 日招标人开标,我方中标,随即以电传通知美国供应商接受其 10 月 8 日发盘,但美国供应商坚持该发盘已于 10 月 22 日撤销,合同不能成立;而我方则坚持合同已经成立。对此,双方争执不下,于是提交仲裁。

请分析:此案应如何处理。说明理由。

(5) 我某公司于 2008 年 9 月 16 日收到外商的发盘:"某商品 500 公吨,每公吨 550 美元 CIF 上海,10 月份装运,即期信用证支付,限 20 日复到有效"我方公司于 17 日复电:"若单价降低为每公吨 500 美元上海则可接受,履约中如有争议,在中国仲裁。"外商当日复电:"市场坚挺,价格不能减,仲裁条件可接受,速复。"此时,此商品价格确实趋涨,我方公司于 19 日复电:"接受你 16 日发盘,信用证已由中国银行开出,请确认。"但外商未确认,并退回信用证。

请问:合同是否成立?我方公司有无失误?说明理由。

10　国际货物买卖合同的履行

![飞机图标] **关键词**

商品检验检疫　　　　　　　　报关
买单结汇　　　　　　　　　　收妥结汇
出口收汇核销　　　　　　　　进口付汇核销
出口退税

![星星图标] **知识目标**

- 了解进、出口合同履行的环节；
- 熟悉进、出口合同履行各环节使用的单证；
- 掌握进、出口合同履行各个环节的具体操作。

![循环图标] **技能目标**

◆　会制作出口合同履行各环节使用的单证，审核进口合同中的单证；

◆　能进行备货、报检、租船订舱、报关、投保、制单结汇、出口收汇核销、申请开证、审单付款、进口付汇核销等环节的操作；

◆　做到对不同贸易术语、不同支付方式下合同履行的处理；

◆　实现不同运输方式、不同贸易术语、不同支付方式下进、出口合同履行各环节的操作。

![书本图标] **导入案例**

我某进出口公司向印度一新客户出口 PVC Strips 一批，合同规定：品质规格是 200mm×2mm×50m ribbed，我公司按照合同规定的交货期交货、交单，并收到了印度客户电汇的货款。货到目的港，印度客户凭我方提供的单据向海关报关时遭拒，理由是我公司提供的单据上对货物的描述是 200mm×2mm×50m ribbed，而产品包装内的小标签上规格显示是 200mm×4mm×50m，单、货不符，所以印度海关不放行，客户来信要求我公司解释原因。原来是我公司对该货物有两种描

述：一是 200mm × 2mm × 50m ribbed(200 毫米宽 × 2 毫米厚 × 50 米长，带筋)，二是 200mm × 4mm × 50m(200 毫米宽 × 4 毫米厚 × 50 米长)，其中，2 毫米厚度加上筋的厚度刚好为 4 毫米厚。印度客户拿着我公司的传真向印度海关作了解释，印度海关才放行。此案中由于我方业务员的疏忽，给印度客户带来不便，差点丢了一个新客户。

10.1　出口合同的履行

出口合同经常采用 CIF 术语成交，以信用证方式支付，履行这类出口合同一般要经过：备货、报检、催证、审证、改证、租船订舱、报关、投保、制单结汇、出口收汇核销等环节。这些环节之间是相互联系又是相互依存的。因而只有环环紧扣，严格按照合同规定，根据法律和惯例的要求，切实做好每一个环节的工作，才能确保货(单)、款对流的顺利进行，使合同得以圆满地履行。

10.1.1　备货、报验

10.1.1.1　备货

1) 货物的品质。货物的品质是出口交易中的一项重要内容。许多国家的法律和国际公约均把品质与合同规定不符视为严重违约，买方有权撤销合同，同时要求损害赔偿。因此，出口商在备货时要注意把握货物的品质尺度，保证货物种类及各项品质指标严格符合合同和信用证要求。凡凭规格、等级、标准等文字说明达成的合同，只要合同列出的，如货号、标准、商标、产地等，交付货物的品质必须与合同规定完全相符。如系凭样品达成的合同，则必须与样品一致。如既凭文字说明的，又凭样品达成的合同，则两者均须相符

2) 货物的数量。货物数量是国际货物买卖合同中的主要交易条件之一。卖方备货应与合同规定的数量一致，如卖方不能按约定数量交货，可能导致违反合同的法律后果。所以，在备货过程中，如发现货物不符合合同规定时，应及时采取有效措施，并在规定期限内补足。为便于补足储存中的自然损耗和国内搬运过程中的货损，以及按合同溢短装条款的溢装之用，备货数量一般以略多于出口合同规定的数量为宜。此外，需要注意的是，凡按重量计量而在合同中未明文规定按何种方法计算重量的，按《公约》第 56 条规定，应按净重计量。

3) 货物的包装。在国际货物买卖中，包装是作为货物说明的组成部分，包装

条款是买卖合同中的主要条款，因此，卖方必须按约定的包装方式备货。对货物包装除根据合同或信用证认真核对包装材料、充填物、形状、重量(或数量)等是否相符外，还应注意包装是否牢固，有无破漏、松腰、开包、水渍等情况。

4) 备妥货物的时间。交货期与装运期是国际货物买卖合同的主要交易条件，如有违反，买方不仅有权拒收货物并提出索赔，甚至还可宣告合同无效。为了避免延迟交货，货物备妥的时间，必须适应出口合同与信用证规定的交货时间和装运期限，并结合运输条件，例如船期，进行妥善安排。为防止意外，一般还应适当留有余地。在合同规定卖方在收到信用证后若干天内装运时，要注意催促买方及时开证，以便卖方在审核无误后及时安排生产、组织进货和办理装运。

10.1.1.2 报验

凡属国家规定法定检验的商品，或合同规定必须经中国检验检疫机构检验出证的商品，在货物备齐后，应向检验检疫机构申请检验。只有取得出入境检验检疫机构发给的出境货物通关单，海关才准放行。经检验不合格的货物，一般不得出口。

申请报验应填制"出境检验检疫报检单"，并附上合同副本以及信用证和有关资料等，向出入境检验检疫机构办理报验手续。

在填单时应按要求翔实填写，所列项目应填写完整、准确、清晰，不得涂改。每张申请单仅限填报一个合同、一份信用证的商品。

出口单位在检验合格取得检验证书后，务必在有效期内出运货物。商品检验证明书的有效期，一般货物是从发证日期起2个月内有效；鲜果、鲜蛋类为2～3个星期内有效；植物检疫为3个星期内有效。如果超过规定有效期，装运前应向商检部门申请复验。商检部门根据情况进行抽验换证，报验后发现申报检验单内容有误需要更正时，应填写更改申请书，并阐明理由。

10.1.2 催证、审证、改证

10.1.2.1 催证

催证是指卖方在买方未按合同规定及时开出信用证的情况下，催促买方尽快开出信用证。在以信用证为支付方式的交易中，卖方发货一般是以收到买方开来符合合同要求的信用证为前提的。按照合同规定，买方及时开证是买方应尽的义务。催证工作并非每笔业务必有的业务程序，而是当国外进口商遇到国际市场发生对其不利的变化或资金发生短缺情况时，往往拖延开证或不开证，因此，我们应催促对方迅速办理开证手续。

信用证是保证卖方是否能安全、及时收到货款的保证文件。因此，对于卖方来说，越早收到信用证越好。如果买方推迟开信用证的时间，就有可能给卖方带来风险。特别是大宗商品交易或按国外进口商要求特制商品的交易，更应结合备货情况及时进行催证。

10.1.2.2　审证

信用证依据合同开立，因而信用证内容应该与合同条款相一致。然而在实际业务中，信用证内容与合同不符的情况时有发生。产生这种情况的原因各不相同：有的是开证申请人或开证行工作上的疏忽和差错；有的是由于某些进口国家的习惯做法或另有特殊规定；有的是开证申请人对我国政策不了解；也有的是国外客户故意在信用证内加列一些额外的要求。因此，为了保障安全收汇和合同的顺利执行，审核信用证必须十分谨慎、仔细，稍有疏忽就有可能影响履约，甚至造成重大损失。

凡是国外开来的信用证，由银行和出口企业共同审核。银行重点审核开证行的政治背景、资信、付款责任和索汇路线以及鉴别信用证真伪等。如经银行审核无问题，即在信用证正本上面加盖"证实书"戳印后交给出口企业进行审核。出口企业则依据买卖合同和《跟单信用证统一惯例》对信用证进行全面、细致地审核。

审核信用证的要点：

1) 信用证的真实性的审核。银行通过信用证上的签字、密押和预留印鉴，判断信用证的真伪。

2) 信用证的政治性和政策性的审核。国外来证必须符合我国的对外政策。如来证是由国家规定不准予经贸往来的国家或地区的银行开立的，或来证中含有歧视性条款或其他与我国政策不符的内容，则不予接受。

3) 开证行的资信情况的审核。通过对开证行所在国家的政治经济状况、开证行的资信、声誉和经营作风进行审核，判断开证行承担信用证义务的能力。凡是资信情况不好、经营作风欠佳，不能与之往来的银行开来的信用证，原则上应拒绝接受，并请客户另行委托我方可以接受的其他银行开证。对于资信较差的但还可在一定条件下往来的开证行，可要求另选一家银行加具保兑，以保证收汇安全。

4) 信用证性质的审核。按照《UCP600》的解释，信用证都是不可撤销的，有的信用证在开证行应负责任方面却附加了一些与"不可撤销"相矛盾的条款。例如："该证领取进口许可证后生效"、"信用证下的付款要在货物清关后才支付"、"开证行须在货物到达时没有接到海关禁止进口的通知才承兑汇票"、"货物在到达目的地并经主管当局检验合格后方可支付"等。这些条款背离了信用证凭单付款的原则，尽管受益人完全做到了单证一致，还是得不到付款的保障，使"不可撤销"名不副实，这些条款改变了信用证的性质和开证行的付款责任，对于这样的信用证应要求修改。

5) 信用证当事人的审核。审核开证申请人和受益人的名称、地址是否与合同规定相符。如不相符，应要求对方改证。

6) 信用证金额及货币的审核。信用证的金额及所采用的计价货币应与合同规定一致。如有溢短装条款，信用证金额也应订有相应的增减幅度。金额中单价与总值须填写正确，并注意大小写一致。

7) 有关货物的描述。来证中对有关品名、规格、数量和包装等项内容的描述，均须与合同规定相符。如有不符，应要求对方修改。

8) 信用证的装运期、有效期和到期地点的审核。应特别注意下列情况：

(1) 装运期必须与合同规定一致，如对方来证晚，无法按期装运，应及时请对方通知银行延展装运期限。

(2) 信用证的有效期与装运期一般应有一定的间隔，以便在装运货物后能有足够的时间办理制单结汇。

(3) 来证只规定有效期而未规定装运期时，可理解为"双到期"，即信用证的有效期和装运期同一天到期。这种情况可视具体情况决定是否让对方修改有效期。

(4) 来证只规定装运期而没有有效期时，则应立即请对方明确，因为有效期是不可撤销信用证必不可少的内容。

(5) 信用证的到期地点，一般要求在我国到期；在国外到期，不利出口人掌握向银行交单时间，一般不宜轻易接受。

9) 信用证中的装运地和目的地的审核。装运港(地)应该是中国某港口或某地。对于目的港(地)，在信用证中应标明清楚，并且应与合同中的规定相一致。

10) 信用证中单据条款的审核。对信用证中规定的要求受益人提交的单据，我们要重点审核，如发现有我们无法提交的单据，及时要求对方改证。

11) 信用证中规定的特别条款的审核。对信用证中的特殊条款如指定船公司、指定船籍、船龄、船级等，或不准在某个港口转船等，一般不宜轻易接受。

10.1.2.3 改证

对信用证进行审核以后，如果发现其中有与合同不相符的内容或对我方不利的交易条件，应及时通知对方改证。尤其是对那些影响出口企业及时、安全收汇的内容，应坚决要求对方改证。在改证时应注意以下几点：

1) 信用证中发现多处问题需要修改，应做到一次性向开证申请人提出，尽量避免因多次提出修改要求而增加双方的手续和费用；

2) 收到修改通知书后，出口商应当审核修改内容，决定是否同意。如果不同意修改，应在收到修改通知书后 3 天之内将修改通知书退回通知行或以出口人的交单为准。

3) 按《UCP600》的规定，国外开证行发来的修改通知中如包括两项以上的内容时，我们对此通知要么全部接受，要么全部拒绝，不能只接受其中一部分，而拒绝另一部分。

10.1.3   办理租船订舱、报关和投保

10.1.3.1   办理租船订舱

当货物备妥，有关信用证审核、修改无误后，出口合同履行即进入到租船订舱和装船的阶段。如出口货物数量较大，需要整船载运的，则要租船；如出口货物数量不大，不足以用整船装运的，则要订舱。在实际业务中，出口商大多委托货运代理人去完成租船、订舱。货运代理人接受货主的委托并代表货主办理有关货物的报关、报验、交接、仓储、包装、装运订舱等业务。他们与货主之间是委托与被委托的关系，在办理代理业务中，他们一方面以货主的代理人身份对货主负责，同时又以所提供的服务而收取一定的代理费。

租船订舱的一般程序：

1) 出口企业在备货齐全并收到国外开来的信用证经审核(或经修改)无误后，就可办理托运，运输公司每月定期发布船期表，表内列明航线、船名、国籍、抵港日期、沿途停靠港口、截止收单日期、开航日期等等。出口企业根据运输公司定期发布的船期表，按信用证和合同内有关运输条款规定填写托运单 (或称租船订舱委托书)，并及时将托运单送交递交货运代理人，作为租船订舱的依据。

2) 货运代理人在收到托运单后，会同船公司，根据配载原则、货物性质、货运数量、装运港、目的港等情况，结合船期，安排船只和舱位，然后由船公司据以签发装货单(shipping order) ，俗称"下货纸"，作为通知船方收货装运的凭证。

3) 在完成报关手续后，出口企业即可将货装船。装船完毕，由船上的大副签发大副收据(mate's receipt)。大副收据又称收货单，它是船公司签发给托运人的表明货物已装船的临时收据。托运人凭收货单向船公司支付运费，并换取正式提单。

10.1.3.2   报关

报关是指出口企业在货物装运前，向海关申报有关货物出口的手续。按照我

国《海关法》规定，凡是进出口的货物，必须经由设有海关的港口、车站、国际航空站进出，并向海关申报，经海关查验后方可放行。

办理出口报关手续时，首先要填写出口货物报关单，并由专职报关员办理出口报关手续。出口报关时需要随附的单据有：商业发票、装箱单、商检证书、出口许可证，有时还要提供合同和信用证的副本。海关对货物、证书、单据查验无误后在装货单上盖章放行(俗称通关)后，出口企业方可办理装船事宜。

10.1.3.3 投保

办理保险的目的主要是一旦在运输过程中货物发生了风险和损失，可以得到经济补偿。凡是以 CIF 价格条件成交的出口合同，都由出口方办理投保手续。出口货物保险采用逐笔投保方式。出口企业在确定船期、船名后，应向保险公司办理投保手续，以取得保险单。办理保险的程序：

1) 投保申请。由出口商填制运输保险投保单，一式两份，并注明被保险人的名称、货物的名称、包装及数量、标志、保险金额、保险险别、船名、开航日期、装运港、目的港等内容。一份由保险公司签署后交出口企业作为接受承保的凭证；一份由保险公司留存，作为缮制保险单的依据。

2) 出口企业收到由保险公司签署的投保单后，向保险公司交纳保险费。然后，获取由保险公司签发的保险单。

10.1.3.4 装船出运

在办理了租船订舱、报关、投保手续后，出口人就可以将备好的货物装船出运了。按 CIF 术语的解释，出口人只要在装运港装上运往目的港的船上，即履行了交货的义务。

10.1.4 制单结汇

10.1.4.1 对出口单据的基本要求

1) 正确。在制单工作的各项要求中，正确是单证工作的前提，单证不正确就不能安全结汇。在信用证方式下，单据的正确性集中体现在"单证一致"和"单单一致"，即单据应与信用证条款的规定相一致，单据与单据之间应彼此一致。此外，还应该注意单据的描述与实际装运的货物相一致，这样，单据才能真正地代表货物。另外，各种单据还必须符合有关国际惯例和进口国的有关法令和规定。

2) 完整。单据的完整是指信用证规定的各项单据必须齐全，不能短缺，单据的种类、每种单据的份数和单据本身的必要项目内容都必须完整。

3) 及时。制作单据必须及时，并应在信用证规定的交单到期日和《UCP600》规定的交单期限内将各项单据送交指定的银行办理议付、付款或承兑手续。如有可能，最好在货物装运前，先将有关单据送交银行预先审核，以便有较充裕的时间来检查单据，提早发现。

4) 简洁。单据内容应按信用证和《UCP600》的规定以及该惯例所反映的国际标准银行实务填写，力求简单明了，简化单证不仅可以减少工作量和提高工作效率，而且也有利于提高单证的质量和减少单证的差错。

5) 清晰。单据的布局要美观、大方，缮写或打印的字迹要清楚，单据表面要洁净，更改的地方要加盖校对章。有些单据，例如提单、汇票以及其他一些重要单据的主要项目，如金额、件数、数量、重量等，不宜更改。

10.1.4.2　制单结汇

制单指出口人在信用证交单到期日前和交单期限内向指定银行提交符合信用证条款规定的单据。这些单据经银行审核确认无误后，根据信用证规定的付款条件，由银行办理出口结汇。在我国出口业务中，对于信用证的出口结汇办法，主要有三种："买单结汇"、"收妥结汇"和"定期结汇"。

1) "买单结汇"，又称出口押汇或议付，是指议付行在审核单据后确认受益人所交单据符合信用证条款规定的情况下，按信用证条款买入受益人的汇票和单据，并按照票面金额扣除从议付日到估计收到票款之日的利息，将净数按议付日人民币市场汇价折算成人民币，付给信用证的受益人。议付行买入汇票后，就成为汇票的善意持有人，即可凭汇票向信用证的开证行索取票款。

2) "收妥结汇"，又称"先收后结"，是指出口地银行收到受益人提交的单据，经审核确认与信用证条款的规定相符后，将单据寄到国外付款行索偿，待付款行将外汇划给出口地银行后，该行再按当日外汇牌价结算成人民币交付给受益人。

3) "定期结汇"，是指出口地银行在收到受益人提交的单据经审核无误后，将单据寄给国外银行索偿，并在事先规定期限内将货款外汇结算成人民币交付给受益人。

10.1.4.3　常用结汇单据的缮制

根据单据制作的主体不同，结汇时所要求的单据有三类：一是出口商自行缮制的各类票据，包括汇票、商业发票、装箱单等；二是为国际贸易提供商业服务的各个部门所出具的单据，包括运输单据、保险单据等；三是出口商申请并经核准，官方机构出具的各种单据，包括海关发票、原产地证书、检验证书等。这些单据都有它特定的用途，并不是每一笔交易所需的单据都相同，而是要根据实际情况和信用证要求，向银行提交单据并进行结汇。

1) 汇票(bill of exchange)。汇票见表 10.1。

表 10.1 汇票

BILL OF EXCHANGE

Drawn Under   **HSBC BANK (HK)LTD.**   L/C No. **BCN1008675**

Dated   **Mar 15，2011**   Payable With interest   @   %

No.   WILL110120 Exchange for   **USD82,000.00**   Shanghai, China   Date

At   ******   sight of this FIRST of Exchange (Second of Exchange Being unpaid)

Pay to the order of   **BANK OF CHINA, SHANGHAI BRANCH**

the sum of   SAY US DOLLARS EIGHTY TWO THOUSAND ONLY

     HSBC BANK (HK)LTD.

To   **HONGKONG**   SHANGHAI LIANXIN FOREIGN TRADE CO., LTD

梁 逸

Authorized Signature

(1) 汇票名称。汇票应有名称，一般使用 bill of exchange，也可使用 exchange 或 draft。汇票名称一般已印妥。

(2) 出票条款。出票条款又称出票根据，即汇票上 "Drawn under…"。信用证支付方式下的汇票出票条款包括三项内容：开证行名称、信用证号码和开证日期。如果信用证上有关内容有规定的，则按规定照填；若信用证有关内容不完整，汇票仍应将这三项内容完整列明。

(3) 汇票号码。通常将有关商业发票的号码作为汇票的编号。

(4) 利息条款。信用证要求填利息条款的就填，没要求可不填。

(5) 汇票的金额。汇票金额的文字大写和数字小写必须相符，大写金额后应加 "整" (ONLY)。汇票的金额与币制应与商业发票一致。信用证项下的汇票，证上有特殊条款者，应按信用证条款办理。

(6) 出票地点和日期。汇票的签发地点，信用证方式下一般是汇票的议付地点，该项内容有些汇票提前印就，有些没有表明的，则留给银行填写。出票日期，一般为议付日期，出口商也留空不填，由银行收到出口商提交的单证时填写。

(7) 汇票的期限。汇票的期限称付款期限，必须明确填写，不可含糊。信用证项下汇票应按其规定填写，汇票的期限主要有两种：即期和远期。

即期汇票在付款期限栏中填"At Sight"，横线上习惯打上几个星号"＊＊＊＊＊"。

远期汇票中的期限一般有四种表示方法：① 出票后若干天付款，则在付款期限栏内填"At××days after date of draft"；② 付款人见票后若干天付款，则在付款期限栏中填"At××days after Sight"；③ 按提单签发日后若干天付款，则填写"At×× days after date of B/L"；④ 在固定的日期付款，则填具体的年、月、日。

(8) 受款人。通常汇票的受款人处已印就"Pay to the order of"。在信用证支付的条件下，汇票中受款人这一栏目中填写的应是银行名称和地址，究竟要填哪家银行作为受款人，要看信用证中具体的规定。

(9) 受票人(付款人)。即在左下角"To"后，此栏按信用证规定填开证行名称或开证行的指定银行名称。

(10) 出票人。出票人即签发汇票的人，虽然汇票上没有出票人一栏，但习惯上都把出票人的名称填在右下角，主要包括出票人(出口公司的全称)和负责人的签章。

2) 商业发票(commercial invoice)。商业发票(见表 10.2)是卖方于货物装运出口时开给买方作为记账、结算货款和报关缴税的凭证，也是买卖双方交接货物的主要单证。我国各出口企业的商业发票没有统一格式，但主要项目基本相同，一般包括：

(1) 出票人名称与地址。通常在印制发票时已同时印上。其内容必须与信用证上受益人相一致。

(2) 发票名称。在出票人名称与地址下面正中，要用醒目字体标出："COMMERCIAL INVOICE"字样。

(3) 发票抬头人。采用信用证支付方式，一般均应填写来证的开证申请人。

(4) 发票号码。此号码由出口公司自编。发票是一套单据的中心单据，其他单据也须显示发票号。

(5) 日期。指签发发票的日期。此日期不能晚于提单日期。

(6) 信用证号码/合同号码。如用信用证方式结汇，则如实填写信用证号码；不用信用证方式结汇，则不填。合同号码如实填写。

(7) 运输细节。与信用证相一致。

表 10.2 商业发票

ISSUER: SHANGHAI WILL TRADING CO., LTD NO.18 CHANGSHUN ROAD, SHANGHAI, CHINA	COMMERCIAL INVOICE		
TO: TRU (HK) LTD. 17/F,WORLD FINANCE CENTRE, NORTH TOWER 19 CANTON ROAD TSIMSHATSUI, KOWLOON,HONGKONG	NO. WILL110120		DATE: JAN. 20,2011
	S/C NO. WILL1006001		L/C NO. BCN1008675
	TERMS OF PAYMENT: SIGHT L/C		
TRANSPORT DETAILS：FROM SHANGHAI TO LONG BEACH BY SEA			
MARKS AND NOs	NO. AND KINDS OF PKGS; DES. OF GOODS	QUANTITY	UNIT PRICE	AMOUNT
TRU WILL1006001 　LONG BEACH NOS.1-2000	NON-WOVEN BAGS 64014 NAVY BAG-TRU SCREEN PRINT	200,000 PCS	CIF LONG BEACH USD0.41/PC	USD82000.00
TOTAL:		200,000 PCS		USD82000.00

SHANGHAI WILL TRADING CO., LTD
梁 逸

(8) 支付方式。如实填写。

(9) 唛头。与信用证一致，如没有则填"N／M"。

(10) 货物的描述。凡属信用证方式，应与来证所列各项要求完全相符，不能有任何遗漏或改动；如不使用信用证方式，则按合同的条款填写。

(11) 数量。如实填写。

(12) 单价。按实际成交单价填写，应包括计价货币、单位价格金额、计量单位和贸易术语四个内容。

(13) 总值。如信用证没有规定金额可增减，发票总值不能超过信用证金额。按惯例，银行可拒收超过信用证金额的发票。

(14) 总计。将数量和金额总计再写一遍。

(15) 出票人名称、签章。

一般在发票的右下角打上出口公司名称或盖上公司名称章，如信用证要求签字，再盖上公司经理签章。信用证要求手签，则必须照办。

3) 装箱单(packing list)。装箱单(见表 10.3)又称包装单,是记载货物包装内容、重量、体积或件数的单据。装箱单系重要装船单据之一, 由出口方缮制。其主要用途是作为海关验货和进口商提货的凭据。装箱单还可作为商业发票的补充文件,用以补充说明各种不同规格货物所装之箱及各箱的重量、体积、尺寸等。装箱单与商业发票一样, 均无固定的格式和内容, 由出口商根据出口货物的种类以及进口商的需要而依照商业发票的大体格式来制作。

表 10.3　装箱单

ISSUER: SHANGHAI WILL TRADING CO., LTD NO.18 CHANGSHUN ROAD, SHANGHAI, CHINA	PACKING LIST			
TO: TRU (HK) LTD. 17/F,WORLD FINANCE CENTRE, NORTH TOWER 19 CANTON ROAD TSIMSHATSUI, 　KOWLOON,HONGKONG	NO. WILL110120			
	DATE: JAN. 20,2011			
FROM　SHANGHAI TO　LONG BEACH BY　SEA				
MARKS AND NOS.	COMMODITY AND SPECIFICATION; QUANTITY	PACKAGE (CTN)	G.W (KGS)	N.W (KGS)	MEAS (CBM)
TRU WILL1006001 　LONG BEACH NOS.1-2000	NON-WOVEN BAGS 64014 NAVY BAG-TRU SCREEN PRINT 200,000 PCS	2 000	9 500	9 120	19.725
TOTAL:		2 000	9 500	9 120	19.725

SHANGHAI WILL TRADING CO., LTD
梁　逸

4) 提单(bill of lading)。提单见表 10.4。

(1) 托运人(shipper)。托运人是与承运人签订运输契约的人,亦即发货人。在信用证支付条件下,托运人一般为信用证受益人。在某些特殊情况下或收货人要求以第三者作为托运人时,只要信用证中无特殊规定,可填受益人之外的第三者为托运人。在托收方式条件下以托收的委托人为托运人。

表 10.4 海运提单

Shipper Insert Name, Address and Phone SHANGHAI WILL TRADING CO., LTD. NO.18 CHANGSHUN ROA D，SHANGHAI，CHINA	B/L No. CNS010108895

Consignee Insert Name, Address and Phone TO ORDER	中远集装箱运输有限公司 COSCO CONTAINER LINES

Notify Party Insert Name, Address and Phone TRU (HK) LTD. 17/F,WORLD FINANCE CENTRE, NORTH TOWER 19 CANTON ROAD,TSIMSHATSUI,,KOWLOON, HONGKONG	TLX: 33057 COSCO CN FAX: +86(021) 6545 8984 ORIGINAL

Ocean Vessel Voy. No. SUN V.186	Port of Loading SHANGHAI	Port-to-Port

Port of Discharge LONG BEACH	Port of Destination	BILL OF LADING Shipped on board and condition except as other-......

Marks & Nos. Container / Seal No.	No. of Containers or Packages	Description of Goods	Gross Weight Kgs	Measurement
TRU WILL1006001 LONG BEACH NOS.1-2000 YMU259654/56789	2000 CARTONS	NON-WOVEN BAGS	9500KGS FREIGHT	19.725CBM PREPAID
		Description of Contents for Shipper's Use Only (Not part of This B/L Contract)		

Total Number of containers and/or packages (in words)
    SAY TWO THOUSAND CARTONS ONLY

Ex. Rate:	Prepaid at	Payable at SHANGHAI	Place and date of issue SHANGHAI FEB. 25,2011
	Total Prepaid	No. of Original B(s)/L	Signed for the Carrier
		THREE (3)	COSCO CONTAINER LINES +++

LADEN ON BOARD THE VESSEL SUN VOY. NO.V.186 DATE:FEB.25, 2011   BY: COSCO CONTAINER LINES
+++

    (2) 收货人(consignee)：收货人有记名抬头、不记名抬头和指示式抬头三种填制方式。具体如何填制，应严格按信用证规定。在业务中多使用指示抬头。即在收货人一栏填"To order"(凭指定)或"To order of ×××"(凭×××指定)。

(3) 通知人(notify party)。被通知人是接受船方发出货到通知的人，它是收货人的代理人，货到目的港后承运人通知其办理提货前的有关事宜。此栏应严格按信用证规定填写。若信用证中未规定被通知人，提单正本可照信用证办理，留空不填。但提供给船公司的副本提单仍要详细列明被通知人(可以开证申请人作为被通知人)的名称和地址。在托收方式条件下，被通知人填托收的付款人。

(4) 船名(vessel and voyage No.)。填实际装运的船名和航次。

(5) 装运港(port of loading)。填实际装运港名称，并要与信用证规定的装运港相符。

(6) 卸货港(port of discharge)。信用证项下提单卸货港要按信用证规定填写。

(7) 收货地点(place of receipt)。若货物需转运，此栏填写收货的港口名称或地点；若货物不需转运，则此栏空白不填。

(8) 交货地点(place of delivery)。此栏按信用证规定的目的地填写。如果货物的目的地就是目的港，则此栏空白不填。

(9) 正本提单份数(numbers of original B/L)。正本提单签发的份数按信用证规定的份数填写。

(10) 集装箱号码(container No.)。按实际情况填写。

(11) 唛头(marks and number)。按信用证规定的唛头填写，且与其他单据上的唛头一致。无唛头时，填写"N/M"。

(12) 件数 (No.of packages)。按实际情况填写。

(13) 货物描述(description of goods)。货物描述可填货物大类总称，但不能与信用证规定的名称相抵触。《UCP600》规定："除商业发票外，其他单据中的货物、服务或行为描述若须规定，可使用统称，但不得与信用证规定的描述相矛盾。"

(14) 毛重(gross weight)。此栏填货物总毛重，且与发票、装箱单、托运单等有关单据一致。一般以"千克"为计量单位，千克以下四舍五入。除非信用证有特别规定、一般不填净重。

(15) 尺码(measurement)。此栏填货物的体积，且与托运单一致，除非信用证有特别规定，一般以立方米为计量单位，且应保留小数点后三位数。

(16) 运费(freight)。信用证方式下，按信用证规定填。如在 CIF、CFR 条件下填"运费预付"(freight prepaid)或"运费已付"(freight paid)；FOB 条件填"运费到付"(freight to collect)。

(17) 大写件数(total number of containers or packages(in words))。此栏填英文大写包装件数，末尾加填一个"ONLY",且与第 12 栏填写包装的件数相符。散装货物此栏留空不填。

(18) 签发地点和日期(place and date of issue)。签发提单的地点应与装货港一致。提单签发日期不能晚于信用证规定的装运期。

(19) 承运人签字(signed for carrier)。提单必须由承运人或承运人的代理人，船长或船长的代理人签字才能生效，信用证要求提单手签者应照办。

(20) 提单号码(B/L No.)。一般位于提单的左上角，便于工作联系和核查，是承运人对发货人所发货物承运的编号。

5) 保险单(insurance policy)。保险单(见表 10.5)是保险公司和投保人之间订立的保险合同，也是保险公司出具的承保证明，是被保险人凭以向保险公司索赔和保险公司理赔的依据。

保险单的填制方法如下：

(1) 被保险人：一般填写出口商的名称，若信用证有其他规定，如"To order"，或以开证行、开证申请人名称为被保险人，均可照办。

(2) 标记：注意与发票、提单等单据上的唛头一致。也可填写"As per Invoice No. …"

(3) 包装及数量：如以单位包装件数计价者，可只填总件数；如果是散装货，则注明"In Bulk"，然后填写重量。

(4) 保险货物项目：填写商品的名称，可以用总称。

(5) 保险金额：一般按发票金额加上投保加成后的金额填写，信用证支付方式下，严格按信用证规定办理。货币要与信用证的币制相符，该栏为小写金额。

注意：保险金额不能出现辅币，如：计算出的保险金额为 USD 1999.01，保险金额也须写成 USD 2000.00。

(6) 总保险金额：将保险金额以英文大写的形式填入。计价货币也应以全称形式填入，注意保险金额使用的货币应与信用证使用的货币一致。

(7) 保费和费率：一般这一栏都已由保险公司在保险单印刷时填入"as arranged"字样。

(8) 装载运输工具：要与运输单据上所列明的运输工具名称一致。

(9) 开航日期及起讫地点：按运输单据日期填开航日期，或者填写"As Per B/L"；起运地和目的地也按运输单据来填写。

(10) 承保险别：信用证支付方式下的保险单的险别一定要按其规定办理。一般要填写根据＊＊保险条款，保＊＊险别。

(11) 赔付地点：按信用证或卖方投保单已填写的地点填制。如果信用证未明确，则填目的地港所在地名称。信用证规定在偿付地点后注明偿付的货币名称，应照办。

(12) 签发日期和地点：保险单签发日期必须要早于运输单据的签发日期。签发地点一般填受益人所在地。

(13) 保险公司签章：保险单要经保险公司签章后方始生效。

表 10.5 保险单

北京2008年奥运会保险合作伙伴
OFFICAL INSURANCE PARTNER OF THE BEIJING 2008 OLYMPIC GAMES

货物运输保险单
CARGO TRANSPORTATION INSURANCE POLICY

总公司设于北京   一九四九年创立
Head Office Beijing   Established in 1949

发票号   (INVOICE NO.)WILL110120   保单号次
合同号   (CONTRACT NO.) WILL1006001   POLICY NO. HMOP09319089
被保险人(INSURED) SHANGHAI WILL TRADING CO., LTD.

中国人民财产保险保险有限公司(以下简称本公司)根据被保险人的要求，由被保险人向本公司缴付约定的保险费，按照本保险单承保险别和背面所载条款与下列特款承保下述货物运输保险，特立本保险单。
THIS POLICY OF INSURANCE WITNESSES THAT PICC PROPERTY AND CASUALTY COMPANY LIMITED (HEREINAFTER CALLED "THE COMPANY")AT REQUEST OF THE INSURED AND IN CONSIDERATION OF THE AGREED PREMIUM PAID TO THE COMPANY BY THE INSURED，UNDERTAKES TO INSURANCE. THE UNDERMENTIONED GOODS IN TRANSPORTATION SUBJECT TO THE CONDITIONS OF THIS POLICY AS PER THE CLAUSES PRINTED OVERL AND OTHER SPECIAL CLAUSES ATTACHED HEREON.

标记 MARKS & NOS	包装及数量 QUANTITY	保险货物项目 DESCRITION OF GOODS	保险金额 AMOUNT INSURED
TRU WILL1006001 LONG BEACH NOS.1-2000	2000CARTONS	NON-WOVEN BAGS	USD90,200.00

总保险金额 TOTAL AMOUNT INSURED : US DOLLARS NINETY   THOUSAND TWO HUNDRED ONLY
保费   启运日期   装载运输工具
PREMIUM: AS ARRANGED DATE OF COMMENCEMENT FEB..25,2011   PER CONVEYANCE:"SUN" V. 186
自   经   至
FROM   SHANGHAI   VIA   ***   TO   LONG BEACH
承保险别：
CONDITIONS
COVERING ALL RISKS AND WAR RISK AS PER CIC OF THE PICC DATED01/01/1981
所保货物，如发生保险项下可能引起索赔的损失或损坏，应立即通知本公司代理人查勘。如有索赔，应向本公司提交保单正本(本保险单共有 2 份正本)及有关文件。如一份正本已用于索赔，其余正本自动失效。IN THE EVENT OF LOSS OR DAMAGE WHICH MAY RESULT IN A CLAIM UNDER THIS POLICY，INNEDIATE NOTICE MUST BE GIVER TO THE COMPANY'S AGENT AS MENTIONED HEREUNDER CLAIMS, IF ANY ONE OF THE ORIGINAL POLICY WHICH HAS BEEN ISSUED IN Two ORIGINAL TOGETHER WITH THE RELEVENT DOCUMENTS SHALL BE SURRENDERED TO THE COMPANY.IF ONE OF THE ORIGINAL POLICY HAS BEEN ACCOMPLISHED. THE OTHERS TO BE VOID.

中国人民财产保险股份有限公司上海市分公司
赔款偿付地点   PICC Property and Casualty Company Limited, Shanghai
CLAIM PAYABLE AT/IN   LONG BEACHI IN USD
出单日期   XXX
ISSUING DATE FEB. 25, 2011   GENERAL MANAGER

6) 产地证。产地证一般可分为普通产地证和普惠制产地证。

(1) 普通产地证(见表 10.6)。普通产地证又称产地证(ceitificate of origin)，是证明货物原产地和制造地的证明文件。国外来证要求提供产地证，主要是便于确定对货物应征收的税率。有的国家限制从某个国家或地区进口货物，也要求以产地证来证明货物的来源。我国出口货物根据合同或信用证要求，签发产地证的单位有两个：一是由中华人民共和国出入境检验检疫局(CIQ)出具；另一个是由中国国际贸易促进委员会(CCPIT)出具。要根据不同国家的要求，决定由哪个机构出具。

产地证的填制方法如下：

① 出口方(exporter)：填写出口方的名称、地址和国别。此栏是带有强制性的。应填明中国境内出口单位的名称和详细地址。

② 收货方(consignee)：填写进口方的名称、地址和国家(地区名)。通常是合同的买方或信用证上规定的提单通知人。

③ 运输方式和路线(means of transport and route)：一般应填装货、到货地点(启运港、目的港等)及运输方式(如海运、陆运、空运、陆空运等)，如：FROM SHANGHAI TO HAMBURG BY SEA。

④ 目的地国家(地区)(country/region of destination)：填写目的地国家(地区)。指货物最终运抵港，一般应与最终收货人或最终目的港国别一致，不能填写中间商国家名字。

⑤ 签证机构用栏(for certifying authority use only)：由签证机构在签发后发证书,补发证书或加注其他声明时使用。证书申领单位应将此栏留空。一般情况下该栏不填。

⑥ 运输标志(marks and Numbers)：此栏如实缮制。

⑦ 商品名称、包装数量及种类(description for goods, number and Kind of package)：填写品名、数量、包装件数(大小写)。在下边加上一行"*******"表示结束的符号。

⑧ 商品编码(H.S. Code)：此栏要求填写 HS 编码，应与报关单一致。若同一证书包含有几种商品，则应将相应的税目号全部填写。此栏不得留空。

⑨ 数量(quantity)：此栏要求填写出口货物的毛重或其他数量以及计量单位。

⑩ 发票号码及日期(number and date of invoice)：此栏按发票日期和号码填写，不得留空，月份一律用英文缩写，如：MAY.10,2004.发票日期不得迟于出运日期。

⑪ 出口方声明(declaration by the exporter)：填写申报地点及日期。由已在签证机构注册的人员签名并加盖公司印章，公司印章应为中英文对照的签证章，盖章避免覆盖手签人姓名。此栏日期不得早于发票日期,也不应晚于提单的签发日期。

⑫　由签证机构签字、盖章(certification)：签证当局的证明。此栏填检验检疫局的签证地点、日期，检验检疫局签证人员经审核后在此栏手签并加盖签证章，此栏日期不得早于 10 栏的发票日期和 11 栏的申报日期，但应早于货物的出运日期。

表 10.6　产地证

1.Exporter　(full name address and country) SHANGHAI WILL TRADING CO., LTD. NO.18 CHANGSHUN ROA D，SHANGHAI，CHINA			Certificate No.　CCPIT 091810528 CERTIFICATE OF ORIGIN OF THE PEOPLE'S REPUBLIC OF CHINA		
2.Consignee　(full name address and country) TRU (HK) LTD. 17/F,WORLD FINANCE CENTRE, NORTH TOWER 19 CANTON ROAD,TSIMSHATSUI,,KOWLOON, HONGKONG					
3.Means of transport and route FROM SHANGHAI TO LONG BEACH			5.For certifying authority use only		
4.Country/region of destination USA					
6.Marks and Numbers TRU WILL1006001 LONG BEACH NOS.1-2000	7.Number and kind of packages; description of goods TWO THOUSAND(2000) CARTONS OF NON-WOVEN BAGS ************************	8.H.S code 6305900090	9.Quantity 200000 PCS	10.Number and date of invoices WILL110120 JAN. 20,2011	
11.Declaration by the exporter The undersigned hereby declares that the above details and statements are correct; that all the goods were produced in china and that they comply with the rules of origin of the people's republic of china. SHANGHAI WILL TRADING CO., LTD. 出口商 申请章 SHANGHAI　JAN.22, 2011　××× .... Place and date, signature and stamp of certifying authority			12.Certification 　It is hereby certified that the declaration by the exporter is correct. CHINA COUNCIL FOR THE PROMOTION OF INTERNATIONAL TRADE 签证章 SHANGHAI　JAN.22, 2011　××× .... Place and date, signature and stamp of certifying authority		

(2) 普惠制产地证(见表10.7)。普惠制产地证(Generalized System of Preference Certificate of Origin Form A)是普惠制的主要单据。凡是对给惠国出口一般货物，须提供这种产地证。由我进出口公司填制，并经中华人民共和国出入境检验检疫局(CIQ)盖章出具，作为进口国减免关税的依据。

下面将普惠制产地证"Form A"填制方法简单予以介绍：

① 出口商名称、地址和国家。出口商的名称按信用证受益人名称、地址填写。

② 收货人名称、地址和国家。根据信用证要求应填写给惠国的真实收货人名称，如果信用证未明确，也可填提单的被通知人；若信用证没有被通知人，还可以填商业发票的抬头人。有的信用证要求不填收货人，如属欧洲联盟国家可以留空不填。

③ 运输方式和航线。此栏一般应填装货、到货地点(装运港、目的港等)及运输方式，如海运、陆运、空运、陆海联运等。如系转运应加上转运港。

④ 供官方使用。此栏一般留空不填。

⑤ 顺序号。如同批出口货物有不同品种，列上2、3、4等。单项商品填"1"或留空均可。

⑥ 唛头。此栏按发票上唛头填写。如货物无唛头，应填"N/M"。

⑦ 包装数量、种类及货物描述。都要与信用证规定一致。

⑧ 原产地标准。这一栏是国外进口国家海关审查核心项目，填的字数虽少，但情况却很复杂。如果本商品完全是出口国自产的，即填"P"代号；如果出口商品有进口成分，应参照"form A"的背面内容规定填写或按《关于普惠制产地证书(格式A)的填制说明》填写。对新西兰、澳大利亚出口货物可以不填此栏。

⑨ 毛重和其他重量。以毛重计算货物重量，即可填毛重；如果只有货物净重，即可填净重，但要标上 N. W。

⑩ 发票号和日期。证书上的发票号码及日期须与发票实际号码及日期完全一致。月份一律用英文缩写：JAN、FEB、MAR 等表示。

⑪ 签证单位的盖章。签证单位要填商检局全称、签发地点和日期，由商检局签字盖章。本栏日期不得早于第10栏和第12栏日期。一般填写同一日即可。出口到新西兰的货物，证书不需要官方机构签署。

⑫ 出口商声明。在"…produced in"之后填写"中国(China)"；在"…goods exported to"后面填进口国名称，应与收货人或目的港的国别一致。所有正、副本证书，均由出口商盖章及被授权人签字。同时填上地点和日期。本栏日期不得早于第10栏的日期。

表 10.7 普惠制产地证格式

ORIGINAL

1.Goods consigned from (Exporter's business name, address, country)	Reference No. GENERALIZED SYSTEM OF PREFERENCES CERTIFICATE OF ORIGIN (Combined declaration and certificate)
2.Goods consigned to (Consignee's name, address, country)	FORM A Issued in _____ (country) See Notes overleaf
3.Means of transport and route (as far as known)	4.For official use

5.Item numers	6.Marks and numbers of packages	7.Number and kind of ackages; description of goods	8.Origin criterion (see Notes overleaf)	9.Gross weight or other quantity	10.Number and date of invoices

11. Certification It is hereby certified, on the basis of control carried out, that the declaration by the exporter is correct.	12.Declaration by the exporter The undersigned hereby declares that the above details and statements are correct, that all the goods were produced in _____ (country) --------------------------------------
---------------------- Place and date, signature and stamp of certifying authority	---------------------- Place and date, signature and stamp of authorized signatory

7) 受益人证明(见表 10.8)。受益人证明(beneficiary's certificate)是一种由受益人自己出具的证明，以便证明自己履行了信用证规定的任务或证明自己按信用证的要求办事，如证明所交货物的品质、证明运输包装的处理、证明按要求寄单等。

表 10.8 受益人证明

SHANGHAI WILL TRADING CO., LTD.
NO.18 CHANGSHUN ROA D，SHANGHAI， CHINA
TEL: 0086-021-86739273　FAX: 0086-021-86739275

BENEFICIARY'S CERTIFICATE

TO: WHOM IT MAY CONCERN

INVOICE NO. WILL110120
DATE: JAN. 26, 2011

WE HEREBY CERTIFY THAT WE HAVE SENT COPIES OF COMMERCIAL INVOICE, PACKING LIST AND OCEAN BILL OF LADING TO THE APPLICANT BY COURIER SERVICE WITHIN 3 DAYS AFTER THE DATE OF SHIPMENT.

SHANGHAI WILL TRADING CO., LTD.
梁　逸

受益人证明书的种类有：

(1) 寄单证明：是根据信用证的规定，在货物装运前后的一定期限内，由发货人邮寄给信用证规定的收货人一全套或部分副本单据(个别的要求寄送正本单据)，并单独出具寄单证明书，或将寄单证明内容列明在发票内，作为向银行议付的单证。

(2) 履约证明：证实某件事实、货物符合成交合约或来自某产地。如交货品质证明，由发货人按信用证的规定，证明所交货物的品质。该证明书可直接作为银行议付的单证。交货品质证明书中所证明的内容一般在发票或其他单据中已表明，但信用证要求单独出具该证明书，表明开证人对货物品质的关切程度。又如生产过程证明，由生产厂家说明产品的生产过程。该证明书可直接作为银行议付的单证。

受益人证明书的特点是自己证明自己履行某项义务。一份受益人证明书一般有以下几个栏目：

(1) 受益人中文、英文名称。

(2) 单据名称。一般标明"beneficiary's certificate"(受益人证明)或"beneficiary's statement"(受益人声明)

(3) 发票号码。

(4) 信用证号码。

(5) 出证日期。

(6) 证明内容。

(7) 受益人名称及签字。

8) 装船通知(见表 10.9)。装船通知又称装运通知，主要指的是出口商在货物装船后发给进口方的包括货物详细装运情况的通知，其目的在于让进口商做好筹措资金、付款和接货的准备，如果成交条件为 FOB/FCA、CFR/CPT 等，则还需要向进口国保险公司发出该通知，以便其为进口商办理货物保险手续，也可使以 CIF 或 CIP 价格成交的买方了解货物装运情况、准备接货或筹措资金。出口装船通知应按合同或信用证规定的时间发出，该通知副本(Copy of Telex/Fax)常作为向银行交单议付的单据之一。在进口方派船接货的交易条件下，进口商为了使船、货衔接得当，也会向出口方发出有关通知。

表 10.9 装船通知

Shipping note

1 出口商 Exporter SHANGHAI WILL TRADING CO., LTD. NO.18 CHANGSHUN ROA D, SHANGHAI, CHINA	4 发票号 Invoice No. WILL110120	
	5 合同号 Contract No. WILL1006001	6.信用证号 L/C No. BCN1008675
2 进口商 Importer TRU (HK) LTD. 17/F,WORLD FINANCE CENTRE, NORTH TOWER 19 CANTON ROAD, TSIMSHATSUI,,KOWLOON,HONGKONG	7 运输单证号 Transport document No. CNS010108895	
	8 价值 Value USD82000.00	
3 运输事项 Transport details FROM SHANGHAI TO LONG BEACH BY SEA	9 装运口岸和日期 Port and date of shipment SHANGHAI　　JAN. 25,2011	
10 运输标志和集装箱号 Shipping marks; Container No.	11 包装类型及件数；商品名称或编码；商品描述 Number and kind of packages; Commodity No.; Commodity description	
TRU WILL1006001 LONG BEACH NOS. 1-2000 YMU259654/56789	2000 CARTONS OF NON-WOVEN BAGS 64014 NAVY BAG-TRU SCREEN PRINT H.S.CODE: 6305900090 OCEAN VESSEL: SUN　V.186	
	12 出口商签章 Exporter stamp and signature SHANGHAI WILL TRADING CO., LTD. 梁 逸	

装船通知以英文制作，无统一格式，内容一定要符合信用证的规定，一般只提供一份，装船通知的缮制内容如下：

(1) 单据名称：主要有 Shipping/Shipment Advice，Advice of Shipment 等，也有人将其称为 Shipping Statement/Declaration，如信用证有具体要求，从其规定。

(2) 通知对象：应按信用证规定，具体可以是开证申请人、申请人的指定人或保险公司等。

(3) 通知内容：主要包括所发运货物的合同号或信用证号、品名、数量、金额、运输工具名称、开航日期、启运地和目的地、提运单号码、运输标志等，并且与其他相关单据保持一致，如果信用证提出具体项目要求，应严格按规定出单。此外，通知中还可能出现包装说明、ETD(船舶预离港时间)、ETA(船舶预抵港时间)、ETC(预计开始装船时间)等内容。

(4) 制作和发出日期：日期不能超过信用证约定的时间，常见的有以小时为准(within 24/48 hours)和以天(within 2 days after shipment date)为准两种情形，信用证没有规定时应在装船后立即发出，如信用证规定"immediately after shipment"(装船后立即通知)，应掌握在提单后 3 天之内。

(5) 签署：一般可以不签署，如果信用证要求"certified copy of shipping advice"，通常加盖受益人条形章。

10.1.5 出口收汇核销

1991 年 1 月 1 日起，我国实施出口收汇核销制度，即对出口货物实行"跟踪结汇"。出口收汇核销单是"跟踪结汇"的管理手段。外贸企业在货物出口前应事先向当地外汇管理部门申请领取出口收汇核销单。出口企业应在核销单上如实填写有关货物的出口情况，报关时，将核销单和其他报关单据一起交与海关，货物报关验放后，海关在核销单上盖章，并与报关单上盖有"放行"图章的一联一起退还出口单位，由出口单位附发票等文件送当地外汇管理部门备案。收汇后，在结汇水单或收账通知单上填写核销单号，向外汇管理部门销案。国家外汇管理部门按规定办理核销后，将在核销单上加盖"已核销"章，并将其中的出口退税专用联退给出口单位。

10.1.6 出口退税

出口退税是指一个国家为了扶持和鼓励本国商品出口，将所征税款(国内税)部分或全部退还给出口商的一种制度。出口退税是提高货物的国际竞争能力，符合税收立法及避免国际双重征税的有力措施。对出口的已纳税产品，在报关离境后，将其在生产环节的消费税、增值税退还给出口企业，使企业及时收回投入经营的流动资金，加速资金周转，降低出口成本，提高企业经济效益。

办理出口退税的重要凭证是"两单两票"，即出口货物报关单(出口退税专用联)、出口收汇核销单(出口退税专用联)、增值税专用发票、出口发票。

出口货物报关出口收汇后，企业填报申请单证，输入出口企业退税申报系统，汇总、查询、计算出退税额，报送主管退税税务机关预审，通过后的单据报送商务主管部门稽核，然后再报送退税机关审核、审批，由国库退出税款。

10.1.7 理赔

货物运抵目的港后，进口人一般要请进口国商检机构对货物进行复验。如发现出口人交付的货物有问题，会向出口人提出索赔，出口人需要处理索赔；如货物经检验没有问题，进口人不索赔，出口人就不需要理赔了。

10.2 进口合同的履行

国际货物买卖合同中，进口人的基本义务是接货、付款。目前我国进口合同大多以 FOB 术语，以信用证方式结算货款。履行这类进口合同，进口人的义务，主要是指按时派船接货和按时开立符合合同的信用证。进口人在履行合同义务的同时，应随时注意和出口人接洽，督促其按合同履行交货义务。进口环节中还包括保险、审单付款、报关、检验以及可能的索赔等事项。进口商应与各有关部门密切配合，逐项完成。

10.2.1 办理进口批件

国家对进口贸易所涉及的管理规定繁多，根据不同的管理要求，进口管理证件的发放部门也不尽相同。进口方在申领进口证件时，可参照表 10.10 向有关机构办理。得注意的是，此表经常变动，进口方要随时关注每年海关总署政策法规司编制的《中国海关报关实用手册》。

表 10.10　进出口监管证件代码表一览表

许可证或批文代码	许可证或批文名称	发证机构
1	进口许可证	商务部配额许可证事务局及其授权机构
2	进口许可证(轿车用)	商务部及其授权机构
3	敏感物项进口许可证	商务部及其授权机构
4	出口许可证	商务部配额许可证事务局及其授权机构
5	定向出口商品许可证	商务部及其授权机构
6	旧机电产品禁止进口	商品编码后由此代码的商品，禁止进口
7	自动进口许可证	商务部
8	禁止出口商品	商品编码后由此代码的商品，禁止出口
9	禁止进口商品	商品编码后由此代码的商品，禁止进口
A	入境货物通关单	国际质量监督检验检疫局
B	出境货物通关单	国际质量监督检验检疫局
D	出/入境货物通关单(毛坯钻石用)	国际质量监督检验检疫局
E	濒危物种允许出口证明书	国家濒危物种进出口管理办公室
F	濒危物种允许进口证明书	国家濒危物种进出口管理办公室
G	两用物项和技术出口许可证(定向)	商务部及其授权机构
H	港澳 OPA 纺织品证明	香港工业贸易署、澳门经济局
I	精神药物进(出)口准许证	国家食品药品监督管理局
J	金产品出口证或人总行进口批件	中国人民银行
K	深加工结转申请表	商务部及其授权机构
L	药品进出口准许证	国家食品药品监督管理局
O	自动进口许可证(新旧机电产品)	商务部或地方商务主管机构
P	进口废物批准证书	国际环境保护总局
Q	进口药品通关单	国家食品药品监督管理局及其授权机构
S	进出口农药登记证明	农业部
T	银行调运外币现钞进出境许可证	国家外汇管理局、中国人民银行
W	麻醉药品进出口准许证	国家食品药品监督管理局
X	有毒化学品环境管理放行通知单	国际环境保护总局
Y	原产地证	国家及省市商检局、贸促会
Z	进口音像制品批准单或节目提取单	文化部、国家广电总局及其授权机构
s	适用 ITA 税率商品用途认定证明	海关总署及各地海关
t	关税配额证明	商务部及其授权机构
u	进口许可证(加工贸易)	商务部及其授权机构
x	出口许可证(加工贸易)	商务部及其授权机构
y	出口许可证(边境小额贸易)	商务部及其授权机构

10.2.2 申请开立信用证和申请修改信用证

10.2.2.1 申请开立信用证

在进口合同履行过程中，进口方的首要任务就是申请开立信用证(见表10.11)。

进口方应该按照合同的规定，及时填写开证申请书，向开证行交开证保证金和手续费，请银行给受益人开立信用证。

开证保证金从开证金额的 0～100%不等。

当开证保证金小于开证金额时，其差额部分实际上是开证行按照为开证申请人核准的授信额度给开证申请人提供了短期贸易融资。银行对未实行授信方式的开证申请人，采取逐笔收取 100%保证金的方式办理开证业务。开证申请人向开证行支付的开证手续费一般为开证金额的 1.5‰。

开证行收到开证申请书后，在审核进口人的资信等情况以后，按进口方的申请开立信用证。

开立信用证时应注意：

1) 信用证的开证时间应按合同规定办理。如果买卖合同中规定有开证日期，进口商应在规定的期限内开立信用证；如果合同中只规定了装运期而未规定开证日期，进口商应在合理时间内开证，一般掌握在合同规定的装运期前 30～45 天申请开证，以便出口方收到信用证后在装运期内安排装运货物。

2) 信用证的内容必须符合进口合同的规定。如货物的名称、品质、数量、价格、装运日期、装运条件、保险险别等，均应以合同为依据，在信用证中明确加以记载。

3) 单据条款要明确。信用证的特点之一是单据买卖，因此进口商在申请开证时，必须列明需要出口人提供的各项单据的种类、份数及签发机构，并对单据的内容提出具体要求。

4) 文字力求完整明确。进口商要求银行在信用证上载明的事项，必须完整、明确，不能使用含糊不清的文字。尤其是信用证上的金额，必须具体明确，文字与阿拉伯数字的表示应一致，应避免使用"约"、"近似"或类似的词语。这样，一方面，可使银行处理信用证时或卖方履行信用证的条款时有所遵循；另一方面，可以此保护自己的权益。

表 10.11　开证申请书

IRREVOCABLE DOCUMENTARY CREDIT APPLICATION

TO:　Bank of China, Shanghai　Branch　　　　　　　　　　Date:　Aug.20, 2008

( )Issue by airmail ( )With brief advice by teletransmission (×)Issue by teletransmission ( )Issue by express	Credit No. Date and place of expiry Oct.15, 2008　Germany
Applicant SHANGHAI LIANXING FOREIGN TRADE CO., LTD No. 11 Changshun Road, Shanghai, China	Beneficiary MTS-Produkte GmbH Gutleutstr.75，60329 Frankfurt，Germany
Advising Bank Bank of China, Shanghai　Branch	Amount: USD200,000.00 Say: U.S.Dollars Two Hundred Thousand Only

Partial shipments ( )allowed (×)not allowed	Transshipment ( )allowed (×)not allowed	Credit available with_____ By(×)sight payment ( )acceptance ( )negotiation ( )deferred payment at against the documents detailed herein (×)and beneficiary's draft(s) for 100 % of invoice value at_____ sight drawn on Issuing Bank
Loading on board: not later than	Frankfurt, Germany Sep. 30, 2008	
For transportation to:	Shanghai, China	
(×)FOB( )CFR( )CIF( )other terms		

Documents required: (marked with X)

1.(×)Signed commercial invoice in ___3___ copies indicating L/C No. and Contract No. LX08056G

2.(×)Full set of clean on board Bills of Lading made out to order and blank endorsed, marked "freight [×] to collect / [ ]prepaid" notifying Applicant with full name and address.

( )Airway bills/cargo receipt/copy of railway bills issued by _____ showing "freight [ ]to collect/ [ ] prepaid" [ ] indicating freight amount and consigned to_____

3.( )Insurance Policy/Certificate in___for ___of the invoice value blank endorsed, covering_____

4.(×)Packing List/Weight Memo in 3 copies indicating quantity, gross and net weights of each package.

5.(×)Certificate of Quantity and/or Quality in 3___copies issued by the Manufacturer

6.(×)Certificate of _Origin in___3__ copies issued by the Manufacturer

7.(×)Beneficiary's certified copy of fax send to the applicant within ___1__ day after shipment advising L/C No., name of vessel, date of shipment, name, quantity, weight and value of goods.

( )Other documents, if any

Description of goods:

1 set of CNC lathes SC61501 At USD200,000.00/set FOB Frankfurt Packed in one case.

Additional instructions:

1.(×)All banking charges outside the opening bank are for beneficiary's account.

2.(×)Documents must be presented within __15_ days after date of shipment but within the validity of this credit

( )Other terms, if any

STAMP OF APPLICANT:　　　上海联兴对外贸易有限公司　　　张　伊

10.2.2.2 修改信用证

信用证开出后，如果出口方发现内容与开证申请书不符，或由于其他原因，需要对信用证进行修改，进口方收到出口方的改证函后，要向开证行提交修改信用证申请书。开证行经审查，若同意修改，便缮制信用证修改书，并将由原通知行通知出口方，以征求出口方的同意。如果出口方同意，则该修改书即成为信用证的一部分；若不同意，则仍按原信用证执行。

表 10.12 信用证

MT 700	ISSUE A DOCUMENTARY CREDIT
SENDER	BANK OF CHINA, SHANGHAI, CHINA
RECEIVER	DEUTSCHE BANK
SEQUENCE OF TOTAL	27: 1/1
FORM OF DOC. CREDIT	40A: IRREVOCABLE
DOC. CREDIT NUMBER	20: LC082316
DATE OF ISSUE	31C: 080828
APPLICABLE RULES	40E: UCP LATEST VERSION
DATE AND PLACE OF EXP.	31D: 081015 IN GERMANY
APPLICANT	50: SHANGHAI LIANXIN FOREIGN TRADE CO., LTD NO.11 CHANGSHUN ROAD, SHANGHAI, CHINA
BENEFICIARY	59: MTS-PRODUKTE GMBH GUTLEUTSTR.75， 60329 FRANKFURT，GERMANY
AMOUNT	32B: CURRENCY CODE USD AMOUNT 200,000.00
AVAILABLE WITH/BY	41D: ANY BANK IN GERMANY BY NEGOTIATION
DRAFTS AT	42C: AT SIGHT FOR 100 PCT OF INVOICE VALUE MARKED AS DRAWN UNDER THIS CREDIT
DRAWEE	42A: BANK OF CHINA, SHANGHAI B RANCH, CHINA
PARTIAL SHIPMENT	43P: NOT ALLOWED
TRANSHIPMENT	43T: NOT ALLOWED
PORT OF LOADING	44E: FRANKFURT
PORT OF DISCHARGE	44F: SHANGHAI
LATEST DATE OF SHIPMENT	44C: 080930
DESCRIPTION OF GOODS	45A: 1 SET OF CNC LATHES, SC61501 AT USD200,000.00/SET FOB FRANKFURT. PACKED IN EXPORT STANDARD CARTON. SHIPPING MARK: LX08056G SHANGHAI, CHINA MADE IN GERMANY
DOCUMENTS REQUIRED	46A: +SIGNED COMMERCIAL INVOICE IN TRIPLICATE · INDICATINGL/C NO.
	+ PACKING LIST IN TRIPLICATE.
	+2/3 SET OF CLEAN "ON BOARD" OCEAN BILLS OF LADING MADE OUT TO ORDER AND BLANK ENDORSED MARKED "FREIGHT TO COLLECT" AND NOTIFY APPLICANT.
	+CERTIFICATE OF ORIGIN IN 3 COPIES ISSUED BY THE MANUFACTURER.
	+BENEF'S STATEMENT ATTESTING THAT 1/3 ORIGINAL B/L, SIGNED COMMERCIAL INVOICE AND PACKING LIST　HAVE BEEN SENT TO THE APPLICANT BY

COURIER SERVICE WITHIN 3 DAYS AFTER SHIPMENT. THE RELATIVE POST RECEIPT SHOULD BE PRESENTED FOR NEGOTIATION.
+SHIPPING ADVICE SHOWING OPEN POLICY NO. OP080009, THE NAME OF CARRYING VESSEL, PORT OF LOADING, PORT OF DISCHARGE, BILL OF LADING NUMBER AND DATE, MARKS,QUANTITY, AMOUNT AND THE NUMBER OF THIS CREDIT SHOULD BE SENT TO APPLICANT AND THE PEOPLE'S INSURANCE COMPANY OF CHINA, SHANGHAI BRANCH WITHIN 1 DAYS AFTER THE DATE OF BILL OF LADING.
+LETTER OF GUARANTEE ISSUED BY AUTHORIZED BANK OF GERMANY IN FAVOUR OF APPLICANT COVERING 10 PCT OF THE INVOICE VALUE BEING USD20,000.00 VALID TILL 090430.

ADDITIONAL CONDITION 47A: +ALL DOCUMENTS MUST INDICATE CONTRACT NO. LX08056G
+AN EXTRA COPY OF INVOICE, PACKING LIST AND BILL OF LADING IS TO BE SENT TO US FOR OUR FILE.
+DISCREPANCY FEE FOR USD50.00 OR EQUIVALENT PLUS ALL RELATIVE SWIFT CHARGES WILL BE DEDUCTED FROM REIMBURSMENT CLAIM FOR EACH PRESENTATION OF DISCREPANT DOCUMENTS UNDER THIS CREDIT.

CHARGES 71B: ALL BANKING CHARGES AND COMMISSIONS OUTSIDE CHINA ARE FOR ACCOUNT OF BENEFICIARY.

PRESENTATION PERIOD 48: DOCUMENTS MUST BE PRESENTED WITHIN 15DAYS AFTER THE DATE OF ISSUANCE OF TRANSPORT DOCUMENTS, BUT WITHIN THEVALIDITY OF THE CREDIT

CONFORMATION 49: WITHOUT

Instr to pay/accep/neg bank 78: THE AMOUNT OF EACH PRESENTATION MUST BE ENDORSED ON THE REVERSE OF THIS CREDIT.ALL DOCUMENTS MUST BE SENT IN ONE LOT TO US. BANK OF CHINA SHANGHAI BRANCH
WE HEREBY UNDERTAKE ALL DRAFTS DRAWN UNDER AND DOCUMENTS IN COMPLIANCE WITH THE TERMS AND CONDITIONS OF THIS CREDIT WILL BE DULY HONOURED.

10.2.3 租船订舱

进口货物按 FOB 或 FCA 贸易术语成交时，由进口方安排运输，负责租船订舱。目前，我国大部分进口货物是委托中国对外贸易运输公司、中国租船公司或其他运输代理机构代办运输，也可以直接向中国远洋运输公司或其他实际承运人办理托运手续。

一般手续是，进口方在接到出口方的备货通知后，填写进口订舱委托书，连同合同副本送外运公司，委托其安排船只和舱位，订立运输合同。

办妥订舱手续后,进口方要及时向出口方发出装船指示(Shipping Instruction),将船期、船名、航次等内容通知国外出口方,以便对方及时备货并准备装船。同时,为了防止船、货脱节的情况发生,进口方应及时催促出口方做好备货装船工作,特别是对于数量大或重要的进口货物,更要抓紧催促出口方按时装船发货,必要时,可请进口方驻外机构就地协助了解和督促出口方履约,或派员前往出口地点检验督促,以利于接运工作的顺利进行。

10.2.4　办理货运保险

FOB 或 CFR 条件下的进口合同,保险由买方办理。进口商在向保险公司办理进口运输货物保险时,采用预约保险方式。进口商同保险公司签订一个总的预约保险合同,按照预约保险合同的规定,所有预约保险合同项下的按 FOB 及 CFR 条件进口货物的保险,都由该保险公司承保。预约保险合同对各种货物应保险的险别做出具体规定,故投保手续比较简单。每批进口货物,在收到国外装船通知后,即直接将装船通知寄到保险公司或填制国际运输预约保险启运通知书,将船名、提单号、开船日期、商品名称、数量、装运港、目的港等项内容通知保险公司,即作为已办妥保险手续,保险公司则对该批货物负自动承保责任,一旦发生承保范围内的损失,由保险公司负责赔偿。

10.2.5　审单付汇

信用证受益人在发运货物后,将全套单据经议付行寄交开证行(或保兑行)。信用证要求受益人提交的单据主要有:汇票、商业发票、装箱单、提单、保险单、产地证、受益人证明、船公司证明、装船通知副本、银行保函等。

如开证行经审单后认为单证一致、单单一致,即应予以即期付款或承兑或于信用证规定的到期日付款。如开证行审单后发现单证、单单不符,应于收到单据次日起不超过 5 个银行工作日内,以电讯方式通知寄单银行,一次性说明单据的所有不符点,并说明是否保留单据以待交单人处理或退还交单人。

对于单证不符的处理,按《跟单信用证统一惯例》(《UCP600》)规定,银行有权拒付。在实际业务中,银行需将不符点征求开证申请人的意见,以确定拒绝或是接受。此时,进口商对此应慎重。因为银行一经付款,即无追索权。开证行向外付款的同时,即通知进口商付款赎单。进口商付款赎单前,同样需审核单据,若发现单证不一,有权拒绝赎单。

我国进口业务中,通常的做法是开证行收到国外交单行寄来的全套单据后,复印一套单据，连同进口信用证到单通知书和进口信用证来单确认书一并交给开证申请人，限 3 日内做出答复，以便开证行有时间对外发出通知电。

10.2.6　进口报关和进口报检

进口货物到货后，由我国海关对进口货物实行监管，经过申报、查验货物、征收关税、结关放行四个环节。

申报：收货人或其代理人向海关申报时，应填写进口货物报关单，并向海关提供各种有效的单据，如提货单、装货单或运单、发票、装箱单、进口货物许可证及海关认为必须交的其他有关证件。超过法定申报时限(指自运输工具进境之日起 14 天内)未向海关申报的，由海关按日征收进口货物 CIF(或 CIP)价格的 0.05%的滞报金。超过 3 个月未向海关申报的，由海关提取变卖，所得货款在扣除运输、装卸、储存等费用和税款后，余款自变卖之日起 1 年内，经收货人申请可予以发还。

查验货物：进口货物一般都要接受海关查验，以确定申报进口的货物是否与报关单证所列明的一致。查验货物应在海关指定的时间和场所进行。验关时，收货人或其代理人应当到场。特殊情况下，由报关人申请，经海关同意，也可由海关派员到收货人的仓库、场地查验。

征收关税：海关按照《中华人民共和国海关进口税则》的规定，对进口货物计征进口税。货物在进口环节由海关征收(包括代征)的税种有：关税、产品税、增值税、工商统一税及地方附加税、盐税、进口调节税等。其中，进口关税是货物在进口时由海关征收的一个基本税种。

结关放行：向海关办完进口货物申报手续、接受查验并缴纳关税后，海关即在运单上签字或盖章放行，收货人或其代理人即可持海关签章放行的货运单据提取进口货物，凡未经海关放行的进口货物，任何单位和个人均不得提取或发运。货物的放行是海关对一般进出口货物监管的最后一个环节，放行就是结关。但是对于担保放行货物、保税货物、暂时进口货物和海关给予减免税进口的货物来说，放行不等于办结海关手续，还要在办理核销、结案或者补办进出口和纳税手续后，才能结关。

根据我国商检法规定，属于法定或买方需要检验检疫的进口货物都要向当地出入境商品检验检疫局申请报验。进口商申请报验时，应准确真实地填写入境商品报验单。检验检疫的地点可以在卸货港、用户所在地或其他允许指定的地方。检验检疫机构根据报验人的要求和合同的有关规定，对进口商品实施检验与鉴定，并签发需要的进口货物检验检疫证书或海损鉴定书。

10.2.7 进口付汇核销

进口付汇核销是指为进一步完善货物贸易进口付汇管理，推进贸易便利化，促进涉外经济发展制定的职责、流程、服务监督机制。进口货物对外审单付汇，并办理进口报关后，须向外汇管理局办理进口付汇核销手续。

综合测试

1) 问答题：

(1) 简述出口合同履行的一般程序。

(2) 简述进口合同履行的一般程序。

(3) 卖方收到买方寄来的信用证为什么要审查?应审查哪些内容?

(4) 出口结汇应提供哪些单据?缮制结汇单据应注意些什么?

(5) 出口结汇一般有哪几种方式?

2) 操作题：

根据下述合同内容审核信用证，并指出不符之处，并提出修改意见。

SALES CONFIRMATION

No: GL101223
Date: Dec.13,2010

The Seller: Jinan Global TRADING Co., Ltd
No. 105，Lvyou Road, Jinan, China

The Buyer: Aero Specialties Material Corp.
Yarimca, Kocaeli 41740，Izmit，Turkey

The undersigned Seller and Buyer have agreed to close the following transactions according to the terms and conditions set forth as below:

Commodity & Specification	Quantity	Unit price	Amount
STEEL COILS STANDARD AS PER JIS G3312	100MT	CFR IZMIT USD 1030/MT	USD 103，000.00

TOTAL AMOUNT：SAY US DOLLARS ONE HUNDRED AND THREE THOUSAND ONLY.

Shipping Marks: N/M

Port of Loading: Qingdao port, China　　**Port of Destination:** Izmit port, Turkey

The latest date of shipment: Feb. 28, 2011

Partial shipment & transshipment: Allowed

Insurance: to be covered by the Buyer

Terms of Payment: 100% by irrevocable L/C at sight which should be issued before Dec.29,2010, valid for negotiation in China for further 15 days after time of shipment.

The Seller: JINAN GLOBAL TRADING CO., LTD　　The Buyer: AERO SPECIALTIES MATERIAL CORP.
　　　　　　　苏岩　　　　　　　　　　　　　　　　　　　　FRANKLIN

Issue of Documentary Credit

27: SEQUENCE OF TOTAL：1/1

40A: FORM OF DOC.CREDIT：IRREVOCABLE
20:　DOC.CREDIT NUMBER：00415MA000138
31C: DATE OF ISSUE：20110122
40E: APPLICABLE RULES：UCP LATEST VERSION
31D: DATE AND PLACE OF EXPIRY：20110301 IN TURKEY
51D: APPLICANT BANK：FNNBTRISOPS, FINANSBANK A.S. ISTANBUL
50: APPLICANT：AORE SPECIALTIES MATERIAL CORP. YARIMCA, KOCAELI 41740，IZMIT，TURKEY
59: BENEFICIARY：JINAN GLOBAL TRADING CO., LTD NO 105，LVYOU ROAD, JINAN, CHINA
32B: AMOUNT：CURRENCY EUR AMOUNT 10300 .00
41A: AVAILABLE WITH…BY　　ANY BANK IN CHINA BY NEGOTIATION
42C: DRAFTS AT…　　45 DAYS AFTER SIGHT
42A: DRAWEE ：　　AERO SPECIALTIES MATERIAL CORP.
43P: PARTIAL SHIPMTS：ALLOWED
43T: TRANSSHIPMENT：NOT ALLOWED
44E: PORT OF LOADING：　ANY CHINESE PORT
44F: PORT OF DISCHARGE：TURKEY
44C: LATEST DATE OF SHIPMENT：20110128
45A: DESCRIPTION OF GOODS AS PER SALES CONTRACT
　　NO: GL1120 DATED.20110120
　　STEEL COILS: STANDARD AS PER JIS G3312
　　QUANTITY: 100MT, U/P:USD 1030/MT CIF IZMIT
46A: DOCUMENTS REQUIRED
　　+ MANUALLY SIGNED COMMERCIAL INVOICE IN 4 ORIGINALS AND 1 COPY ISSUED TO THE NAME
　　　OF THE APPLICANT, INDICATING CFR IZMIT PORT,TURKEY VALUE OF THE GOODS
　　+ FULL SET, SHIPPED ON BOARD, OCEAN(PORT TO PORT) B/L IN 3/3 ORIGINALS AND 3 N/N COPIES
　　　ISSUED TO THE ORDER OF FINANSBANK AS ISTANBUL BRANCH MARKED 'FREIGHT
　　　COLLECT' AND MENTIONING FULL.NAME AND ADDRESS OF THE APPLICANT AS NOTIFY PARTY
　　+ PACKING LIST IN 2 ORIGINALS AND 1 COPY INDICATING NET AND GROSS WEIGHT.FOR EACH
　　　COIL AND PACKING LIST MUST BE ISSUED FOR EACH CONTAINER
　　+ CERTIFICATE OF ORIGIN IN 1 ORIGINAL AND 1 COPY LEGALIZED OR CERTIFIED BY THE
　　　CHAMBER OF COMMERCE IN CHINA ATTESTING THE ORIGIN OF GOODS SHIPPED AS CHINA
　　+ COPY OF SHIPMENT ADVICE　ON SHIPMENT DATE INDICATING FULL SHIPMENT DETAILS LIKE
　　　DATE AND PORT OF SHIPMENT,QUANTITY,VALUE AND DESCRIPTION OF THE GOODS, PORT OF
　　　DISCHARGE,VESSEL NAME AND OUR L/C REF AND CERTIFY THAT THE INFORMATIONS IS TRUE
　　　AND CORRECT
　　+ INSURANCE POLICY/CERTIFICATE IN DUPLICATE ENDORSED IN BLANK FOR 120% INVOICE
　　　VALUE, COVERING ALL RISKS AND WAR RISKS OF CIC OF PICC (1/1/1981) INCL. WAREHOUSE TO
　　　WAREHOUSE AND I.O.P AND SHOWING THE CLAIMING CURRENCY IS THE SAME AS THE
　　　CURRENCY OF CREDIT
　　+ MILL'S TEST CERTIFICATE IN 2 ORIGINALS AND 1 COPY INDICATING CHEMICAL AND
　　　MECHANICAL ANALYSIS OF THE COILS
47A:　ADDITIONAL CONDITIONS
　　1/ ALL DOCUMENTS PRESENTED UNDER THIS LC MUST BE ISSUED IN ENGLISH.
　　2/ DRAFT(S) MUST INDICATE NUMBER, DATE AND NAME OF ISSUING BANK OF THIS CREDIT.
　　3/ IN CASE THE DOCUMENTS CONTAIN DISCREPANCIES, WE RESERVE THE RIGHT TO CHARGE
　　　DISCREPANCY FEES AMOUNTING TO EUR 75 OR EQUIVALENT.
71B:　CHARGES：ALL CHARGE AND COMMSSIONS ARE ON BENEFICIARY'S ACCOUNT.
49:　CONFIRMATION INSTRUCTION：WITHOUT

参 考 答 案

1 绪论

问答题：

(1) 国际贸易又称进出口贸易，是指国家(或地区)之间输出或输入商品、服务或技术的贸易活动。它包括进口(输入)和出口(输出)两个方面。与国内贸易相比，国际贸易有下述一些特点：① 语言不同：国际贸易中最通行的商业语言是英语，而英语的使用并不普遍，对非英语系国家，就存在较大的语言障碍；② 法律、风俗习惯不同带来贸易困难多：各贸易国家商业法律、宗教信仰、风俗习惯、民族文化差别很大，这些都会影响国家间的经济贸易；③ 各国货币与度量衡差别很大，使国际贸易更复杂：由于各国使用不同的货币，度量衡也不统一，就需要进行货币兑换和度量衡换算；④ 国际贸易风险较多：国际贸易中存在有多种风险，如信用风险、商业风险、汇兑风险、运输风险、价格风险、政治风险等等。虽然国内贸易也存在一定风险，但在国际贸易中表现更为突出。

(2) 国内法、国际条约。

(3) ① 合同的标的：主要包括货物的品名、品质、数量和包装；② 合同的价格：通常包括单价和总价或确定价格的方法；③ 货物的运输：包括装运时间、装运港和目的港、分批装运和转运等；④ 货物的保险：包括由哪一方投保，及保险金额和保险险别等；⑤ 卖方和买方的义务：包括货物和单据的交接，货款的支付等；⑥ 争议的预防及处理：主要包括商品检验、索赔、仲裁、不可抗力等。

2 国际贸易术语

1) 单项选择题：

(1) D；(2) D；(3) B；(4) A；(5) B；(6) C；(7) C；(8) D；(9) A；(10) D。

2) 多项选择题：

(1) BCDE；(2) ABCD；(3) BCD；(4) ABC；(5) ABCE；(6) ACD；(7) ABD；(8) ABE；(9) ABDE。

3) 判断题：

(1)×；(2)×；(3)×；(4)×；(5)×；(6)×；(7) ×；(8)×；(9)√；(10)√。

4) 问答题：

(1) 因为在 CIF 术语下，卖方在装运港交货，而不在目的港交货；风险划分点在装运港船上，卖方不承担货物装船之后的风险；卖方办理运输和保险是代办性质，责任是买方的。

(2) 简化买卖双方磋商交易的过程；缩短磋商时间；明确买卖双方在货物交接过程中的手续、费用和风险的责任划分；方便贸易纠纷的解决；促进国际贸易的发展。

(3) 卖方提前交货、提前转移风险、提前交单结汇；适合多种运输方式。

(4) 不同：适合运输方式不同；交货地点不同；风险划分界限不同；使用运输单据不同；装卸费用负担规定不同。相同：FCA 与 FOB 运输和保险均由买方办理；CPT 与 CFR 由卖方办理运输，由买方办理保险；CIP 与 CIF 运输和保险均由卖方办理。

5) 案例分析题：

(1) 不能同意。因为，CIF 是象征性交货，卖方凭单交货、买方凭单付款，我方已履行了交单义务，买方理应履行付款义务；CIF 的风险划分界限在装运港船上，则运输途中的货物灭失风险应由买方自行承担；CIF 是卖方代办保险，货物在运输途中出险，应由买方向保险公司提出索赔。

(2) 小王的想法不对。因为按 FOB 术语成交，卖方的一项很重要的义务是在将货物在转运港装船后，要及时给买方发出装船通知。本案中，货物于 11 月 23 日装上运往目的港的船上，并于当晚驶离装运港，小王在 11 月 26 日才给进口商发了一份装船通知，结果，半小时后，小王收到一份传真，被告知载货船舶于 11 月 23 日晚在某海域发生海难，出口货物全部灭失。由于小王在货物装船后未及时向买方发装船通知，卖方应承担货物全部灭失的责任。

(3) 这一合同的性质不属于 CIF 合同的性质了。因为尽管合同中使用了 CIF 贸易术语，但在合同中规定了"卖方保证运货船只不得迟于 12 月 2 日驶抵目的港。如货轮迟于 12 月 2 日抵达目的港，买方有权取消合同"的条款，此条款与 CIF 的解释相抵触，所以，此合同的性质不能是 CIF 合同的性质。

3 品名、品质、数量和包装

1) 单项选择题：

(1) C；(2) B；(3) B；(4) C；(5) C；(6) B；(7) C；(8) B；(9) A；(10) A。

2) 判断题：

(1)×；(2)×；(3)×；(4)√；(5)×；(6)√；(7)√；(8)×；(9)×；(10)×。

3) 问答题：

(1) ① 规定品名条款要明确具体；② 规定品名条款要简明扼要；③ 使用国际上通行的名称；④ 选择有利于降低关税和贸易从属费的品名。

(2) ① 用实物表示商品品质，包括看货买卖和凭样品买卖；② 用文字说明表示商品品质，包括凭规格买卖、凭等级买卖、凭标准买卖、凭说明书和图样买卖、凭商标或品牌买卖和凭产地名称买卖。

(3) ① 数量机动幅度的大小要适当；② 机动幅度选择权的规定要合理；③ 溢短装数量的计价方法要公平合理。

(4) 溢短装条款是指卖方交货时有权根据具体情况多交或少交一定数量的货物，但以不超过规定数量的百分比为限。即在买卖合同中的数量条款中明确规定可以增减的百分比。例如：300 Metric tons, gross weight, 5% more or less at seller's option(300 公吨，毛重，卖方可以选择多交或少交 5%)，这里的"5% more or less at seller's option(卖方可以选择多交或少交 5%)"即典型的"溢短装条款"。

4) 案例分析题：

(1) 买方有拒付的权利。因为按照合同规定的品质交货，是卖方的一项基本义务。本案中，合同的品质条款规定的是三级红枣，卖方交货时发现三级红枣无货，我方在未征得买方同意的情况下，用二级红枣代替了三级红枣并在发票上注明"二级红枣、价格照旧"。即卖方交货的品质与合同规定不符，故买方有权拒付。

(2) ① 如果我是卖方，拟实际交货 760 公吨。因为合同中约定的价格低，但在价格上涨了，且合同中规定有 5%的溢短装；② 如果站在卖方的立场上，磋商合同条款时，应规定溢装部分货物的价格按装船时的市价计。

(3) 责任在卖方。因为本案中尽管卖方交货的数量与合同相符，但是违反了合同中的包装条款。合同规定每箱 15 公斤(内装 15 小盒，每小盒 1 公斤)，卖方交货时，此种包装的无货了，于是便将小包装(每箱仍有 15 公斤，但内装 30 小盒，每小盒 0.5 公斤)货物装出。所以卖方应该承担责任。

(4) 我方不可以该批业务并非凭样买卖而不予理会。因为按照英国买卖法的规定，合同条款有明示的和默示的规定，本案中，尽管合同的品质条款中只规定了规格，但事后，我方公司又给对方寄送了样品，并且确认交货的品质与样品大致相符，既可以理解为本案是既凭规格又凭样品的买卖，规格是合同的明示条款，样品是合同的默示条款，卖方交货的品质只符合了规格，不符合样品，所以要承担赔偿的责任。

4 国际货物运输

1) 单项选择题：

(1) B；(2)C；(3) A；(4) B；(5) B；(6) C；(7) B；(8) B；(9) C；(10) C。

2) 多项选择题：

(1) ABC；(2) BCDE；(3) BC；(4) ABCD；(5) ABD。

3) 判断题：

(1) √；(2)×；(3) √；(4)×；(5)×；(6) √；(7)×；(8)×；(9) √；(10)×。

4) 问答题：

(1) 国际货物运输的方式又要有海洋运输、铁路运输、航空运输、邮包运输、管道运输、多式联运等。海洋运输的特点是运量大、运费低、通过能力大，不受道路和轨道的限制。海洋运输按船舶的营运方式不同分为班轮运输和租船运输。

(2) 合同的装运条款应订明装运时间、装运港(地)和目的港(地)、是否允许分批装运和转运等内容。

(3) 是承运人签发给托运人的货物收据；是代表或物所有权的凭证；是运输契约的证明。海运提单按货物是否已装船分为已装船提单和备运提单；按对货物表面或包装表面情况是否有不良批注分为清洁提单和不清洁提单；按收货人抬头分为记名提单、不记名提单和指示提单；按运输方式分为直达提单、转船提单和联运提单；按提单的繁简分为全式提单和简式提单。

(4) 国际多式联运必须具备以下条件：① 必须有一个多式联运合同；② 必须使用一份包括全程的多式联运单据；③ 必须有两种或两种以上不同运输方式的连贯运输；④ 必须是国际间的货物运输；⑤ 必须有一个多式联运经营人对运输全程负总的责任；⑥ 必须是全程单一的运费费率。

(5) ① 按货物的毛重计收运费，称重量吨，运价表内用"W"表示；② 按货物的体积或容积计收，称尺码吨，运价表内用"M"表示；③ 按商品价格计收，又称从价运费，运价表内用"A.V."或"Ad. Val."表示；④ 按商品毛重或体积计收，由船公司选择较高的收取，运价表内用"W/M"表示；⑤ 在前三者中选择最高的一种计收，运价表内用"W/M or A.V."表示；⑥ 按货物重量吨或尺码吨中选择较高者，再加上从价运费计算，运价表中用"W/M Plus A. V."表示；⑦ 按货物件数计收，如头(活牲畜)，辆(车辆)等。

5) 计算题：

(1) ① 运费＝基本运费×运费吨＝90×15＝1350(美元)；

② 运费＝基本运费×(1＋附加费率)×运费吨

$$＝90×(1＋20\%＋10\%)×15＝1755(美元)。$$

(2) F＝基本运费×(1＋附加费率)×运费吨＝70×(1＋10\%＋10\%)×1

$$＝84(美元)；$$

CFR＝FOB＋F＝1950＋84＝2034(美元)。

6) 案例分析题：

买方的做法正确。因为卖方未按信用证规定的期限和批次交货，按《UCP600》规定，信用证规定分期分批交货，卖方须按规定交货，如有任何一期未按规定的期次、批次交货，本期及以后各期均告失效。本案中，信用证规定"自1月份起，每月装1000公吨"，而卖方实际上是1月份和2月份各装运1000公吨，3月份由于货物数量不足没有装运，4月份装了2000公吨，5月份装了1000公吨。故买方可以拒绝对后两个月所装的3000公吨货物付款。

5 国际货物运输保险

1) 单项选择题：

(1) C；(2) B；(3) C；(4) C；(5) B；(6) D；(7) C；(8) A；(9) D；(10) B。

2) 多项选择题：

(1) ACD；(2) ABD；(3) ABCDE；(4) ABD；(5) ABCDE。

3) 判断题：

(1)×；(2)√；(3)×；(4)×；(5)×；(6)×；(7)×；(8)×；(9)×；(10)√。

4) 问答题：

(1) 国际货物运输保险是指被保险人或投保人在货物装运前，估定一定的投保金额(即保险金额)向保险人或称承保人，即保险公司投保货物运输险，被保险人按投保金额、投保险别及投保费率，向保险人支付保险费并取得保险单据，被保险货物若在运输过程中遭受保险事故造成损失，则保险人负责对保险险别责任范围内的损失，按保险金额及损失程度赔偿保险单据的持有人。保险的基本原则是保险利益的原则、最大诚信原则、补偿原则、近因原则。

(2) 载货船舶在海运遇难时，船方为了共同安全，以使同一航程中的船货脱离危险，有意而合理地作出的牺牲或引起的特殊费用，这些损失和费用被称为共同海损。单独海损是指保险标的物在海上遭受承保范围内的风险而造成的部分灭失或损害，即指除共同海损以外的部分损失。两者的主要区别为：单独海损是由海上风险直接造成的货物损失，没有人为因素在内，而共同海损则是因采取人为的故意的措施而导致的损失；单独海损的损失由受损方自行承担，而共同海损的损失是由各受益方按获救财产价值的多少，按比例共同分摊。

(3) 平安险的责任范围：① 被保险货物在运输过程中，由于自然灾害造成整批货物的全部损失或推定全损。被保货物用驳船运往或运离海轮的，每一驳船所装货物可视为一整批；② 由于运输工具遭受意外事故造成货物全部或部分损失；③ 在运输工具已经发生意外事故的情况下，货物在此前后又在海上遭受自然灾害所造成的部分损失；④ 在装卸或转运时，由于一件或数件整件货物落海造成的全部或部分损失；⑤ 被保险人对遭受承保范围内的货物采取抢救、防止或减少货损的措施而支付的合理费用，但以不超过该批被救货物的保险金额为限；⑥ 运输工具遭受海难后，在避难港由于卸货所引起的损失以及在中途港、避难港由于卸货、存仓以及运送货物所产生的特别费用；⑦ 共同海损的牺牲、分摊和救助的费用；⑧ 运输合同定有"船舶互撞责任条款"，根据该条款规定应有货方偿还船方的损失。

水渍险的责任范围：① 平安险承保的所有范围；② 被保险货物由于恶劣气候、雷电、海啸、地震、洪水等自然灾害造成的部分损失。

一切险的责任范围：① 平安险；② 水渍险的承保范围；③一般外来风险所造成的全部或部分损失。

(4) ICC(A)的除外责任：① 一般除外责任。包括:归因于被保险人故意的不法行为造成的损失或费用；自然渗漏、自然损耗、自然磨损、包装不足或不当所造成的损失或费用；保险标的内在缺陷或特性所造成的损失或费用；直接由于延迟所引起的损失或费用；由于船舶所有人、租船人经营破产或不履行债务所造成的损失或费用；由于使用任何原子或核武器所造成的损失或费用。② 不适航、不适货除外责任。所谓不适航、不适货除外责任是指保险标的在装船时，如被保险人或其受雇人已经知道船舶不适航，以及船舶、装运工具、集装箱等不适货，保险人不负赔偿责任。③ 战争除外责任。包括：由于战争、内战、敌对行为等造成的损失或费用；由于捕获、拘留、扣留等(海盗除外)所造成的损失或费用；由于漂流水雷、鱼雷等造成的损失或费用。④ 罢工除外责任。罢工者、被迫停工工人造成的损失或费用，以及由于罢工、被迫停工所造成的损失或费用等。

5) 计算题：

投保金额(保险金额)＝CIF 总值(发票金额)×110%＝18000×110%
＝19800(美元)。

保险费＝19800×(0.6%＋0.04%)＝126.72(美元)。

6) 案例分析题：

(1) 我方的答复不妥。因为本案按 CIF 术语成交，卖方代买方投保了水渍险，货物在运输途中遭受了雨水渍浸，不属于保险公司的责任，此损失属于一切险的责任范围。所以保险公司不赔。

(2) ① 1000 箱货被火烧毁，属于单独海损，因是由于意外事故造成的货方的部分损失；② 600 箱货被水浇湿，属于共同海损，因是船在运输途中遇到了危及船货的共同危险，为了解除危险，船方下令采取措施造成的货物损失；③ 主机和部分甲板被烧坏，属于单独海损，因是由于意外事故造成的船方的部分损失；④ 拖轮费用，属于共同海损，因是船在运输途中遇到了危及船货的共同危险，为了解除危险，船方下令采取措施产生的额外费用；⑤ 额外增加的燃料和船上人员的工资，属于共同海损，因是船在运输途中遇到了危及船货的共同危险，为了解除危险，船方下令采取措施产生的额外费用。

6 商品的价格

1) 多项选择题：

(1) CE；(2) ABCDEF。

2) 判断题：

(1)√；(2)×。

3) 问答题：

(1) 选择 FCA 术语对该公司最有利。因为按 FCA 术语成交比按 FOB 术语成交，对卖方来讲，可以提前交货、提前转移风险、提前交单结汇。

(2) 如果美元持续对人民币贬值，则出口时 选择美元为计价货币对出口商是不利的。因为结汇时美元汇率比成交时低，相当于卖方收款少了。

(3) ① 合理确定商品的单价，防止作价偏高或偏低；② 根据经济意图和实际情况，在权衡利弊的基础上选用适当的贸易术语；③ 争取选择有利的计价货币，以免遭受币值变动带来的风险。如采用不利的计价货币时，应当加订保值条款；④ 灵活运用各种不同的作价办法，以避免价格变动风险；⑤ 参照国际贸易的习惯做法，注意佣金和折扣合理运用；⑥ 如交货品质和数量约定有一定的机动幅度，则对机动部分的作价也应一并规定；⑦ 如包装材料和包装费另行计价时，对其计价办法应一并规定；⑧ 单价中涉及的计量单位、计价货币、装卸地名称，必须书写正确、清楚，以利合同的履行。

(4) 影响价格的因素有交货地点和交货条件、运输距离的远近、商品的品质和档次的高低、销售的季节性、成交量的大小和支付条件和汇率变动的风险等。

4) 计算题：

(1) 按 20000 个最低起订量作为出口报价核算的商品数量，设该商品出口报价为 X 美元/个；太阳帽的 CFR 出口价格=出口成本＋国内费用＋国外运费＋出口利润。

① 出口成本：采购成本－出口退税额

$\quad$＝采购成本－采购成本÷(1+增值税率)×出口退税率

$\quad$＝[6.3－6.3÷(1＋17%)×13%]÷7.7295＝0.7245(美元/个)。

② 国内费用：

国内运费＝500÷20000÷7.7295＝0.0032(美元/个)；

业务定额费＝采购成本×业务定额费率＝6.3×5%÷7.7295

$\quad\quad\quad$＝0.0408(美元/个)；

银行费用＝出口价格×银行费用率＝0.5%X；

垫款利息＝采购成本×贷款年利率×垫款天数÷360；

　　　　＝6.3×6.12%×30÷360÷7.7295＝0.0042(美元/个)；

其他费用＝500÷20000÷7.7295＝0.0032(美元/个)；

国内费用＝国内运费＋业务定额费＋银行费用＋垫款利息＋其他费用

　　　　＝0.0032＋0.0408＋0.5%X＋0.0042＋0.0032＝0.0514＋0.5%X。

③ 国外运费：因为，M＝0.6×0.4×0.4＝0.096(m3)＞W＝0.018(MT)，所以，按体积作为运费的计量单位。

国外运费＝0.096×18.75÷200＝0.009(美元/个)。

④ 出口利润：出口价格×销售利润率＝15%X。

出口报价＝出口成本＋国内费用＋国外运费＋出口利润，即

X＝0.7245＋(0.0514＋0.5%X)＋0.009＋15%X；

0.845X＝0.7849；

X＝0.93(美元/个)。

(2) ① CIF＝FOB＋I＋F＝40000＋(200＋2000)÷2＝41100(欧元/台)；

② 进口关税＝进口关税完税价格×进口关税率＝CIF×进口关税率

　　　　　＝41100×8%＝3288(欧元/台)；

③ 进口增值税＝进口增值税完税价格×进口增值税率

　　　　　　＝(进口关税+进口关税完税价格)×进口增值税率

　　　　　　＝(3288＋41100)×17%＝7545.96 欧元/台；

④ 进口总开支＝进口价格＋国外保费＋国外运费＋进口关税＋进口增值税

　　　　　　　＋银行费用＋港区费用＋内陆运费＋其他费用

　　　　　　＝[40000＋(200+2000)÷2＋3288＋7545.96＋40000×0.15%]

　　　　　　　×11＋(2000＋4000＋2000)÷2

　　　　　　＝571933.56＋4000

　　　　　　＝575933.56(元/台)(1 分)＞570000 元/台(1140000÷2)。

该总金额不在沈阳嘉豪纺织品织造有限公司的采购预算之内。

7　货款的收付

1) 单项选择题：

(1) A；(2)C；(3) B；(4) B；(5) A；(6) C。

2) 判断题：

(1) √；(2) √；(3) √；(4) √；(5)×；(6)×；(7)×；(8)×；(9)×。

3) 问答题：

(1) 信用证方式属于银行信用。其特点是：① 信用证是一种银行信用：在信用证业务中，开证行承担第一性付款责任。开证行作出了凭相符交单予以承付的确定承诺；② 信用证是一种自足文件：信用证以买卖合同为基础开立，但信用证一经开立，就与买卖合同没有关系，成为一个独立的契约；③ 信用证是一种纯单据买卖：在信用证方式下，实行的是凭单付款的原则。单据是否与信用证条款的要求相符，是关系到卖方能否收到货款的关键。

(2) 汇票与本票的区别主要有两点：① 汇票有三个当事人，即出票人、付款人与受款人；而本票只有两个当事人，即出票人(同时也是付款人)与受款人；② 远期汇票必须经过承兑之后，才能使承兑人(付款人)处于主债务人的地位，而出票人则居于从债务人的地位；本票的出票人即始终居于主债务人的地位，自负到期偿付的义务，所以远期本票不必履行承兑手续。

(3) 分期付款和延期付款相同点是都用在成套设备、大型机械和大型交通工具的交易中，一般采用汇付、托收、信用证和银行保函相结合的方式；不同点是分期付款买方没有利用卖方的资金，不是利用外资的形式，不需要付利息，延期付款买方利用了卖方的资金，是利用外资的形式，需要付利息。

(4) ① 调查和考虑进口人的资信情况和经营作风，成交金额应妥善掌握，不宜超过其信用程度；② 了解进口国家的贸易管制和外汇管理条例，以免货到目的地后，由于不准进口或收不到外汇而造成损失；③ 了解进口国的商业惯例，以免由于当地习惯做法影响安全迅速收汇；④ 出口合同应争取按 CIF 或 CIP 条件成交，由出口人办理货运保险，或投保出口信用保险。在不采用 CIF 或 CIP 条件时，应投保卖方利益险；⑤ 对托收方式的交易，要建立健全的管理制度，定期检查，及时催收清理，发现问题应迅速采取措施，以避免或减少可能发生的损失。

4) 案例分析题：

(1) 开证行这样做有道理。因为本案是采用信用证方式结算，开证行仅以单据为是否对受益人付款的唯一依据。我公司不能要求开证行以货物不符为由对第二份信用证项下的单据拒付。

(2) 我公司这样做不可以。按《UCP600》规定，信用证规定分期分批交货，卖方须按规定交货，如有任何一期未按规定的期次、批次交货，本期及以后各期均告失效。本案中，我公司二月份装运 4000 箱，未按规定的期次、批次交货，所以二月、三月、四月都不能顺利收到货款了。

(3) 我认为中方应要求外资银行付款。按《UCP600》规定，保兑行一旦保兑了信用证，其付款责任即和开证行一样了，本案中，外资银行作为保兑行不能以开证行已宣布破产为由不承担对该信用证的议付或付款责任。

(4) 我方应坚持让开证行付款。理由有三：一是此案系按 CIF 术语成交，我公司在装运港将货装船后及履行了交货义务，货物的风险转移给欧洲商人，货物在运输途中发生火灾，风险应由欧洲商人承担；二是采用信用证结算，银行的付款依据是符合信用证的单据，此案，我方提交的单据没问题，开证行必须承担付款的责任，而不能听欧洲商人的指示拒付；三是本案按 CIF 术语成交，我方公司是替欧洲商人代办保险，出险后，应由欧洲商人向保险公司索赔，而不是我方公司保险公司提出索赔。

(5) 我方的失误在于：① 收到信用证后发现计价货币与合同规定不符，没有立即提出改证不妥；② 货物未按规定备好不妥；③ 在未收到信用证修改书的情况下发运货物不妥；④ 接受对方要求按 D/P.T/R 支付不妥。

(6) 我方公司应要求代收行付款。因为本案付款方式是采用付款交单，见票后 30 天付款，A 商只在远期汇票上履行了承兑手续并出具信托收据即从代收行那里借得单据，收不回款的责任应由代收行承担。

(7) 银行处理方法合适。因为在信用证方式下，银行是否付款唯一的条件就是单据与信用证相符。买方审单无误，应向银行付款赎单，不应以货物品质不符拒付货款。

(8) 在此情况下，我方应严格按照信用证的规定交货、交单，只要我们交的单据符合信用证的规定，银行应该承担付款的责任，而不管进口方(开证申请人)是否濒临倒闭。

8 争议的预防与处理

1) 单项选择题：

(1) C；(2)A；(3) B；(4) B；(5) C；(6) C；(7) B；(8) B；(9) A；(10) B；(11) C；(12) B。

2) 多项选择题：

(1) ABD；(2) ABC；(3) ABCD；(4) ABC；(5) ABC；(6) BC。

3) 判断题：

(1)×；(2)×；(3)√；(4)×；(5)×；(6)×；(7)×；(8)×；(9)√；(10)√；(11)×；(12)×；(13)×；(14)×；(15)√。

4) 问答题：

(1) ① 对列入《出入境商检检疫机构实施检验检疫的进出境商品目录》的进出口商品进行检验，该表由原国家商检局制定、调整；② 对出口食品的卫生检验；③ 对出、口危险货物包装容器的性能鉴定和使用鉴定；④ 对装运出口易腐烂变质食品、冷冻品的船舱、集装箱等运载工具的适载检验；⑤ 对据有关国际条约规定需经商检机构检验的进出口商品进行检验；⑥ 对据其他法律、行政法规规定需经商检机构检验的进出口商品进行检验。

(2) ① 在出口国检验，包括在产地检验和在装运港/地检验；② 在进口国检验，包括在目的港/地检验和在买方营业处所或最终用户所在地检验；③ 出口国检验、进口国复验。比较可取的是第三种规定。

(3) ① 法定检验：进出口商品检验分为法定检验和非法定检验两大类。法定检验是指原国家商检局根据对外贸易发展的需要，对涉及社会公共利益的进出口商品实施强制检验；② 实施监督管理：商检机构对法定检验以外的进出口商品可以抽查检验并实施监督管理。对外贸易合同约定或者进出口商品的收货人、发货人申请商检机构签发检验证书的，由商检机构实施检验；③ 提供公证鉴定服务：原国家商检局指定的商检机构或经其批准的其他商检机构，可以接受委托，办理规定范围内的进出口商品鉴定业务，签发鉴定证书。

(4) ① 作为买卖双方交接货物的依据；② 作为索赔和理赔的依据；③ 作为买卖双方结算货款的依据；④ 检验证书还可作为海关验关放行的凭证。

(5) 交易双方引起争议的原因：一是买方或卖方的故意行为或疏忽造成了一方的违约从而导致了争议的发生；二是由于合同条款规定含混不清，以至于买卖双方理解不同产生了争议。

(6) ① 正确确定索赔对象；② 在索赔时效内提出索赔；③ 被其索赔的依据；④ 正确确定索赔金额。

(7) ① 自然力量，包括水灾、火灾、地震、冰灾、暴风雨、大雪、地震、海啸、干旱、山崩等；② 政府行动，包括政府当局发布了新的法律法规、行政措施，如颁布政令、调整政策等；③ 社会异常事故，包括暴动、罢工、战争等。

(8) ① 事件的发生是当事人所无法预见的；② 事件的发生是当事人不能避免与不能克服的；③ 事件的发生不是由于当事人的过失或是疏忽；④ 事件的发生使得不能履行或是不能如期履行合同。

(9) 程序简单、解决问题快、费用低、当事人可以选择仲裁员。

(10) ① 表明双方当事人自愿将有关争议案件提交仲裁机构解决，约束双方当事人在友好协商或调解不成时，只能以仲裁方式解决争议，任何一方不得向法院起诉；② 使仲裁机构取得对争议案件的管辖权；③ 排除法院对争议案件的管辖权。

5) 案例分析题：

(1) A 公司不予赔偿。因为货到东京后，B 公司已经发现货物的质量有问题，但没有向 A 公司提出索赔，而是将货装上另一轮船运往新加坡，这样其就丧失了索赔的权利。

(2) 我方不能同意。因为合同规定 9 月份交货，也就是说从 9 月 1 日到 9 月

30 日日商都可以履行其交货义务，而日本政府下禁令是在 9 月 15 日，实施是在 10 月 1 日，日商完全可以履行其交货义务。

(3) 我国 A 公司应负责。因为我我国 A 公司订约时知道货物要转往新加坡，所以 B 公司凭新加坡商检机构签发的检验证书，向我提出索赔，我方应负责。

(4) 我出口公司应负责赔偿。尽管美商向我索赔时已经过了复验期，但一年后瓷器全部出现"釉裂"是在复验期内经过正常的检验查不出来的，属于货物本身的瑕疵，故我出口公司应负责赔偿。

(5) 上述情况下银行有拒付的权利。因为在信用证方式下，银行付款与否的唯一依据是单据，本案 4 月份本该交出的货物延迟到 5 月 5 日才装船出运，我某公司向银行提交的提单日期是 5 月 5 日，与信用证要求不符，所以银行有权拒付。我出口公司不可以不可抗力为由要求银行付款，因不可抗力是买卖合同条款，只对买卖双方有约束力，银行不是合同的当事人，故我出口公司不可以不可抗力为由要求银行付款。

9　国际货物买卖合同的商订

1) 多项选择题：

(1) ABCD；(2) ABC；(3) ABC；(4) ABCD；(5) ABC。

2) 判断题：

(1)×；(2)√；(3)×；(4)×；(5)×；(6)√；(7)√；(8)√；(9)√；(10)√；(11)×；(12)√。

3) 问答题：

(1) 交易磋商的内容包括品名品质、数量、包装、价格、装运期、装运港(地)、目的港(地)、分批装运和转运、保险、支付、商品检验检疫、索赔、仲裁、不可抗力等。

(2) ① 有特定的受盘人；② 发盘要有明确的订约意旨；③ 发盘的内容要十分确定；④ 发盘要在有效期内送达受盘人。

(3) ① 接受要由特定的受盘人做出；② 接受要表示出来；③ 接受要与发盘内容相符；④ 接受要在有效期内送达发盘人。

(4) 发盘的撤回是指发盘还没有到达受盘人前，即还未生效前阻止其生效，其条件是撤回通知比发盘早到或与发盘通知到达受盘人；发盘的撤销是指发盘已经到达受盘人，即已经生效后，解除其效力，其条件是撤销通知到达受盘人时，受盘人还未发出接受的通知。

(5) ① 合同当事人必须具有签约能力；② 合同当事人的意思表示必须真；③ 合同的内容必须合法；④ 合同必须有对价或约因。

4) 案例分析题：

(1) 我方不应该赔偿。因为本案中，我某公司于 10 月 2 日向美商发盘后，10 月 10 日收到美商回电称价格太高，若每打 80 美元可接受，美方此电为还盘，按《公约》规定，发盘一遇还盘，即失效。后 10 月 13 日又收到美商来电："接受你 10 月 2 日发盘，信用证已开出。"合同未达成。合同成立的条件必须是发盘和接受都是有效的，此案，发盘已失效，再接受也无用了，交易未达成，所以谈不上我方违约，故我方不应该赔偿。

(2) 我方应坚持交易已达成。因为外商在回电时对包装条件作了更改，属于在非实质性方面对发盘条件做了更改，按《公约》规定，受盘人在非实质性方面对发盘条件做了更改，只要发盘人不立即反对，此接受属于有效接受。既然发盘和接受均有效，故合同成立。

(3) A 公司这样做有道理。因为美国旧金山 B 公司在接受时对装运期做了更改，属于在实质性方面对发盘条件做了更改，按《公约》规定，受盘人非实质性方面对发盘条件做了更改，该接受属无效。本案接受无效，交易未达成。A 公司拒绝交货，并立即退回信用证是有道理的。

(4) 此案合同已成立。因为我放在向美商询盘时已经讲明了我方询盘是为了参加一项投标，投标期、开标期也告诉了对方，在此情况下，美商向我发盘，就表示我方有理由信赖其发盘是不可撤销的。按《公约》规定，已为受盘人收到的发盘，如果撤销的通知在受盘人发出接受通知前送达受盘人，可予撤销。但是，在下列情况下不得撤销：① 发盘是以规定有效期或以其他方式表明为不可撤销的；② 受盘人有理由信赖该项发盘是不可撤销的，并已本着对该发盘的信赖采取了行动。据此，美商的发盘不能撤销，合同成立。

(5) ① 合同不成立。因为我方公司于 17 日复电："若单价降低为每公吨 500 美元上海则可接受，履约中如有争议，在中国仲裁。"，此电为还盘，遇到还盘，原发盘已失效，我方公司又于 19 日复电："接受你 16 日发盘，信用证已由中国银行开出，请确认。"交易不能达成；② 我方有失误。失误在于：一是没有认真做国际市场调查，轻易做出还盘；二是还盘后对方又重新发盘，给了我们一次机会，但我方为把握，而是还接受对方 16 日发盘，16 日发盘已失效，应接受对方 17 日发盘；三是在复电中不应随意加上"请确认"，这样就把主动权完全交给对方，对方想成交就确认，不想成交就不确认，使我方陷于被动局面。

10　国际货物买卖合同的履行

1) 问答题：

(1) ① 备货、报验；② 证、审证、改证；③ 办理租船订舱、报关和投保；

④ 制单结汇；⑤ 出口收汇核销；⑥ 出口退税。

(2) ① 办理进口批件；② 申请开立信用证和申请修改信用证；③ 租船订舱；④ 办理货运保险；⑤ 审单付汇；⑥ 报关、报检；⑦ 办理进口付汇核销。

(3) 信用证依据合同开立，因而信用证内容应该与合同条款相一致。然而在实际业务中，信用证内容与合同不符的情况时有发生。产生这种情况的原因各不相同：有的是开证人或开证行工作上的疏忽和差错；有的是由于某些进口国家的习惯做法或另有特殊规定；有的是开证人对我国政策不了解；也有的是国外客户故意在信用证内加列一些额外的要求。因此，为了保障安全收汇和合同的顺利执行，收到信用证后必须认真审核。审核信用证的要点：① 信用证的真实性的审核；② 信用证的政治性和政策性的审核；③ 开证行的资信情况的审核；④ 信用证性质的审核；⑤ 信用证当事人的审核；⑥ 信用证金额及采用货币的审核；⑦ 有关货物的描述；⑧ 信用证的装运期、有效期和到期地点的审核；⑨ 信用证中的装运地和目的地的审核；⑩ 用证中单据条款的审核；⑪ 信用证中规定的特别条款的审核。

(4) ① 汇票；② 商业发票；③ 装箱单；④ 提单；⑤ 保险单；⑥ 产地证；⑦ 装船通知；⑧ 受益人证明；⑨ 船公司证明；⑩ 商检证书。

(5) ① "买单结汇"，又称出口押汇或议付，是指议付行在审核单据后确认受益人所交单据符合信用证条款规定的情况下，按信用证条款买入受益人的汇票和单据，并按照票面金额扣除从议付日到估计收到票款之日的利息，将净数按议付日人民币市场汇价折算成人民币，付给信用证的受益人。议付行买入汇票后，就成为汇票的善意持有人，即可凭汇票向信用证的开证行索取票款；② "收妥结汇"，又称"先收后结"，是指出口地银行收到受益人提交的单据，经审核确认与信用证条款的规定相符后，将单据寄到国外付款行索偿，待付款行将外汇划给出口地银行后，该行再按当日外汇牌价结算成人民币交付给受益人；③ "定期结汇"是指出口地银行在收到受益人提交的单据经审核无误后，将单据寄给国外银行索偿，并在事先规定期限内将货款外汇结算成人民币交付给受益人。

2) 操作题：

经审核信用证后存在的问题如下：

(1) 开证日期应为"2010 年 12 月 29 日前"。

(2) 信用证有效期应为"2011 年 3 月 15 日"。

(3) 信用证到期地点应为"中国"。

(4) 开证申请人姓名应为"AERO SPECIALTIES MATERIAL CORP"。

(5) 信用证币别应为"USD"。

(6) 信用证金额应为 103000。

(7) 信用证 42C 应为 "at sight"。

(8) 信用证 42A 应为 "FNNBTRISOPS, FINANSBANK A.S. ISTANBUL"。

(9) 信用证 43T 应为 "allowed"。

(10) 信用证 44E 应为 "Qingdao"。

(11) 信用证 44F 应为 "IZMIT"。

(12) 信用证最迟装期应为 "2011 年 2 月 28 日"。

(13) 信用证 45A 合同号应为 "GL101223"。

(14) 信用证 45A 合同日期应为 "2010 年 12 月 13 日"。

(15) 信用证 45A 单价中贸易术语应为 "CFR"。

(16) 信用证 46A 提单中应显示 "FREIGHT PREPAID"。

(17) 信用证 46A 不应该要求提供保险单。

(18) 信用证 71B 应为 "ALL CHARGE AND COMMSSIONS OUTSIDE TURKEY ARE ON BENEFICIARY'S ACCOUNT"。

参 考 文 献

[1] 姚大伟. 国际商务单证理论与实务 北京 中国商务出版社，2011
[2] 章安平. 外贸业务理论与实务 北京 中国商务出版社，2011